JUST
自動的に富が増え続ける
KEEP
「お金」と「時間」の法則
BUYING

ニック・マジューリ＝著
児島 修＝訳

ダイヤモンド社

本書は米国の読者を対象に英語で書かれたものであり、投資についての説明における前提や制度、法律は日本のものとは異なる場合があります。本書の記述に従って投資をされる場合には、日本の状況に応じた行動が必要になる場合があることをご了承ください。

本書に記載した情報によって読者に発生した損害や損失については、著者、訳者、発行者、発行所は一切責任を負いません。投資における最終決定は、ご自身の判断で行ってください。

本文内に記載されている参考文献からの引用箇所は、邦訳書の訳文を引用したものではなく、すべて今回新規に訳出したものです。

Cover design by Christopher Parker

「初めてこの本を読んだとき、
ニック・マジューリに特別な才能があることがすぐにわかった。
世の中には優れたデータサイエンティストもいるし、
優れたストーリーテラーもいる。
だが、ニックのように、データの真の意味を理解できる
データサイエンティストでありながら、
説得力のあるストーリーを語れる人はまずいない。
これは**絶対読むべき一冊**だ」

モーガン・ハウセル
全世界600万部、日本でも21万部突破のベストセラー
『サイコロジー・オブ・マネー
――一生お金に困らない「富」のマインドセット』著者

「ニック・マジューリは、
お金の管理方法についての通説のウソを、あざやかに解き明かす。
本書には、**目からウロコが落ちるような瞬間と**
実用的なアドバイスの両方が満ちあふれている。
同じくパーソナルファイナンスについて文章を書く人間として、
嫉妬を感じずにはいられない。
ニックは、貯金と投資の方法というありきたりのテーマを、
驚くほど新鮮で、飛び切り面白いものにすることに成功した」

クリスティン・ベンツ
モーニングスター社
パーソナルファイナンス部門ディレクター

「ニックには**本物の才能**がある。

厳密な実証的証拠に基づいて論旨を展開しながら
読者を引き込む語り口で、実践的で実用的なアドバイスをしていく。
また、投資に関する通説には簡単に従おうとしない天邪鬼な精神を
持ちながら、それを裏づける**説得力のあるデータを示し、**
新鮮で興味深いストーリーに仕立てている。
ベテランであれ初心者であれ、投資家はニックの実践的な
投資アプローチから、とてつもなく大きなメリットを得るだろう」

ジェームズ・P・オショーネシー
OSAM LLC 社設立者兼会長、
ベストセラー『ウォール街で勝つ法則
――株式投資で最高の収益を上げるために』著者

「『ジャスト・キープ・バイイング』は、
お金に関する価値ある知恵と実践的なアドバイスが満載だ。
マジューリは、自らの提案を裏づける確かな証拠を用いているだけでなく、
わかりやすく応用しやすい
シンプルな考えに落とし込む術にも長けている」

ジェームズ・クリアー
ニューヨークタイムズ紙ベストセラー。
全世界2000万部突破
『ジェームズ・クリアー式 複利で伸びる1つの習慣』著者

本書の使い方

本書は、**読者の時間を最大限に尊重する方法**で書かれている。順番に読んでもいいが、あなたの現在の資産形成の段階に合った、興味のある章から読み始めてもかまわない。

前半は「**貯金力アップ篇**」、後半は「**投資力アップ篇**」という2部構成になっている。

「貯金力アップ篇」では、

「どれだけ貯金すればいいのか」

「どうすればもっと貯金できるのか」

「どうすれば罪悪感を覚えずにお金を使えるのか」

など、お金を貯めていくうえで誰もが直面する様々な疑問に答えていく。

後半の「投資力アップ篇」では、
「なぜ投資すべきなのか」
「どんな対象に投資すべきか」
「どのくらいの頻度で投資すべきか」
など、**お金を働かせる**ために考えるべき問題の答えを示していく。

本書は、読者が必要な情報をできる限り簡単に見つけ、活用できるように書かれている。

関心のない章は、飛ばしてもかまわない。興味がない内容を我慢しながら読むくらいなら、そこを飛ばして興味のある箇所から読んでみてほしい。

巻末プレミアムの「21の黄金ルール」には、本書のおもな内容と実用的なポイントを簡潔にまとめてある。

本書の内容をざっと知りたい人は、まずここを読んでいただきたい。

はじめに

全米屈指のデータサイエンティストによる、
お金を貯め、富を築くための証明済の方法。
投資初心者からベテランまで、わかりやすく、面白く学べる唯一無二の本。

なぜ祖父は無一文で死んだのか

私の亡き祖父は、競馬にどっぷりとハマっていた。

子どもの頃、祖父と地元ロサンゼルスの地域の夏祭りに行き、「マグニフィセント・マークス」や「ジェイル・ブレーク」といった派手な名のサラブレッドがトラックを疾走するのを眺めたものだ。

当時はおだやかな娯楽のように見えたが、後になってそれが祖父を生涯にわたって苦しめていた賭博の一つであることを知った。

祖父のギャンブル依存症は競馬から始まり、やがてトランプゲームに移っていった。ブラックジャック、バカラ、パイ・ゴウ・ポーカー——。ありとあらゆるゲームに手を出した。

祖父は私が聞いたこともないようなゲームも知っていて、好んで賭けをした。一度に25ドル、50ドル、時には75ドルも賭けた。トランプの1ゲームの賭けに投じるには、相当な額だ。

当時の祖父は現役を引退していて、母親（私にとっての曾祖母）と同居していた。食費と住居費はこの母親が払っていた。

祖父は定年退職後、月に1000ドルの年金を受け取り始めた。7年後、これに加え月額1200ドルの社会保障を受給するようになった。

月額2200ドルの収入があり、食費や住居費を払う必要がなかったにもかかわらず、祖父は2019年5月に**無一文で死んだ。**

26年もの老後生活で得た収入は、ほぼすべて賭け事で消えた。

もし、祖父が老後の生活における毎月の収入の半分（どのみちギャンブルで消えていくはずのお金）を米国株式市場に投資していたらどうなっていただろう？

どんな違いが生じるのか？

祖父は、死ぬときに百万長者（投資資産が100万ドル以上ある人）になっていたはずだ。

引退後、収入の半分をギャンブルに投じながらも、残りの半分を株に投資しただけで一財産を築けたのだ。

自動的に富が増え続ける「たった3語」の呪文

その場合、投資のかなりの部分は、米国株式市場における史上最悪の10年間の一つ（2000〜2009年）の間に行われていたことになる。

それでも、祖父は十分な富を築けた計算になる。毎月株に投資していれば、祖父はギャンブルという最悪の習慣があったにもかかわらず、大金を手に入れられたのだ。

もちろん、重度のギャンブル依存症ではない人でも、祖父と同じ方法で投資をすれば、多額の富を築ける。

この場合、祖父は実質的に、これから紹介する、**ある重要な「投資哲学」**に従っていたことになる。

祖父が亡くなる数年前、私はふとした偶然で、あるアイデアに出会った。

それは、たった3語から成る、あなたをお金持ちにしてくれるアイデアだ。

ジャスト・キープ・バイイング（ただ買い続けなさい）――

JUST KEEP BUYING

それは、私の人生を変えるモットーとなった。

幼い頃、私はどうすれば裕福になれるのか、何も知らなかった。

夏を意味する「サマー（summer）」が、「すごす」という動詞としても使えることを知らなかった（たとえば、「I summer in the Hamptons／私はハンプトンズで夏をすごす」）。

「配当」という言葉が何を意味するのかも知らなかった。

シズラーやレッドロブスターは高級レストランだと思っていた。

両親は働き者だったが、2人とも大学を中退していて投資の知識は皆無だった。その影響もあって、私も投資に疎《うと》かった。株とは何かを本当に理解したのは、スタンフォード大学に入学して経済学を学ぶようになってからだ。

とはいえ、投資について学んだだけでは、自分自身の経済的な問題は解決できなかった。最高レベルの教育を受けたにもかかわらず、大学卒業後の経済生活は不安とストレスに満ちていた。自分が下す金銭的な決断には、常に疑問がつきまとった。

「何に投資すればいい？」

「収入に対して十分に貯金している？」

「あの株は今買うべきか？　もう少し待つべきか？」

20代半ばになるまで、ずっとこんなふうにお金の問題に関して自信がなかった。もう十分に大人になり、キャリアをスタートさせ、自分の人生をコントロールできるとみなされる年齢になっていたにもかかわらず。だが、私は小さな心の声を黙らせることができなかった。お金に関する不安が常に頭につきまとっていた。

その不安から逃れようと、お金と投資に関する書籍や記事、ネット情報を手当たり次第に読み始めた。

ネットの掲示板を読みあさり、伝説の投資家ウォーレン・バフェットが経営するバークシャー・ハサウェイ社が株主に宛てたすべての手紙に目を通し、金融史の分厚い専門書も隅から隅まで読んだ。

専門知識を得たことは確かに有益だった。だが、次に何をすればいいのかよくわからなかった。

そこで2017年前半、パーソナルファイナンスと投資をテーマにしたブログを始めた。お金に関する様々な疑問への答えをなんとしても見つけるために、ブログの執筆を自分に強いることにしたのだ。

そんなある日、YouTuberのケイシー・ナイスタットが投稿した、あるYouTube動画を見つけた。

それが、すべてを変えた。

「僕はこの3語で登録者100万人超えを達成した（3 words got me 3 MILLION SUBSCRIBERS）」と題されたこの動画で、ナイスタットはYouTuber仲間のローマン・アトウッドから教えてもらったという3語から成るアドバイスを紹介していた。

それは、

「ジャスト・キープ・アップローディング」（とにかく動画を投稿し続けなさい）

というものだった。

ナイスタットが話していたのはYouTuberのフォロワーを増やす方法だったが、私は直感的に、このアドバイスは投資や富を築く方法にも当てはまると思った。

この動画を見る前の数週間、米国株式市場を分析していた私は、ある重要な発見をした。富を築くためになにより重要なのは、米国株をいつ買うかではなかった。

カギを握っていたのは、**買い続けること**だった。

企業価値評価（バリュエーション）の高低は問題ではなかった。

強気市場か弱気市場かも問題ではなかった。

重要なのは、とにかく株を**買い続けること**だったのだ。

この洞察とナイスタットのYouTube動画のアドバイスを組み合わせることで、「ジャスト・キープ・バイイング（JUST KEEP BUYING／ただ買い続けなさい）」という投資哲学が誕生した。

これは、**あなたが全世界のどこにいようと、経済状況を根本から変えられる投資哲学だ**——それを実践するならば！

ただひたすら買い続ける理由

「ジャスト・キープ・バイイング」とは、収益を生み出す様々な資産を継続的に購入することだ。

収益を生み出す資産とは、将来的に不労所得を生み出せる、株式、債券、不動産などの資産のこと。

ただし、細かな戦略はそれほど重要ではない。

なにより大事なのは、「どんな金融資産を、いつ、いくらくらい買うべきか」ではなく、ただひたすら買い続けることだからだ。

このアイデアはとても単純に見える。

実際、極めて単純だ。

家賃や住宅ローンを払うのと同じように投資を習慣にし、食料品を買うように頻繁に金融資産を買う――ただそれだけなのだ。

正式には、このアプローチは「ドルコスト平均法（DCA）」（長期にわたって金融資産を定期的に購入すること）として知られている。

「ドルコスト平均法」と「ジャスト・キープ・バイイング」は、実質的に同じことを意味している。唯一の違いは、その名称だ。後者にはその名称に、**「とにかく買い続ける」という、よりはっきりとした投資哲学**、つまり**明確な〝心理的動機〟**が込められているといえるだろう。

ジャスト・キープ・バイイングは、簡単に富を築くことのできる積極的な投資アプローチだ。雪玉が坂を転がるようなものだと考えてほしい。

あなたは、ただ買い続け、雪玉が大きくなっていくのを見ていればいい。

100年以上にも及ぶ信頼性の高いデータに裏打ちされた本

実のところ、ジャスト・キープ・バイイングは今、**歴史上のどの時点よりも簡単に実践できる**ようになっている。

なぜか？

以前、これを実践しようとすれば、多額の手数料や取引コストが必要だった。1990年代なら1回の取引ごとに8ドルもかかったので、ジャスト・キープ・バイイングを実践するには多額の取引コストがかかった。

だが、状況は一変した。

主要な投資プラットフォームの多くで取引コストが無料となり、端株《はかぶ》（一株未満の株）の保有者が増え、低コストでの分散投資が可能になるなど、ジャスト・キープ・バイイングを実践する環境はかつてないほど整ってきた。

現在では、インデックスファンド（様々な株価指数の値動きに連動させることで運用成果を図る投資信託）の「S&P500」を一株から購入できる。

「S&P500」の株を買うことは、実質的に、米国の大手上場企業500社の従業員を、あなたを豊かにするために働かせるのと同じことだ。

同じく、国際的なインデックスファンドを買えば、世界各国の大手上場企業の従業員が、あなたを豊かにするために働いてくれるようになる。

つまりこうした投資資産を買えば、わずかな金額で、人類全体の将来的な経済成長の一端を所有できる。

世界規模の経済成長のおかげで、私たちは何十年にもわたって資産を増やし続けられる。

これは私の個人的な意見ではない。

地理的条件や投資資産の種類の違いを超え、**100年以上にも及ぶ信頼性の高いデータに裏打ちされた事実**なのだ。

「金銭的自立」に遅れた、日本人だけが知らない真実

もちろん、ジャスト・キープ・バイイングという考えに従おうとすることは、資産を築

く道のりの一歩にすぎない。

この考えはとてもシンプルだが、当然、実践しようとすれば様々な疑問も生じるだろう。それが、私が本書を書いた理由だ。

本書ではこれから、パーソナルファイナンス（個人にとっての資産運用やお金の問題全般）や投資に関して最もよく耳にする疑問に答えていく。

各章では、一つのトピックについて詳しく説明し、すぐ応用できる実践的なヒントも紹介する。

なにより重要なのは、これらの質問に対する答えが、単なる個人的意見や推測ではなく、**データと証拠に裏づけられたもの**であることだ。

結果として、本書が提示するアドバイスには、世間一般に流布している金融に関する通説とは正反対のものもある。

その中には、意外な真実を明らかにする、驚くべき答えも含まれている。

一部を紹介しよう。

- **世間でいわれているほど、貯金はしなくてもいい**
- **クレジットカードの負債は、必ずしも悪いものではない**

- **下落株を買うためにお金を貯めるのは、よい考えではない**
- **個別株は、買うべきではない**
- **大規模な市場の下落局面は、買いの好機になる**

これらはほんの一例だ。

ただし、本書の目標はいたずらに議論を呼ぶような主張をすることではない。通説を鵜呑みにせず、**データを駆使して真実を探し出す**ことだ。

本書の内容を端的に表せば、こうなるだろう。

データサイエンティストが書いた、
お金を貯め、富を築くための証明済の方法。

この本は私にとって初の書籍となる。

私が持てる全知識と全ノウハウを一冊に閉じ込めた。出し惜しみは一切ない。

今回の執筆にあたり、世界最先端の金融大国といわれる米国を中心とした全世界の直近データから過去100年以上のデータまで精緻に分析した。

米国人と日本人の金融資産を比較すると、日本人は昔も今も圧倒的に多くを「現金」で持ち続けている。だが、世界的にインフレが加速し、現金の価値が激減する今、この戦略は本当に賢いものなのか。

答えは「NO」だ。

このままでは、**日本人は「金銭的自立」に遅れた世界の金融孤児**になりかねない。

だが、大丈夫だ。我々の寿命はとてつもなくのび、人生100年時代を迎えた。

今ならまだ間に合う。

これから紹介する戦略に従えば、あなたは間違いなく、これまでより賢く行動し、確実に豊かになれる。

まずは、「どこから始めるべきか?」という質問から始めよう。

第1章では、現在のあなたの経済状況に基づき、貯金と投資のどちらに重点を置くべきかについて見ていこう。

目次

第1部 貯金力アップ篇

第2部 投資力アップ篇

第10章 なぜ投資すべきか？——お金を増やすことが重要な時代になった3つの理由

第11章 何に投資すべきか?——「富への唯一絶対の道」は存在しない

第12章 個別株は買うな――個人投資家を焼き尽くす投資哲学

第13章 いつ投資すべきか？——なぜ早いほうがいいのか

第14章

安値を待つべきではない理由――神でさえ「ドルコスト平均法」には勝てない

第15章

投資が「運」に左右される理由――と、なぜ「運」を気にしすぎる必要がないのか？

第1章

どこから始めるべきか？

お金がない人は「貯金」を、お金がある人は「投資」を重視すべき理由

何を重視すべきか

私は23歳のとき、富を築く方法なら知っていると思い込んでいた。

たとえば、「取引手数料を低く抑える」「分散投資する」「株を長く保有（買い持ち）する」などだ。

ウォーレン・バフェット（1930〜）やウィリアム・バーンスタイン（1948〜）、ジョン・クリフトン・〝ジャック〟・ボーグル（1929〜2019、インデックスファンドの父）といった投資界の伝説的人物も、こうしたアドバイスを頻繁に口にしていた。

確かに、このアドバイスは間違っていない。

だが、大学を卒業したばかりの私は、これらのアドバイスに忠実に従おうとしたために、その時点の自分が経済的に優先すべきではないことばかりに目を向けてしまっていた。

当時、私の投資用口座に入っていたのは、たった1000ドル。にもかかわらず、翌年の投資判断の分析に大量の時間を費やしていた。

エクセルのワークシートに純資産額の予測と予想利回りを細かく記載し、毎日、口座の残高をチェックした。ノイローゼになるほど資産配分に悩んだ。

「資金の15％は債券で持つべきか？　それとも20％？　10％ではいけないのか？」

若者は強迫観念に陥りやすいといわれるが、当時の私はまさにそうだった。

だが投資に執着していたわりには、収入や支出の分析にはまったく時間をかけていなかった。しょっちゅう同僚と外食に出かけ、何杯も酒を飲み、ライドシェアアプリ「ウーバー」で車を呼んで家に帰っていた。当時のサンフランシスコでは、一晩に100ドルくらい簡単に消えた。

これがどれだけ愚かな行動だったか、少し考えてみよう。

1000ドルの金融資産しか保有していなかった私は、たとえ年利回り10％で運用できても、1年で100ドルの投資収益しか稼げなかった。

私はその同額を、友達と出かけるたびに使っていた。

夕食代と飲み代と交通費を払うと、1年分の投資収益（しかも運用成績がよい年の場合の）が吹き飛んでしまった。

逆にいえば、サンフランシスコで一晩仲間と飲み食いするのを我慢するだけで、1年分の投資収益と同額のお金が手に入ったことになる。

私の経済的な優先度は、完全に的外れだった。バフェットやバーンスタイン、ボーグルなど、有名投資家のアドバイスに従うことより、もっと優先させるべきことがあったのだ。

これを、資産1000万ドルの人と比べてみよう。

もし、この人のポートフォリオ（自分が保有している様々な投資資産の組合せのこと）が10％減ったら、100万ドル失うことになる。

この人は、その分をカバーするために、1年で100万ドルの貯金ができるだろうか？

まず無理だろう。相当な高収入でない限り、投資ポートフォリオが減った以上の額を、貯金でカバーするのは至難の業だ。

だからこそ資産が1000万ドルの人は、100万ドルの人に比べて投資先の選択に多くの時間を費やさなければならない。

つまり、何を重視すべきかは、**その時点の経済状況次第**であるということだ。

投資資産が少ないなら、貯金を増やすこと（そしてそのお金を投資すること）に注力すべきだし、すでに大きな投資資産があるのなら、投資計画に時間を費やしたほうがいい。

思い切った言い方をすれば、貯金は貧しい（投資をするお金がない）人のためのものであり、投資は豊かな（投資をするお金がある）人のためのものだ。

ただし、少々補足が必要だ。

私はここで、「貧しい」と「豊か」という言葉を、絶対的な意味と相対的な意味の両方で使っている。

たとえば、大学を卒業して間もない頃、サンフランシスコでパーティ三昧の生活をしていた私は、絶対的な意味では貧しくなかった。ただし、将来の自分と比べれば貧しかったといえる。

こう考えれば、お金がない人は貯金に注力し、お金がある人は投資に注力すべき理由を理解しやすくなる。

もし23歳の私がこのことを知っていたら、投資判断について悩むのではなく、キャリアアップし、収入を増やすことにもっと多くの時間を割いていただろう。資産が増えたら、ポートフォリオの微調整に時間をかけるようにすればいい。

あなたは「貯金」すべきか？　それとも「投資」すべきか？

では、自分がこの「貯金か投資か」の問題のどの地点にいるか、どのように判断すればいいのか？

次の簡単な計算を参考にしてみてほしい。

まず、**今後1年間に無理なく貯金できる額**を算出する。「無理なく」と言ったのは、これは余裕を持って実現できるものでなくてはならないからだ。これを「予想貯金額」とする。

たとえば、1か月に1000ドルの貯金ができそうなら、予想貯金額は1年で1万2000ドル増えることになる。

次に、**今後1年間に予想される投資収益**を決定する。

たとえば、投資資産が1万ドルあり、その年利回りを10%と予想すれば、投資資産は1年で1000ドル増えることになる。これを「予想投資収益額」とする。

最後に、この2つの数値を比較する。

予想貯金額と予想投資収益額のどちらが多いか？

予想貯金額のほうが多い人は、貯金を増やすことに集中すべきだ。

予想投資収益額のほうが多い人は、所有している投資資産の配分調整に多くの時間を割くべきだ。

「予想貯金額」と「予想投資収益額」の数値が近い場合は、両方に時間を費やすといいだろう。一般的には、年齢とともに焦点は貯金から投資へと移っていく。このことも覚えておこう。

例として、40年間、働きながら毎年1万ドルを貯金し、それを投資して年利回り5%で運用する人のケースを考えてみよう。

1年目、この人は1万ドルを投資し、リターンとして500ドルを得る。この時点では、投資によって増えた資産(500ドル)より、貯金によって増えた資産(1万ドル)のほうが年間で20倍も大きい。

次に、時計の針を進めて30年目を見てみよう。総資産は62万3227ドル、投資収益は3万1161ドルになっている(同じく年利回り5%で計算)。

この1年間で、貯金によって増えた資産(1万ドル)は、投資によって増えた資産(3万1161ドル)の3分の1以下しかない。

この推移を示したのが**図表1**のグラフだ。2種類の資産が時間の経過とともに、どのように増えていくかがわかるだろう。

ご覧のとおり、働き始めてから数年間は、資産のほとんどが貯金によって生み出されているのがわかる(濃いグレーのアミかけ部分)。

しかし、最後の数十年では、投資(薄いグレーのアミかけ部分)が年間資産の増加分に大きく寄与しているのが一目瞭然だ。

図表1　**貯金と投資収益の割合は時間の経過とともに変化する**

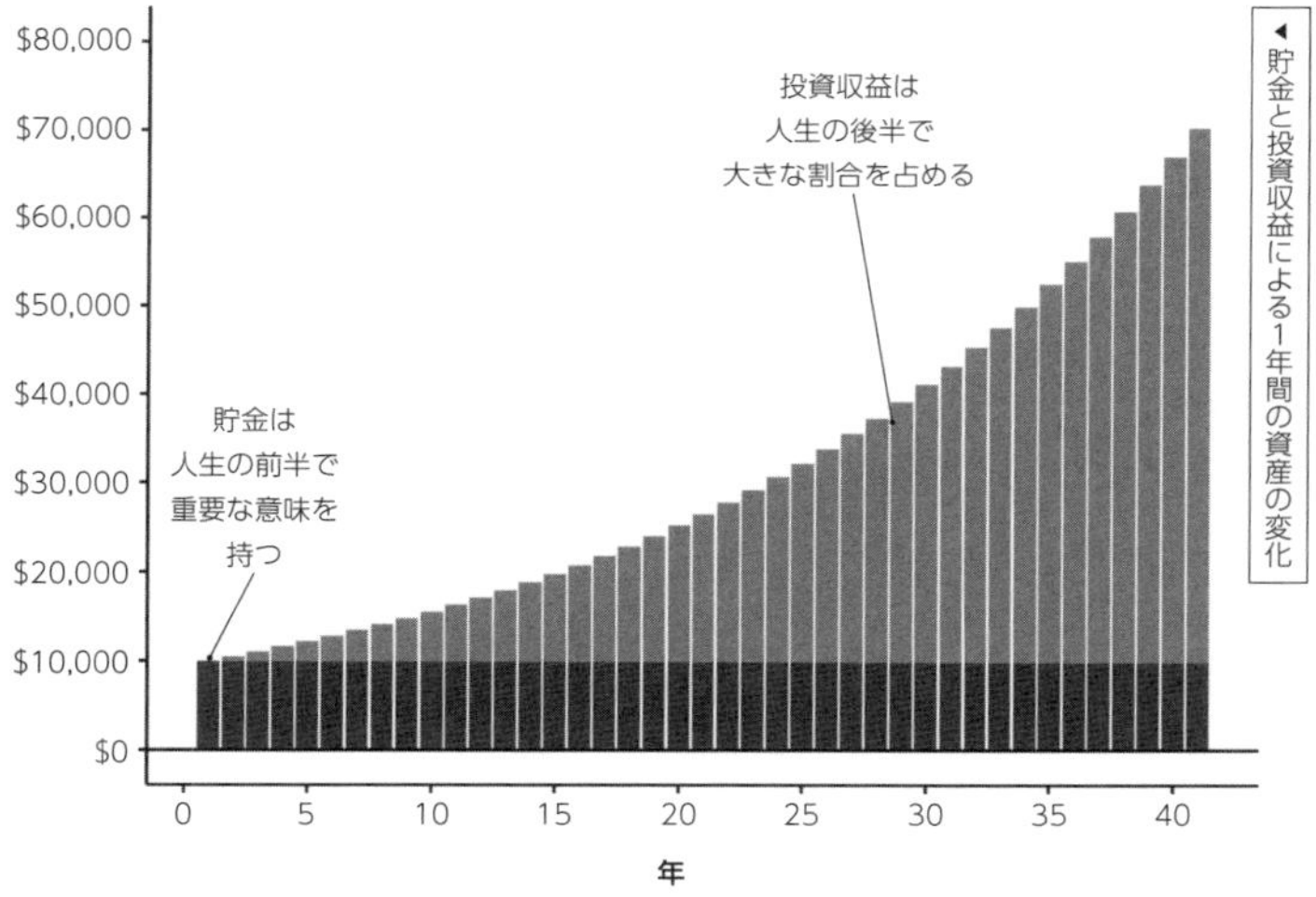

この変化は顕著だ。終盤では資産の増加分の**約7割が投資収益**から得られている。

だからこそ、**自分が「貯金か投資か問題」のどの位置にいるか**を把握することが重要だ。なぜなら、その時点で最大のリターンを得るために、経済的な関心をどこに向けるかを決定するうえで重要になるからだ。

グラフの両端では、その傾向はさらに顕著となる。投資資産が少ない場合は、貯金に集中すべきだ。退職してもう働けないなら、投資にもっと時間をかけるべきだ。

それ以外の人にとっては、どちらに注力すべきかという問題は少々難しい。これが、本書が**2部構成**になっている理由でもある。

第1部のテーマは**貯金力アップ**（「貯金から投資へと続くパーソナルファイナンスの道のり」の第1段階）で、第2部のテーマは**投資力アップ**（第2段階）だ。

まずは、貯金力についての正しい考え方から見ていくことにしよう。

第1部

貯金力アップ篇

第2章

どのくらい貯金すればいいのか？

思っているほど多く貯めなくても大丈夫

サケの産卵時に消化器官が2倍に拡張する〝謎の魚〟

南アラスカの川に釣りにいくと、ドリーバーデン・チャーと呼ばれる、サケ科イワナ属の大型の魚が、澄んだ水の中を何百匹も泳いでいる光景を目にすることができる。だが、この魚たちの餌になりそうなものは見当たらない。

実際、1年の大半を通じて、この川の中にはドリーバーデン・チャーの胃を満たす食べ物はほとんどない。ただし初夏になると、サケが産卵のためにやってくる。

ドリーバーデン・チャーは、サケが産み落とす大量の卵を見た瞬間から大食漢になり、腹が破裂しそうなほどの量を貪《むさぼ》るように食べる。

「ドリーバーデン・チャーは完全に卵に夢中だ」と、ワイオミング大学のデイヴィッド・H・スミス保全研究員であるジョニー・アームストロングは言う。「卵を守ろうとするサケと何度もぶつかり、体中を傷だらけにしながらも、胃袋をはちきれんばかりにいっぱいにするんだ」

サケが海に帰り、安定した食料源がなくなった後も、ドリーバーデン・チャーの多くは川に残る。

「1年を通じて川で得られる食料の量からカロリーを計算してみると、ドリーバーデン・チャーがそこで1年間生きのびられるはずがないのはすぐにわかる」とアームストロングは言う。「でも、この魚たちは生きている」

ドリーバーデン・チャーは、どのようにしてこのような条件に耐えているのだろうか？　アームストロングと同僚のモーガン・ボンドは、この魚が食料不足になると、エネルギー消費量を抑えるため、消化器管を縮めることを発見した。サケが川に戻ってくると、消化器官は通常の2倍の大きさに拡張する。[1]

生物学の専門用語では、このように環境に合わせて生理機能を変化させる生物の能力を「表現型可塑《かそ》性」と呼ぶ。

表現型可塑性は、植物や鳥、魚などが環境に応じて自らの身体を変化させる方法を理解するのに役立つ概念だ。

だが、それだけではない。この概念を理解することは、人間が収入に対してどれくらい貯金すべきかを決めるのにも役立つのだ。

世の中の貯金についてのアドバイスは大間違い

グーグルで「どれくらい貯金すればいいか」（how much should I save）と検索すると、膨大な数の検索結果が表示される。上位には、次のようなアドバイスがある。

「収入の2割を貯金しよう」

「最低でも収入の1割は貯金に回すべきだ。できれば2割、3割までのばそう」

「30歳までに年収と同額、35歳までに年収の2倍、40歳までに3倍を蓄えているのが望ましい」

これらの主張には、共通する誤った前提がある。

まず、長期的に安定収入が見込めることを前提にしている。

第2に、どの収入レベルの人も同じ割合で貯金できることを前提にしている。

しかし研究結果は、これらの前提の正しさを証明していない。

たとえば、「所得動態に関するパネル調査」（PSID/Panel Study of Income Dynamics）のデータによれば、近年、多くの人たちの所得は不安定になっている。

このデータに基づいた調査は、1968年から2005年にかけて「世帯の所得変動の推定傾向は25～50％高まっている」ことを明らかにしている。[2]

これは、以前のように世帯の誰か一人が稼ぎ手になるのではなく、共働き世帯が増えたことにより、世帯内の片方の稼ぎ手が一時的に失業するのを許容しやすくなったことも反映されている。

また、個人の貯蓄率を一番大きく左右するのは所得水準である。このことは、様々な研究で実証されている。

たとえば、連邦準備制度理事会（ＦＲＢ）と全米経済研究所（ＮＢＥＲ）の研究によれば、下位20％の所得者は毎年収入の1％を貯金し、上位20％の所得者は24％を貯金している。さらに、上位5％の所得者は37％を、上位1％の所得者は51％を貯金している。[3]

同様に、カリフォルニア大学バークレー校の経済学者2人によれば、米国では１９１０年から２０１０年にかけて、１９３０年代を除くすべての年代で貯蓄率と富との間に正の相関関係が見られる。[4] つまり、富が増えれば増えるほど貯蓄も増えるのだ。

これが、「収入の2割を貯金しよう」といった貯金に関するアドバイスが**見当違い**である理由だ。これらのアドバイスでは所得の違いが考慮されていないし、誰もが同じ割合で貯金できると仮定している。だがそれが間違いであることは、研究によって裏づけられているのだ。

貯金が楽しくなる最良のアドバイス

ここで、食料の量に応じて消化器管の大きさを変化させる魚、ドリーバーデン・チャーの「表現型可塑性」について思い出してみよう。

ドリーバーデン・チャーは、年間を通して同量のカロリーを消費するのではなく、得られる食物の量に基づいて摂取カロリー（と代謝）を変化させる。

そう、私たちは貯金に関して、この魚と同じことをすべきなのだ。

貯金をたくさんできるときはそうする。そうでない場合は少なく貯金する。

生涯を通じて収入は一定ではないのだから、収入が一定であることを前提とした貯金のルールを絶対的なものとすべきではない。私も個人的にこれを体験している。

ボストンに住んでいたときは収入の40％を貯金していたが、ニューヨークに引っ越した最初の年には貯蓄率が4％に下がった。転職し、ルームメイトとの共同生活をやめ、一人暮らしを始めたからだ。

もし、「何があっても収入の2割を貯金する」というルールに頑なに従っていたら、ニューヨークでの1年目の生活は極端に切り詰めた、みじめなものになっていただろう。

だからこそ、貯金に関する最良のアドバイスは、「**できる範囲で貯金する**」となる。

このアドバイスに従えば、ストレスが大幅に減り、幸福度も格段にアップする。

私がそれを確信しているのは、みんながお金のことで大きな不安を抱えているのを知っているからだ。

米国心理学会によると、『ストレス・イン・アメリカ（Stress in America™）』が2007年に調査を開始して以来、景気の状況にかかわらず、米国人の一番のストレス要因は、一貫して「お金である」[5]ということだ。

米金融機関のノースウェスタン・ミューチュアルが実施した「プランニング・アンド・プログレス・スタディ」によれば、米国の成人の48％が貯蓄率について、「高」または「中程度」の不安を感じている。[6]

これらのデータからも明らかなように、多くの人たちは自分がどれだけ貯金できているか不安になっている。

もちろん、貯蓄率が低ければ経済的には苦しくなる。だが研究によって、その経済的な苦しさより、貯蓄率の低さからくるストレスのほうが悪影響を与えることがわかっている。

たとえば、ブルッキングス研究所がギャラップ社のデータを分析した結果、「一般的に、ストレスから生じるマイナスの影響は、収入アップや健康増進から生じるプラスの影響を上回る」ことが明らかになった。[7]

つまり、ストレスを感じない形でやってこそ初めて多く貯金できるということだ。そうしなければ、デメリットがメリットを上回りかねない。

私も個人的にこれを体験している。あるとき、誰かが決めた恣意的なルールに従って貯金するのをやめた。

すると、過度にお金に執着しなくなった。できる範囲で貯金しているので、お金に関する自分のあらゆる判断に疑問を持つことなく、お金とのつき合いを楽しめるようになった。

私と同じような変化を体験したいなら、まずどれだけ貯金できるかを見極める必要がある。次にその方法を説明しよう。

貯金できる金額の決め方

自分がどれくらい貯金できるかを判断するには、次の単純な方程式に従えばいい。

貯金＝収入－支出

収入から支出を引けば、残っているのは貯金できる金額だ。

この方程式を解くために必要な数値は次の2つだけ。

1. 収入
2. 支出

この2つは、月単位で計算することをお勧めする（給与、家賃／住宅ローン、定期購入費等）。米国の場合、週単位や月何回かという方式で給料をもらっている人が多い。たとえば、月2回（税引後）2000ドルの給料をもらっているなら、月収は4000ドルだ。月の支出が3000ドルなら、1か月の貯金額は1000ドルになる。

一般的に支出には波があるので、収入より予測が難しい。

全支出の明細を管理できれば理想的だが、結構手間がかかる。

私自身、毎月の正確な支出額を計算せよという書籍を何冊も読んだが、決して従わなかった。おそらく、あなたもそうではないだろうか。

そこで本書では、**極めてシンプルな方法**を紹介する。

すなわち、全支出を計算するのではなく、固定費を算出し、残りの額を見積もるのだ。

固定費とは、毎月の支出額が決まっている家賃／住宅ローンや通信費、サブスクリプシヨンサービス、自動車ローンなどのこと。これらを合計すれば、毎月の固定費を算出できる。

次は変動費だ。

たとえば、週1回スーパーで100ドル前後の食料を買っているなら、月額食費は400ドルとなる。外食費や旅行費なども同様に計算する。

変動費をすべて同じクレジットカードで支払うという手もある（月末請求額がその月の変動費になる）。複数のカードを使い分けられないので各種のポイントサービスを活用するには不利かもしれないが、支出の記録はグッとラクになる。

どんな方法であれ、算出した変動費と固定費を合計すれば、毎月どれくらい貯金できるかを把握できる。

この方法をお勧めするのは、人はお金が足りないことを心配していると、簡単に理性的な思考を忘れてしまうからだ。

たとえば、米国の成人1000人に「お金持ちだと思われるにはどれくらいのお金が必要か？」と尋ねると、その平均額は230万ドルになる。[8]

しかし、同じ質問を百万長者1000人にすると、その額は750万ドルに跳ね上がる。[9]

つまり人はいくら豊かになっても、まだ十分ではないと感じるのだ。

私たちはいつも、もっと貯金できるし、もっと貯金すべきだと感じている。

あなたはすでに貯金しすぎている可能性がある！

しかし、データを掘り下げていくと、まったく別のストーリーが見えてくる――あなたはすでに、**貯金しすぎている可能性**があるのだ。

引退して年金生活を始めたばかりの人にとって大きな心配事は、お金を使いすぎて老後資金がなくなってしまうことだ。

しかし実際には、それとは**逆の事実を示す圧倒的なデータ**がある――つまり、年金受給者はむしろ十分にお金を使いきれていないのだ。

テキサス工科大学の研究によれば、「年金受給者の資産は、老後生活期間中に使い果たされるより、変化しないか、むしろ増えている」[10]。

これは年金受給者の多くの支出が、社会保障や年金、投資から得られる収入よりも少ないことが原因であるという。つまり年金受給者は資産を切り崩すことなく、資産が増えていくのを眺めているのだ。

これは、一定の年齢に達した年金受給者に資産の一部を売却することを強制する「Required Minimum Distribution rules/RMDs（最低引き出し額ルール）」という米国特有の規則があるにもかかわらずである。

この研究では、「これは年金受給者が政府から求められた資産の売却によって得た利益を、他の金融資産に再投資している証拠である」と結論づけている。

米国で1年間に資産を減らした年金受給者の割合はどれくらいだと思うだろうか？

なんと、7人に1人前後しかいないのである。

インベストメント＆ウェルスインスティテュート社は、「資産レベルを問わず、年金受給者の大部分は、元本を取り崩さず、投資による収益分以下しか資産を引き出していない（金融資産の収益分のみしか引き出していない割合は58%、金融資産を含む全資産の収益分のみしか引き出していない割合は26%）。元本を取り崩しているのは、わずか14%にすぎない[11]」と報告している。

その結果、相続人は多額の遺産を手にすることになる。

投資会社のユナイテッド・インカムの調査によれば、「年金受給者の死亡時の年齢別平均遺産額は60代で29万6000ドル、70代で31万3000ドル、80代で31万5000ドル、90代で23万8000ドル[12]」である。

つまり年金受給者にとって、実際にお金がなくなることよりも、**お金がなくなることの恐怖**のほうが大きな脅威だといえる。

もちろん、将来の年金受給者が現在の年金受給者より大きく資産と収入を減らす可能性はある。しかし、データはこれも**裏づけていない**ようだ。

たとえば、連邦準備制度（以下、FRS）の資産に関する統計によると、同年齢の時点で比較すると、一人当たりの資産（インフレ調整後）は、ミレニアル世代（1980～1990年代半ば生まれ）とジェネレーションX世代（1965～1975年生まれ）で同等であり、同じくジェネレーションX世代とベビーブーマー世代（1950～1964年生まれ）も同等である。[13]

図表2にあるとおり、これら3世代の一人当たり資産は、時間の経過とともに同様の傾向を示している。

貯金に関する重要な2つの答え

これは全体として、ミレニアル世代が資産を築くペースがこれまでの世代よりも遅いわけではない、ということを示している。

図表2　年齢・世代別の一人当たり資産（インフレ調整後）

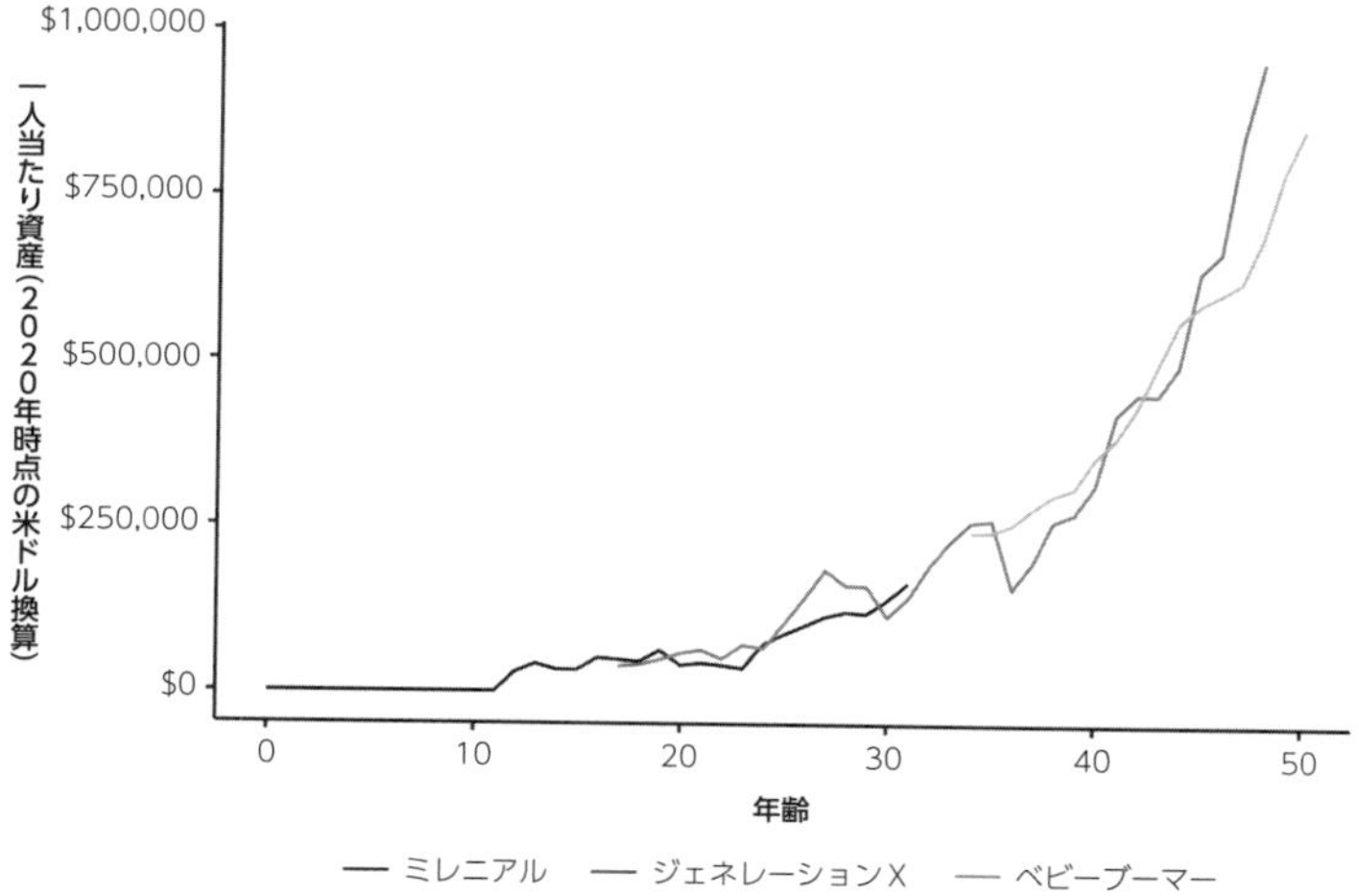

もちろん、格差問題や、ミレニアル世代の一部が多額の負債を抱えているという問題はあるが、全般的に見れば、メディアで日常的に報道されているほど悲惨なものではない。

社会保障面でも、事態はそれほど深刻ではない。労働者の77%は、自分の退職時には社会保障が受けられないと考えているが、給付金が完全に廃止される可能性は低い。[14]

2020年4月の「社会保障年金信託基金の数理的状況に関する報告書」によれば、同信託基金の資金が2035年頃に底をついた後でも、「予定給付額の79%」を支払うのに十分な収入がある。[15]

つまり、米国政府が現状の方針を変更

しない場合でも、将来の退職者は推定給付金の約8割を受け取れることになる。

これは理想的な結果ではないが、多くの人が想像している状況よりははるかにマシだ。

こうした実証的研究からも、現在および将来の年金受給者の多くが老後資金不足に陥るリスクは依然として低いと考えられる。

これが、自分たちが思っている以上に貯金する必要がない理由だ。

「できる範囲で貯金する」と**「自分が思っているほど貯金する必要がない」**が、「どれくらい貯金すべきか？」という質問に対する重要な2つの答えになる。

とはいえ、もっと貯金をする必要がある人もいる。次章で詳しく見てみよう。

第3章

こうすれば
もっと貯金できる

パーソナルファイナンス
最大のウソ

「ダイエット」と「お金」の驚くべき共通点

現代人に肥満が増えているのは、「不健康な食事」と「運動不足」が原因だと考えられている。

つまり、狩猟採集時代の先祖に比べ、高カロリーの食べ物を頻繁に口にし、机の前に座ってばかりでカロリーを消費しなくなったというわけだ。

しかし、人類学者がタンザニア北部の狩猟採集民族ハヅァ族の1日のエネルギー消費量を調査したところ、**衝撃の事実**がわかった。

予想どおり、ハヅァ族の運動量は欧米人よりはるかに多かった。男は大きな獲物を狩ったり、木を切り倒したりしているし、女も木の実を摘んだり地中の食べ物を探したりして活発にすごしている。

だが、エネルギー消費量が多いわけではなかった。

体格の違いを考慮すると、ハヅァ族のカロリー消費量は欧米人とほぼ同等だったのだ。[16]

つまり、人体には運動量に応じてエネルギー量を消費するための調整機能が備わっているのだ。

たとえば、毎日1マイルのランニングを始めた場合、最初はカロリー消費量が増えるが、次第にその割合は落ち着いていく。身体活動の変化に合わせ、エネルギー消費量が調整されていくからだ。

数十年間分の科学的データの分析結果も、同じことを示している。

1966年から2000年にかけて実施された運動と脂肪減少の関係についての様々な研究を分析した結果、運動量が増えると短期的には脂肪も減るが、その割合は長期的には縮まっていくことがわかっていたのだ。[17]

つまり、確かに運動は健康にいいが、身体を動かせば動かすほどやせるわけではない。人類の身体は、運動量が増えるに応じてエネルギーを節約するよう進化してきたからだ。だから、やせるには、運動量を増やすより、**食事の内容を変える**ほうが効果的なのだ。

「節約派」vs「収入アップ派」、どっちが正しい？

ダイエット界における「食事か運動か」の議論と同じく、パーソナルファイナンス界にも、資産を増やすには「節約か収入アップか」という議論がある。

節約派は「できる限り支出を切り詰めるべきだ」と言い、収入アップ派は「できる限り収入を増やすべきだ」と言う。

節約派はコーヒーをスターバックスで買わずに自宅で淹《い》れれば、生涯で最大100万ドル得をすると主張する。一方、収入アップ派はいちいち細かな支出を気にするより、副業で収入を得たほうがはるかに簡単だと主張する。

基本的には、どちらの主張も正しい。前章で見た「貯金の方程式」を思い出してみよう。

貯金＝収入－支出

貯金は、収入を増やしても、支出を減らしても増える。

だが、この2つのうち、どちらが効果的なのだろう？

データは答えを示している——すなわち、運動の減量効果と同じように、資産を増やす節約効果には限界があるのだ。

米国消費者支出調査を例に考えてみよう（**図表3**）。

世帯単位の支出内訳を示すこのデータを所得別に5グループ（5分位）に分けると、所得レベルによっては**節約が貯金を増やすのに現実的な選択肢ではない**ことがわかる。

たとえば、所得が最低のグループでは、税引後の所得で食費、医療費、住宅費、交通費という生きるために最低限必要な支出すらまかなえていない。

図表3　所得が下位20%の世帯は、基本的生活費を支払うのも厳しい

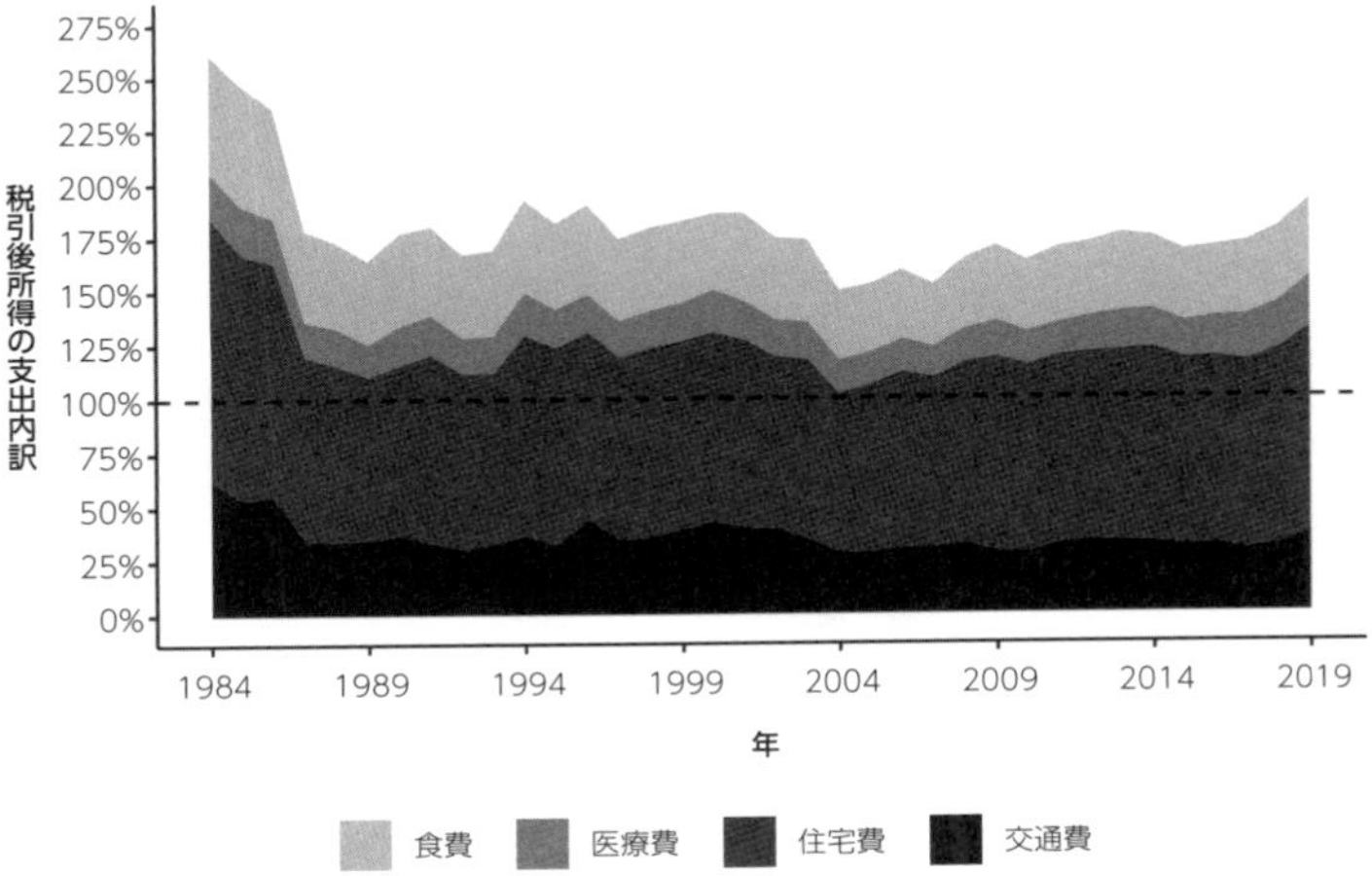

1984年以来、下位20%の世帯は手取り収入の100%以上をこの4カテゴリー（食費、医療費、住宅費、交通費）に費やしている。

これには、教育や被服、娯楽費は含まれていない。生活必需品だけで給料を使い果たしているのだ。

下位20%世帯の税引後平均所得は1万2236ドルなので、毎月約1020ドルしか使えないことになる。しかし、2019年のデータでは、食費、医療費、住宅費、交通費の毎月の平均支出は、1947ドルであった。

月の支出額の内訳は次のようになる。

・食費：367ドル

- **医療費：238ドル**
- **住宅費：960ドル**
- **交通費：382ドル**

この世帯の人たちは、無駄遣いをしているのだろうか？　これ以上、支出を削れるのだろうか？　率直にいって、かなり難しいといわざるをえない。

これらの世帯は手取り収入が月に1020ドルしかないのに、1か月の平均支出はそれを大幅に上回る1947ドルだ。貯金するには支出を半分に減らさなければならない。現時点でもギリギリの生活をしているのだから、それは現実的ではないだろう。

同じことは、これよりも高所得のグループにも当てはまる。

たとえば、所得が下から2番目のグループの場合、2019年の税引後平均所得は3万2945ドルで、最下位のグループの2・7倍あるが、それでも基本的生活費にほぼこの所得を費やしている（**図表4**）。

とはいえ、このグループの支出を細かく見ると、**あるパターン**が浮かび上がってくる。

このグループの平均所得は、最下位のグループの2倍以上。だが、支出は40％多いだけだ。これは節約派と収入アップ派の議論の重要なポイントとなる。

図表4　所得が下から2番目のグループの世帯も、収入のほとんどを基本的生活費に使っている

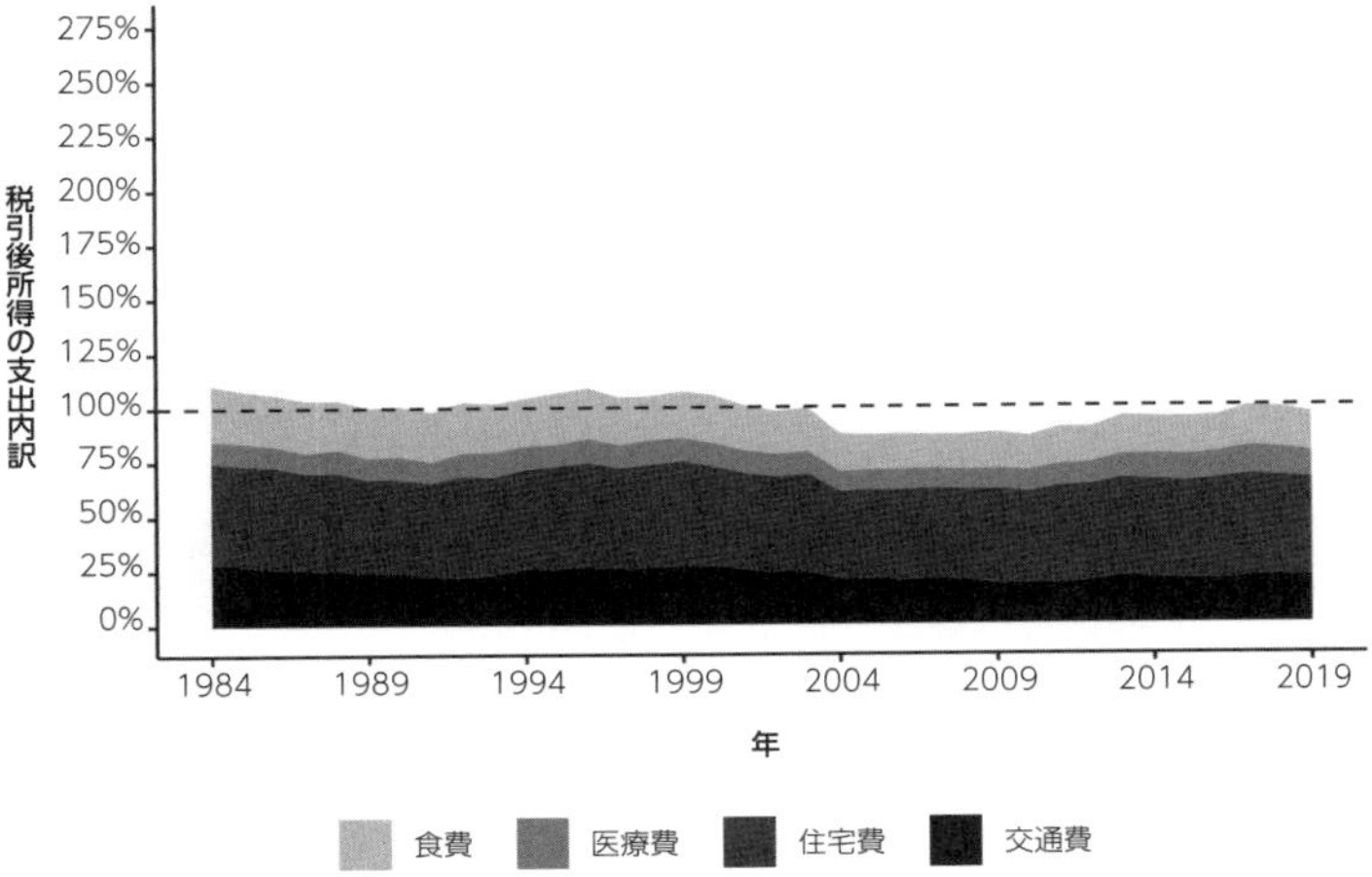

つまり、「**収入が増えても、支出が同じように増えるわけではない**」ということだ。

もちろん、収入アップ分をすべて使う人もいるだろう。

だがそれは例外だ。全体的に、高所得世帯は低所得世帯より収入に占める支出の割合が小さいのははっきりしている。

最も高所得のグループを見ると、この事実がよくわかる。

この世帯の2019年の税引後平均所得は17万4777ドル。だがそのうち食費、医療費、住宅費、交通費に費やされたのは約半分にすぎない（**図表5**）。

図表5　所得が上位20％の世帯は、支出に占める基本的生活費の割合が低い

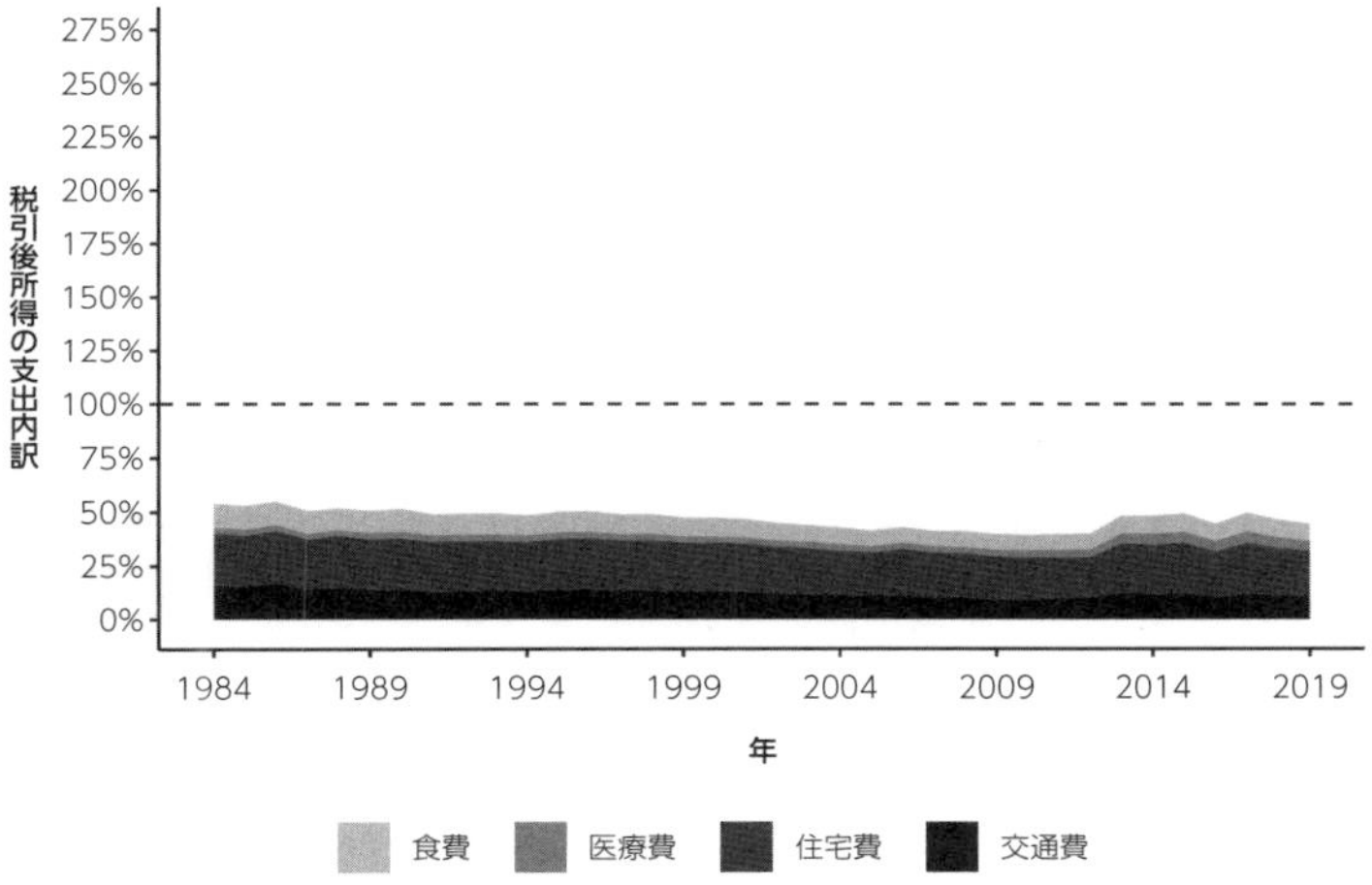

胃袋の法則

最下位のグループと比較すると、最上位のグループの税引後所得は14倍にもなるが、基本的生活費への支出額は3・3倍にすぎない。

なぜ、支出は収入に比例して増えないのだろう？

これは、経済学で「限界効用逓減の法則」と呼ばれる効果のためだ。難しそうな専門用語だが、中身はシンプル。「同じものに対する支出が増えるほど、それによって得られるメリットが減っていくこと」を意味している。

私はこれを、「**胃袋の法則**」と呼んでい

る。

腹ペコで、どうしてもピザが食べたいとする。ようやくピザが目の前に現れ、ひと切れ目を口に入れたときは最高においしく感じられるはずだ。ピザがひと切れもない状態に比べれば、天と地ほどの差がある。

しかし、2切れ目になるとどうだろう？

もちろん、おいしくは感じられるだろうが、ひと切れ目を食べた瞬間に比べるとありがたみは減るはずだ。3切れ目についても同じことがいえる。

つまり、ピザのスライスの数が増えていくほど、前と比べて喜びは減っていく。満腹になったら、それ以上のピザを頬張ると気分が悪くなることすらある。

支出についても同じだ。収入が今の10倍になったとしても、生活費が10倍になるとは考えにくい。生活レベルは上がるだろうが、収入アップと同じ比率で基本的生活費が増えるわけではない。高所得世帯のほうが貯金しやすいのはこのためだ。

だが、メディアはこの真実を伝えようとせず、「お金を増やしたいなら、とにかくもっと節約して貯金を増やすべきだ」という**間違ったメッセージ**を繰り返し垂れ流している。

パーソナルファイナンス最大のウソ

世の中には、お金持ちになる方法や早くリタイアする方法についてのアドバイスがあふれている。経済的な目標を定めて、ルールに従って資産を増やしていくことを推奨する記事も多い。

だが、それを書いた本人が、実際にどうやって裕福になったかについて説明したものはめったにない。

この手の記事を書く人が資産を築いた方法を探っていくと、かなりの高収入を得ていたり、極端なほど節約していたりすることが多い。

確かに、家賃がものすごく安いアパートに住んでいればリタイアできるかもしれない。投資銀行で10年以上働けば資産は増えるだろう。

しかし、こうしたことができるのは、ごくわずかな人たちだけだ。

極端に安いアパートに引っ越すのも、高給が得られる投資会社に転職するのも簡単ではない。

だから私たちは、現状を維持したまま、節約して貯金し、目標の資産額を目指そうとする。

だがこの方法では収入の少なさを補えない。
それが事実であることは、前述の消費者支出調査を見ても明らかだ。確かに、裕福になるための知識や習慣、考え方が不足している人もいる。だが、よい経済的習慣を持っていても、低収入のために経済状況を改善できない人も多い。

これは、世界各地の研究でも証明されている。
ロンドン・スクール・オブ・エコノミクスの研究者による「なぜ人々は貧しいままなのか？」という論文は、意欲や能力ではなく、元手となる資産がないことがいかに人々を貧困に陥《おとしい》れているかを説明している。

この研究では、バングラデシュの女性の村人に富（例：家畜等）を無作為に割り当て、それが将来の収入にどう影響するかを調べた。その結果は、論文に次のように記されている。

「元手となる富を一定以上与えられた人は、貧困から逃れられた。
だが、与えられなかった人は貧困に逆戻りした。（中略）
これは一度大きな額の富を手に入れることで、長い間貧困に苦しんでいた人でも、生産的な職業に就きやすくなることを示唆している。[18]

つまり、多くの人が貧しさから抜け出せないのは、意欲や能力のせいではなく、生きていくための最低限の収入しか得られない低賃金の仕事に就いているからなのだ。

お金がないので、高収入の仕事に就くための訓練や資金が得られない。

これが貧困の泥沼だ。ランダムに現金を支給するケニアでの実験でも、同様の結果が得られている。[19]

「支出を減らせばお金持ちになれる」は、パーソナルファイナンスの最大のウソなのだ。

金融メディアは、「1日5ドルのコーヒー代を節約すれば百万長者になれる」と謳う。

しかし、それが可能になるのは、投資によって年率12%のリターン（市場平均の8〜10%を大きく上回る率）を得ている場合だけである。

しかも、仮に年率12%のリターンが得られたとしても、それは相場下落時にパニックに陥って売り払ったりせず、何十年にもわたって株式のポートフォリオを100%保有することが前提になる。これは「言うは易く行うは難し」だ。

メディアは、食器用洗剤を自作したり、デンタルフロスを再利用したりすればお金を節約できると節約を促している。

これらがお金持ちになるための裏づけられた方法だという論調は大いに問題だ。

「あなたがお金持ちになれないのは、激安の洗剤を使っていないからです！」——といったメッセージは、**私たちをバカにしている。**

こうした記事を鵜呑みにすべきではない。

メディアは特殊なケースを取り上げ、あたかもそれが一般的な真実であるように伝えている。

はっきりさせておこう。

お金持ちになるための王道とは、突き詰めると、**収入を増やし、収益を生み出す資産に投資**することになる。

もちろん、支出に気をつけなくてもいいわけではない。

誰もが定期的に自分のお金の使い方を見直し、無駄がないことを確認すべきだ（たとえば、利用していないサブスクリプションがあれば契約解除すべきだし、不要な贅沢品には手を出すべきではない）。

だが、一杯のコーヒーを楽しむ時間を一生我慢し続けなくてもいい。

お金を増やすのに、爪に火を点《とも》すような節約をしながら死ぬまですごす必要などない。

「できるところは引き締め、後は収入を増やすことに集中する」

——これが、資産を増やすための鉄則なのだ。

今より収入を増やす5つの方法

最初の段階では、節約するより収入を増やすことのほうがはるかに難しい。しかし、貯金を増やし、富を築く安定した方法を手に入れるために、収入アップは不可欠だ。

収入を増やす最善策は、自分がすでに持っている経済的な価値（技能や知識、時間）——これらは「**人的資本**」と呼ばれている——をうまく活用することだ。

人的資本とは、**金融資本**（貨幣）に転換できる資産だといえる。

人的資本を金融資本に変えるための方法は、大きく5つある。

1　時間単位の専門サービスを提供する

2　出来高制の専門サービスを提供する

3　人に教える

4　商品を売る

5　会社で昇進する

それぞれに長所と短所があるが、どれも収入アップに活用できる。詳しく見ていこう。

1　時間単位の専門サービスを提供する

時は金なり。まずは専門知識を活かした時間単位のサービスで収入を増やす方法を検討してみよう。

このサービスの種類や提供形態には様々なものがある。自分の技能や専門知識を最大限に活かせるものをよく調べよう。最初はあまり儲からないかもしれないが、専門性が高まっていけば、時間単価を上げられるようになる。

時間単位のサービスの欠点は、スケールメリットがないこと。当然ながら、1時間の仕事で1時間分以上は稼げない。そのため、この方法では極端に裕福にはなれない。

手始めにこれによってお金を稼ぐのは悪いことではないが、将来的には不労所得を得ることを考えたほうがいい（詳細は後ほど説明する）。

- **長所：簡単に始められ、初期コストが少ない**
- **短所：時間は有限であり、スケールメリットが得られない**

2 出来高制の専門サービスを提供する

専門知識を活かした時間労働の先にあるのが、技能やサービスを時間単位ではなく、**出来高報酬**で提供する方法だ。

これは基本的に、市場価値のある技能やサービスを、なんらかのプラットフォーム（一般的にはオンライン）を通じて販売することになる。

たとえば、写真撮影やグラフィックサービスなどの専門的なサービスを、プラットフォームや自分のウェブサイトを通じて提供できる。

出来高で請求できるので、時間単位のサービスより収入を増やしやすい。特に、ブランド力を高めてプレミアム価格を設定できれば、高収入を期待できる。

だが残念ながら、この方法にもスケールメリットはない。案件ごとに顧客に技能やサービスを提供し、その対価として報酬を得るシステムだからだ。同等の技能を持つ人を雇うこともできるが、その分、手間やコストがかかる。

- **長所：高い報酬が期待できる。ブランドを構築できる**
- **短所：市場性のある技能やサービスの開発に時間がかかる。スケールメリットが少ない**

3　人に教える

「知る者は行い、理解する者は教える」とは、古代ギリシャの哲学者アリストテレスの言葉だ。

教えること（特にオンライン）は、安定収入を得るための優れた方法になる。YouTubeなどの動画投稿サイトや他の学習系プラットフォームで有益なことを教えることで、うまくいけば高収入が期待できる。

オンライン教育には、学習者が既存のコンテンツを利用して自分のペースで学べるコースや、複数の学習者がリアルタイムの講義形式で学ぶコースなどがある。

個人学習型のほうがスケールメリットは大きいが、講義型のほうが単価は高く設定しやすい。

あなたは何を教えられるだろう？

文章術、プログラミング、写真加工など、需要があるものならなんでもいい。

人に教えることの素晴らしさは、いったんブランドを構築すれば、その後何年にもわたって集客しやすくなることだ。

だが逆に、それはオンライン教育の難しさでもある。特別にニッチな分野でない限り、ライバルが次々に現れる。それに対抗するには、独自色を打ち出していかなければならない。

- **長所：スケールメリットがある**
- **短所：競争が激しく、安定して受講者を集めるのは簡単ではない**

4 商品を売る

教えることが向いていない人は、商品をつくって販売することを検討してみよう。

秘訣は、「世の中の人は何に困っているか」を考え、それを解決する商品を開発することだ。

みんなが困っている問題には、心や健康の問題、経済的な悩みなどがある。

これらを解決できる商品をつくれば、スケールメリットを生み出せる。商品は一度つくれば、同じものをたくさん売ることができるからだ。特に、オンラインで販売できるデジタル商品の場合は販売数が増えても追加費用がかからないので、スケールメリットが大きい。

ただし、商品をつくるには先行投資が必要となり、マーケティングにも手間や費用がかかる。商品は簡単にはつくれないが、ヒットすれば長期的な収入が見込める。

- **長所：スケールメリットがある**
- **短所：先行投資と継続的なマーケティングが必要**

5　会社で昇進する

企業で出世するのは収入を増やす最も一般的な方法だが、そのわりには軽視されがちだ。平日9時から17時まで働くのは、起業や独立、副業をするよりなんとなく価値が低いとみなされている。

しかしデータを見れば、会社勤めは多くの人にとって富を築く有力な方法であることがわかる。

米国の富裕層で一番多いのは高度な専門職（医師や弁護士等）である。

多数の百万長者（ミリオネア）の実像を描いたベストセラー『［新版］となりの億万長者――成功を生む7つの法則』（トマス・J・スタンリー＋ウィリアム・D・ダンコ著、斎藤聖美訳、早川書房）には、富裕層を対象にした1990年代後半の研究に基づいた次のような記述がある。

ミリオネアは全体的に教育水準が高い。大多数が大卒で、大学院以上の学歴を持つ者も多い。18％が修士号、8％が法学修士号、6％が医学学位、6％が博士号取得者だ。[20]

富裕層になるのは従来型の教育とキャリアパスをたどった人が多く、一夜にして富を手に入れたケースは稀にしかない。遺産を相続したり家業を引き継いだりせずに一代で富を築く場合、平均すると32年かかっている。[21]

だから、**特に若い人や経験不足の人には、従来型のキャリアを歩むことを強く推奨**する。「9時5時の仕事」をして大富豪になるケースはめったにないが、会社での仕事を通じて人間関係を学び、多くの技能を磨くことは、将来的なキャリア形成にとって極めて大きな価値となる。

起業や独立をする人も、まずは会社勤めをするのが一般的だ。

起業時の平均年齢が40歳であることもそれを物語っている。[22]

40歳にあって22歳にないものは2つ。経験とお金だ。

そしてこの2つを得られるのが、会社員として企業に勤めることなのだ。

・長所：技能を磨き、経験を積める。安定した収入が得られる

・短所：自分の思うように時間や行動をコントロールできない

ただし、今後どのような形で収入を増やそうとするにしても、これらの方法はすべて一時的な手段と考えるべきである。

なぜなら最終的には、資産運用によって収入を得ることを目指すべきだからだ。

それが、資産を安定して増やしていくための最善の道になる。

NFL史上唯一の億万長者が資産の大半を引退後に稼げた理由

米プロアメリカンフットボールリーグ「NFL」の選手の中で、史上最も裕福なのは誰だろう？

それは、大スターのトム・ブレイディやペイトン・マニング、プロフットボール殿堂入りしたジョン・マッデンではない。

NFLの選手として唯一の億万長者になったのは、現役時代は無名だったジェリー・リチャードソンという人物だ。

リチャードソンはどうやって富を手に入れたのか？

フットボール選手としての報酬によるものではない。

リチャードソンはよい選手だったし、1959年のNFLチャンピオンシップで優勝したチームにも所属していた。

だが、その資産の大部分は、**現役引退後**に稼いだものだ。

彼はファストフードチェーン「ハーディーズ」のフランチャイズ店オーナーとなり、全米各地に次々と店舗を広げていった。その結果、1993年にNFLカロライナ・パンサーズのオーナーになるほどの資産を築いた。

つまり、リチャードソンが資産家になったのは、収入を生み出す資産（この場合はファストフードチェーン店舗）のオーナーだったからだ。

あなたも、リチャードソンと同じような方法で収入を増やすことをぜひ検討してみてほしい。もちろん、自分の専門知識や技能、商品を売ることは素晴らしい。だが、富を築くという面から考えれば、それは究極の方法ではない。

富を築く旅の最終目標は、「**オーナーになること**」であるべきだ――すなわち、増えた分の収入を使って、さらなる収入を生み出す資産を取得するのだ。

自分のビジネスへの投資にせよ、他人のビジネスへの投資にせよ、長期的に富を築くには、**人的資本を金融資本に転換**しなければならない。

そのためには、オーナーのような視点で考える必要がある。

本章では、お金を増やす方法を見てきた。

次章では、「**罪悪感のないお金の使い方**」に注目してみよう。

第4章

罪悪感なしでお金を使う方法

「2倍ルール」と充実感の最大化

節約型にも収入アップ型にも共通する〝罪悪感〟

あるとき、友人がこう言った。

「南米に留学してたとき、ジェームズ（仮名）っていう、〝価格の概念がない〟クラスメイトがいたんだ」

私は意味がわからず、「価格の概念がないってどういう意味だ？」と訊き返した。

友人はこう説明した。

「レストランでメニューを開いたとき、誰もが気にすることは2つ。
一つは、どんな料理があるか。もう一つは、その値段だ。
もちろん、メインディッシュを何にするかは、値段だけで決めるわけじゃない。
でも、少なくともいくらなのかは確かめるはずだ。でも、ジェームズは一切気にしない。
メニューに値段が書いていないレストランに入ったときのことを想像してみろ。その感覚が普通じゃないことがわかるだろ」

ジェームズは価格の概念を持っていなかった代わりに、父親のクレジットカードを持っていた。

その友人によれば、夕食はジェームズがおごってくれたし、ナイトクラブへの入場料も、バーでの酒代も払ってくれたという。

マチュピチュへの夜のハイキングで道に迷ったときは、衛星電話を使って「ヘリコプターをチャーターする」とまで言ってくれた。幸い仲間が「ヘリは頼まなくても大丈夫だから」と説得し、正しい方角に進んで、無傷でハイキングを終えることができたらしい。

ジェームズのように、お金を使うことに関して何の罪悪感も抱かない人もいる。

私は、その正反対の人間も知っている。

サンフランシスコで働いていたとき、デニス（仮名）という、とてもケチな同僚がいた。

デニスは、ウーバーを安く使う裏技を編み出していた。

初期のウーバーでは、乗車時に正確な料金ではなく、見込料金が提示されていた。

その際、サージインディケーターという指標も提示されていた。

たとえば、この指標が「2」の場合、料金が通常の2倍になるという意味だ。

また、アプリで自分の位置情報を指定する必要もあった。このピンによってドライバーは客の現在位置を知ることができる。これは、サージ料金の基準にもなっていた。

デニスはこのアプリの不備を突き、サージ料金が低いエリアにピンを落として価格を固定し、実際の場所に戻してからドライバーに迎えにきてもらうようにしていた。

私も、デニスがサンフランシスコ・ベイエリアの真ん中（都市部なのでサージ料金は発生しない）にピンを落とし、その後、現在位置にピンを戻して車を呼ぶ瞬間を見せてもらったことがある。それで、5ドルから10ドル安くウーバーを利用できるという。

彼がこの不具合をどうやって見つけたのかはさっぱりわからない。

ともかく私は、「ウーバーは近いうちにこのバグを修正するだろう」とデニスに言った。

実際、そのとおりになった。

12月31日、深夜2時まで酒を飲んで酔っ払ったデニスは、ウーバーで車を呼んで帰宅しようと、いつものように裏技を使おうとした。だが、バグが修正されたウーバーアプリは、「8・9倍」という正しいサージ指標を示していた。トリックは失敗したのだ。

翌日、264ドルという高額の請求書が届いた。私がなぜこのことを知っているかというと、この料金を払いたくなかったデニスが、「この件を巡って数週間にわたってウーバーと闘った結果、最終的に全額払うはめになった」と会社中の人間に悔しそうにこぼしていたからだ。

正直言って、このときほど他人の不幸を喜んだことはない。

ジェームズとデニスは、お金の使い方についての両極端な例だ。

どちらのアプローチも理想的ではない。ジェームズには罪悪感はなかったが、あまりにもお金に無頓着だった。デニスは倹約家だったが、お金を使うたびに神経質になっていた。

パーソナルファイナンスで一般的に推奨されているのは、ジェームズよりもデニスの考えに近い。

また、節約型と収入アップ型のどちらの価値観も、**罪悪感**に基づいている点では同じだ。

有名なファイナンシャル・アドバイザーのスーズ・オーマンは、毎日コーヒーを買うのは「100万ドルをおしっこに変えること」に等しいという。

起業家のゲイリー・ヴェイナチャックは、もっと働いて稼ぐべきだという。

いずれにしても、こうしたアドバイスは、私たちの日々の判断に不安を植えつけることで成り立っている。[23]

この車を買うべきだろうか？

あの派手な服は？

毎日コーヒーを買うことは？

罪悪感。罪悪感。罪悪感――。

このようなアドバイスばかりだと、常に「本当にこれを買っていいのか？」と自分を疑い、お金を使うことに不安を感じるようになる。

それに、この問題はどれだけお金をたくさん持っていても簡単には解決しない。

2017年のスペクトレム・グループの調査によると、500万～2500万ドルの資産を持つ投資家でも、その20％が退職までに十分な老後資金を確保できるか心配していることがわかった。[24] こんな不安を抱えていたら、幸せに生きることなどできるわけがない。

罪悪感を覚えずに買い物が楽しめる2つの方法

確かにお金は重要だ。だが、値札を見るたびに不安を感じていたら身が持たない。

十分なお金があるのに何かを買うのに躊躇《ちゅうちょ》してばかりいるなら、問題は資金不足ではなく、お金の使い方に関する「**根本的な考え方**」にある。

必要なのは、罪悪感につきまとわれず、安心してお金を使えるようになる新しい考え方だ。その効果的な方法を、2つ紹介しよう。

1　2倍ルール
2　「充実感」を第一に考える

この2つを組み合わせれば、罪悪感を覚えずに買い物が楽しめるようになるはずだ。

1　2倍ルール

「贅沢な買い物をするときは、必ずそれと同額の投資をする」——これが**2倍ルール**だ。

たとえば、400ドルのシャレた靴を買うなら、400ドルの株（または他の投資資産）も買う。

この2倍ルールに従うことで、買い物をするとき、冷静に「自分は本当にこの商品を買いたいと思っているのか?」と立ち止まって考えられる。買い物と投資で2倍の現金が出ていくことになるからだ。

私が2倍ルールを気に入っているのは、高い買い物をするときの罪悪感がなくなるからだ。散財しても、それと同額の投資資産を買うことになるとわかっているので、お金を使いすぎたかもしれないと心配しなくてもいい。

「散財」とは、どれくらいの額のことをいうのか？

それは人それぞれだし、年齢とともに変化していく。だが、自分がそう感じるのなら、それは散財となる。

たとえば、私が22歳のとき（資産は今よりもずっと少なかった）、生活必需品以外のものに100ドル使うのは散財だった。現在では、400ドルくらいのものを買うときにそんな感覚になる。

とはいえ、基本的にこれは金額の問題ではない。

重要なのは、何かを買おうとしたとき、自分がそれを贅沢と感じるかどうかだ。

10ドルの買い物であれ1000ドルの買い物であれ、2倍ルールに従うことで罪悪感から解放され、富を楽しめるようになる。

ちなみに、2倍ルールは投資資産以外のものを対象にしてもいい。

たとえば、200ドルのものを買ったとき、同額を慈善団体に寄付してもいいだろう。そうすることで、買い物に対する罪悪感をなくせる。

自分のために贅沢品を買ったのと同額を、意義ある目的のチャリティに寄付する。誰かの役に立ったというすがすがしさがあるから、買い物をしても気分が悪くならない。

2倍ルールはこのように、買い物をすることの罪悪感から私たちを解き放ってくれるシンプルな方法だ。

2 「充実感」を第一に考える

お金を安心して使うための2つ目のアドバイスは、**充実感が得られるお金の使い方を優先させること**だ。

一時的な楽しさではなく、いつまでも心を豊かにし続けてくれる充実感に目を向けるのだ。

たとえば、フルマラソンを完走するのは必ずしも楽しいことばかりではない。練習もしなければいけないし、走っている最中にも苦しさを味わう。でも、完走できれば大きな達成感や充実感が得られる。

もちろん、「ハッピーなお金の使い方をするな」というわけではない。

書籍『「幸せをお金で買う」5つの授業』（エリザベス・ダン＋マイケル・ノートン著、古川奈々子訳、KADOKAWA）には、数々の研究によって明らかにされた、全体的な幸福度を高める5つのお金の使い方が記されている。[25]

それらは次のとおりだ。

- **体験を買う**
- **自分のために（たまに）贅沢をする**
- **時間を買う**
- **前払いする（例：旅行費用の全額を前金で払う）**
- **人のために使う**

このようなお金の使い方をすると、幸福感が高まりやすい。

だが、このアドバイスも万能ではない。最高の体験にお金を払い、世界を旅して自由な時間をすごしても、それだけで完全に心が満たされるとは限らない。

では、どうすれば充実感を高められるか？

これは簡単に答えられる質問ではない。作家のダニエル・H・ピンクは著書『モチベーション3・0――持続する「やる気！」をいかに引き出すか』（大前研一訳、講談社）の中で、「**自律性**（自主的であること）」「**熟達**（技能を向上させること）」「**目的意識**（自分より大きな何かにつながること)」が、人間のモチベーションと満足感にとって重要だと論じている。[26]

この3つは、お金の使い方を考えるうえで便利な基準になる。

たとえば、毎日、スターバックスでコーヒーを買うのは無駄だと思うかもしれない。だが、それによって仕事で最高のパフォーマンスを発揮できるなら、十分な価値がある。ピンクのモチベーション理論に当てはめれば、この場合、毎日のコーヒーは職業上の熟達度を高めるのに役立っている。同様に、自律性や目的意識を高めるためにお金を使う方法も、いくらでも探せるだろう。

突き詰めれば、お金は自分が望む生活を実現する**道具**であるべきだ。

これはとても重要なポイントだ。

本当に難しいのは、お金の使い方ではなく、人生で本当にほしいものが何かを見つけることなのだ。

自分にとって大切なことは何か?

こんな生き方はしたくない、と思うものは何か?

どんな価値観を世界に広げたいか?

こうした問いへの答えがはっきりすれば、お金を使うことが簡単になり、楽しくなる。

つまり重要なのは、**「何を買うかではなく、どんな基準で買うか」**なのだ。罪悪感が生じるのは、何かを買うからではなく、その買い物を自分なりに正当化できないからだ。何かを買う正当な理由がなければ後悔する。どれだけ言い訳しても、自分にウソはつけない。

買い物を正当化する理由を探すには、それが長続きする充実感につながるかどうかを考えるといい。答えが「YES」なら、その買い物をすることで自分を責める必要はない。答えが「NO」なら、他にお金の使い道はないか考え直してみよう。

唯一の「お金の正しい使い方」とは？

唯一の「お金の正しい使い方」とは、自分に合った方法だ。

陳腐な言葉に聞こえるかもしれないが、これはデータでも裏づけられている。

ケンブリッジ大学の研究によれば、自らの心理的特性に合った買い物をしている人は、人生の満足度が高い。さらに、これは収入の多寡が幸福度に及ぼす効果より大きかった。[27]

この研究によれば、何にお金を使うのを楽しいと感じるかは性格に左右される。だとすれば、お金の使い方に関する世間の常識を鵜呑みにするのは再考すべきかもしれない。

たとえば、モノより経験を買うほうが幸福度が高まることを示す研究結果は多い。[28]

しかし、これが一部の人（仮に「外向的な人」とする）にのみ当てはまるとしたらどうだろう？

もしそれが正しいなら、世界人口の60〜75％を占めるとされる外向的な人にとっては正しいが、それ以外の内向的な人にとっては効果のない「お金の使い方のアドバイス」が語られていることになる。

何が自分に合ったお金の使い方なのかは、慎重に考えなければならない。

研究結果は、一部の人にしか当てはまらない場合があるからだ。

究極的には、自分が人生に何を求めているのかを理解できるのは自分しかいない。納得できる基準が決まったら、それに従ってお金を使おう。

そうしなければ、自分が望む生き方ではなく、ただ世間の常識に従うだけの生き方になってしまう。

本章では、罪悪感なしでお金を使うためのヒントを紹介してきた。

次章では、**「収入アップに応じたお金の使い方」**について考えてみよう。

第5章

収入アップに合わせて生活レベルを上げるのは、どれくらい許される？

世間で思われている以上に、
給料が増えた分、
豊かさは享受できる

なぜ、世界一の大富豪一族は没落したのか？

1877年1月4日、世界一の大富豪が亡くなった。「提督」の異名で知られ、鉄道と交通の先駆者として生涯で1億ドルを超える資産を築いた、実業家のコーネリアス・ヴァンダービルト（1794～1877）だ。

ヴァンダービルトは、財産を分与すると争いが起こり、一族の破滅につながると信じていたので、財産の大部分の9500万ドルを息子のウィリアム・H・ヴァンダービルト（以下、ウィリアム・H）に遺した。これは、当時の米国財務省が保有する全資金を上回るほどの大金だった。

この判断は正しかった。その後の9年間でウィリアム・Hは鉄道事業をさらに発展させ、父親から引き継いだ財産を2億ドル近くに倍増させた。これは2017年の価値に換算すると50億ドルにも相当する。

だがウィリアム・Hが他界すると、ヴァンダービルト家は次第に没落していった。20年も経たないうちに、一族は米国を代表する大富豪の座から一人残らず姿を消した。1973年に提督の子孫の家族120組が一堂に会したとき、億万長者は一人もいなかった。[29]

現象によるものだ。

ヴァンダービルト家が没落した大きな理由は、「**ライフスタイル・クリープ**」と呼ばれる現象によるものだ。

ライフスタイル・クリープとは、収入が増えたときに、その分だけ生活レベルを上げようとすること。まわりに見栄を張りたいという思いがその原動力になっていることが多い。莫大な遺産を相続したヴァンダービルト家の人々も、豪奢な乗馬を楽しみ、100ドル紙幣で巻いたタバコを吸い、ニューヨーク市でも指折りの豪華な邸宅に住んだ。

マンハッタンの社交界の人たちに引けを取りたくないという思いから、散財はエスカレートした。歴史的にも、これほど贅の限りを尽くした一族はほとんどいないだろう。

この一族の物語は、人は収入が増えると、簡単に支出を増やしてしまうことを教えてくれる。

昇給したので、それを祝いたいと思ったとしよう。給料が上がったのは一生懸命働いてきたからだし、稼いだお金を何に使おうが罰は当たらないはずだ、とあなたは考える。

車を買い替える、今よりいい家に引っ越す、外食の回数を増やす――こうして、あなたは生活レベルを上げてしまう。これがライフスタイル・クリープだ。

パーソナルファイナンスの専門家の大半は、「ライフスタイル・クリープは絶対に避けるべきだ」とアドバイスする。

だが、**私は違う。**やり方によっては、ライフスタイル・クリープは大きな満足感を得られるものだと考えている。働いた成果を享受できないなら、一生懸命働く意味がどこにあるのか。

では、ライフスタイル・クリープの上限は？　つまり、収入が増えたとき、どれくらいまでなら使ってもいいのか？

それは貯蓄率によって変わってくるが、ざっくりいえば、ほとんどの人に当てはまる答えは「約50％」になる。

つまり、増えた収入の半分以上を使ってしまうと、リタイアできる時期は遅れてしまう。「増えた収入を十分に貯蓄しないと、リタイアが遅れる」というのは奇妙に思えるかもしれない。なぜそうなのか説明しよう。

実は、貯蓄率の高い人は、貯蓄率の低い人より収入アップ分を貯蓄する割合を増やさなければならない（同じスケジュールでリタイアしたい場合）。

この理由が理解できれば、「収入アップ分を使ってもいい上限は50％」という意味がよくわかるようになる。

貯蓄率が高い人ほど、貯蓄率を上げないといけない理由

アニーとボビーという架空の2人を例にして考えてみよう。

2人とも税引後の年収は10万ドルだが、アニーは毎年そのうち50%（5万ドル）を、ボビーは10%（1万ドル）を貯蓄して投資に回している。

つまり、生活費としてアニーは毎年5万ドルを、ボビーは9万ドルを使っている。

2人が、リタイア後も現役時代と同等の生活レベルを維持したいとしよう。

アニーはボビーより生活費が少ないので、リタイアに必要なお金も少なくてすむ。

アニーとボビーが快適なリタイア生活を送るには、年間支出の25倍（25年分）の老後資金が必要になると仮定すると、必要額はアニーが125万ドル、ボビーが225万ドルになる（なぜ年間支出の25倍の資金があると快適なリタイア生活を送れるかについては、第9章で詳述する）。

投資収益率が4%で、収入と貯蓄の比率が時間の経過とともに変化しない場合、アニーはあと18年でリタイアできるが、ボビーは59年かかる。ただし、59年という時間は非現実的なので、もしボビーが本当にリタイアしたいなら、貯蓄率を上げなければならない。

では、ここで時計の針を10年先に進めてみよう。

10年間の貯蓄および投資（インフレ調整後の投資収益率は4％とする）の結果、アニーは60万305ドル、ボビーは12万61ドルを手にしている。2人がリタイアできる時期は、10年前に試算したときから変わっていない（アニーは8年後、ボビーは49年後）。

だが、ここで2人とも10万ドルの昇給があり、年収20万ドル（税引後）になったとしよう。アニーとボビーが計画どおりにリタイアしたい場合、この収入アップ分のうち、どれくらいを貯蓄に回せばいいのだろうか。

「これまでと同じ割合でいいのでは？」と思った人もいるかもしれない。

しかし、その場合（アニーは50％、ボビーは10％、収入アップ分を投資する）、実際には2人がリタイアできる時期は遅れることになる。

なぜなら、元のリタイア計画では、収入アップに合わせた支出アップが考慮されていないからだ。

アニーは年収20万ドルになり、そのうち50％（10万ドル）を貯蓄しているので、残りの50％（10万ドル）を毎年使うことになる。つまり、昇給したことで年間の支出額は5万ドルから10万ドルへと倍増した。リタイア後もこの新しい生活レベルを維持したいなら、当然、年間に必要な生活費はそれまでの倍の10万ドルになる。

そのため、アニーがリタイアするために必要なお金も、それまでの125万ドルから倍の２５０万ドルに増える。だが、アニーはそれまでの10年間、１２５万ドルを目標に貯蓄してきたので、不足分を補うには長く働かなければならなくなる。

アニーは、それまでに60万３０５ドルの資産を得ている。これに昇給後の毎年の投資額10万ドル（年間運用利回り４％）を加えていくことで目標の２５０万ドルに到達してリタイアできるのは、昇給前の８年後ではなく、12年後になる。

つまり、収入アップに合わせて生活レベルを上げたことで、リタイアの時期は先のばしになってしまった。これが、ライフスタイル・クリープの危険性だ。それは生涯支出に大きく影響してくる。

アニーが当初の予定どおりにリタイアしたければ、年間10万ドルの支出額は多すぎる。

つまり、収入アップ分の50％以上を貯蓄しなければならない。

正確には、彼女が予定どおり８年後にリタイアするには、収入アップ分の74％（７万４０００ドル）を貯蓄する必要がある。

これによって、アニーはリタイアするまでの間、毎年12万４０００ドル（元の貯蓄額５万ドル＋収入アップ分からの貯蓄額７万４０００ドル）を貯蓄することになる。

年間12万４０００ドルを貯蓄することにしたので、残りの人生を年間７万６０００ドルの支出ですごすことになる。リタイアに必要なお金は、収入アップ分の半分を支出しようとしていたときの250万ドルから190万ドルに減る。

では、ボビーの場合はどうか？

10万ドルの昇給後、それまでと同じく49年後にリタイアするには、さらに1万4800ドル（収入アップ分の14・8％）を貯蓄すればいい。支出は年間17万5200ドル、リタイアに必要なお金は438万ドルになる。

前述したように、59年もリタイア資金を貯め続けるのは現実的ではない。

ボビーがまともな期間内にリタイアしたい場合の貯蓄率は、収入アップ分の50％（またはそれ以上）になる（その理由は後で詳しく説明する）。

重要なのは、**昇給後にリタイアの計画を維持したい場合、貯蓄率が高い人ほど、**（貯蓄率の低い人と比較して）**昇給額の大きな割合を貯蓄**しなければならないことだ。

アニー（貯蓄率が高い）が収入アップ分の74％を貯蓄しなければならないのに対し、ボビー（貯蓄率が低い）は14・8％貯蓄するだけでリタイア計画を維持できる。

ただしこのシミュレーションは、あなたが昇給したとき、どれだけ貯蓄すべきかを判断するにはあまり役に立たない。

たいていの人は、キャリアを通じて、（一度の大きな昇給ではなく）小さな昇給を何度も経験するからだ。このため、それに応じたシミュレーションが必要になる。この点を次に詳しく見てみよう。

収入がアップしたら、どれだけ生活レベルを上げていい？

当初の計画どおりリタイアするには、収入が増えたとき、そのうちどのくらいを使い、どれくらいを貯蓄すれば、必要なリタイア資金を得られるのだろうか？

一番重要なポイントは、**現在の貯蓄率**である。

年収や収入アップ率の違いはあまり重要ではない。カギを握るのは現在の貯蓄率だ。

そこで、現在の貯蓄率をもとに、同じ予定期日でリタイアを迎えるのに必要な、収入アップと貯蓄率の一覧表を作成した（**図表6**）。

この計算では、リタイアに必要な資金は年間支出の25倍とし、毎年3％の昇給があり、投資利回りが年4％であると仮定している（すべてインフレ調整後）。

たとえば現在の貯蓄率が年収の10％なら、目標期限でリタイアするには、収入アップ分（それ以降の収入アップ分も含める）の36％を貯金する必要がある。

同様に、現在の貯蓄率が年収の20％なら収入アップ分の48％を、30％なら59％を貯蓄す

図表6　現在の貯蓄率と収入アップ分を貯蓄すべき割合

現在の貯蓄率（年収に占める割合）	収入アップ分を貯蓄すべき割合
5%	27%
10%	36%
15%	43%
20%	48%
25%	53%
30%	59%
35%	63%
40%	66%
45%	70%
50%	74%
55%	77%
60%	79%

る必要がある。

図表6は、**ある程度のライフスタイル・クリープは問題ない**という嬉しい事実を示している。

現在の収入の20%を貯蓄している人は、リタイア時期を変更せずに将来の収入アップ分の約半分を使うことができる。もちろん、収入アップ分の貯蓄率をさらに上げればもっと早くリタイアできるが、それは本人次第だ。

このように、**意外にも、現在の貯蓄率が低い人ほど、現行のリタイア計画を維持しながら、収入アップに合わせて生活レベルを上げやすい**。なぜなら貯蓄率が低い人は、（同レベルの収入の人に対して）もともとの支出の割合が多いからである。

収入アップ分の一部を支出する際、総支出（割合ベース）に及ぼす変化は、貯蓄率が低い人のほうが、貯蓄率の高い人よりも小さくなる。収入アップ分に占める支出の影響は、貯蓄率が高い人のほうが大きくなる（たとえば図表6では、リタイア計画を維持するには、貯蓄率が30％の人は収入アップ分の59％を貯蓄すればいいが、貯蓄率が60％の人は収入アップ分の79％を貯蓄しなければならない）。

「昇給額の50％」を貯金するシンプルなルール

収入アップに対する適切な貯蓄率の割合を細かく導くには、複雑な計算式が必要だ。だが、ほとんどの人は50％を目安にすればいい。

世の中の大半の人が収入の10～25％を貯蓄しているとすると、収入アップのうち50％を貯蓄できれば、ほぼ計画どおりにリタイアできるからだ（図表6）。

現在の貯蓄率が10％を下回っている人が、将来の昇給額の50％（またはそれ以上）を貯蓄すれば、リタイア資金を築くのに大いに役立つだろう。

なにより、「**昇給額の50％を貯金する**」というルールはシンプルで実行しやすい。

増えた収入のうち、半分は現在の自分のために使い、半分は未来の自分のために使う。

偶然にも、この考え方は前章で罪悪感なしでお金を使う方法について紹介した「2倍ルール」によく似ている。

2倍ルールでは、生活必需品以外の「自分が贅沢と感じるもの」にお金を使うときに、同額の投資資産を購入する。おしゃれな靴を400ドルで買ったら、インデックスファンドなどの投資資産に400ドル投資する。まさに収入アップ分の50%を貯金するというルールにそっくりだ。

ライフスタイル・クリープの上限を50%にすれば、半分は貯蓄に回しながら、収入が増えた分を楽しめる。

ここまでは、自分が持っているお金をどう使うかについて考察してきた。

ただし、買い物によっては、持っていないお金を使う場合もある。

次章では、「**借金はすべきか?**」という問題について考えてみよう。

第6章

借金はすべきか？

クレジットカードの負債が必ずしも悪ではない理由

植物の「両賭け戦略」と借金の意外な関係

まずはクイズから始めよう。

砂漠で花を咲かせる植物の種類は、2つに大別できる。

1年生植物と多年生植物だ。

1年生植物は、1年というサイクルの中で、成長し、繁殖し、死ぬ。

多年生植物は、複数年生存する。

しかし、砂漠に生息する1年生植物には奇妙な点がある。

毎年、一部の種子は発芽しないのだ。発芽の条件が最適な場合でもだ。

なぜか——？

一見すると、これは非合理なことに思える。砂漠のような過酷な環境に生息する植物が、なぜよい条件を十分に利用しないのか？

その答えは、降雨量、正確には降雨量不足に関係している。

砂漠の1年生植物は、土地に十分な水分が含まれていないと成長できない。ゆえに、降雨量はその生存を決定する。だが、砂漠では、いつ乾期が訪れるかわからない。

もし、砂漠の1年生植物の種子が毎年必ず発芽する仕組みになっていたら、長い乾期が発生したとき、成長できずにすべての種子が死んでしまう。そうなれば、1年生植物は絶滅することになる。

このような事態を避けるため、一部の種子は不確実な将来に対処する手段として休眠状態を続け、2年目以降に発芽するのだ。

これは「**両賭け戦略**」（ベッドヘッジング）と呼ばれる、生物種が長期的な繁殖を最大限に成功させるために取るリスクヘッジ戦略である。

1年だけではなく、複数年にわたって子孫を最大限に増やそうとするのだ。

この「両賭け戦略」は、生物種が自らを最大限に繁殖させる以外にも採用できる――たとえば、借金を負うべきかどうかの判断にだ。

借金が常に「悪」ではない理由

借金――。それは聖書が書かれた時代から議論されてきたテーマだ。

ことわざにもあるように、「借り手は貸し手の奴隷である」といえる。

だが、借金は常に悪いものなのか？

それともある種の借金だけが悪いのか？

残念ながら、答えはそれほど単純ではない。

私も以前、クレジットカードで借金をすべきかと尋ねられたときは、他の金融の専門家と同じく、「どんなときもすべきではない」と答えていた。

しかし、負債について詳しく学んだ結果、このアドバイスが必ずしも正しいとは限らないことに気づいた。

もちろん、高金利のクレジットカードローンは避けるべきだ。そんなことは誰だってわかっている。

だが、クレジットカードが、一部の低所得者のリスク軽減にどれだけ役立つかについてはあまり知られていない。

これは、金融の専門家が「クレジットカード負債の不思議」と呼ぶ、「貯蓄で払えるにもかかわらず、クレジットカード負債を抱えている人がいる」という事実によって簡単に証明できる。

たとえば、預金口座に1500ドルあるのに、クレジットカード負債を1000ドル抱えている人を想像してみよう。

この1000ドルの負債は、1500ドルの貯金を引き出せば簡単に返済できる。手元には、まだ500ドルのお金が残る。

だが、この人たちはそうしない。負債を抱え続けるのは不合理に思えるかもしれないが、よく見てみると、それが「両賭け戦略」の一形態であることがわかる。

借金を「貯金の手段」として使っている人がいる！

オリガ・ゴルバチェフとマリア・ホセ・ルエンゴ＝プラドは、クレジットカード負債と普通貯金の両方を持つ人を分析し、これらの「借金を抱える貯蓄者」は、将来的にお金が必要になった場合の備えについて、考え方に特徴があることを明らかにした[30]。

この人たちは、将来何か起きたときにお金がないことを不安視する傾向があった。そのため、短期的には損をしても（クレジットカードの利息を払う）、長期的に手持ちのお金が少なくなるリスクを減らすことを優先させていた。

一見するとバカげているようだが、実はこれは正当な資産管理の手法である。

しかし、人が高金利の借金を背負う理由はこれだけではない。

書籍『最底辺のポートフォリオ――1日2ドルで暮らすということ』（J・モーダック＋S・ラザフォード＋D・コリンズ＋O・ラトフェン著、野上裕生監修、大川修二訳、みすず書房）には、**世界の最貧層に借金を貯金の手段として使っている人がいる、という驚きの事実**が記されている。

たとえば、インド南部の町ヴィジャヤワダに住むシーマという女性は、預金口座に55ドルの貯金があるにもかかわらず、金利15％で20ドルのローンを組み、毎月少しずつ返済している。

理由を尋ねられると、彼女は次のように説明した。

「この金利なら簡単に返済できるのがわかっているからです。それに、いったん貯金を切り崩してしまったら、もう一度元の額に戻すまでに時間がかかってしまうと思うのです」[31]

一度貯金を引き出してしまうと、元に戻すにはまた頑張って貯金しなければならない。これは精神的なハードルが高い。だから、一時的にお金が必要になったときは利息を払うことを受け入れたうえであえて借金を抱え、その返済に努める。

シーマのような方法を選択している貧困層は世界中に大勢いる。

数学的に考えると、これは不合理に思えるかもしれない。だが、人間心理を理解すれば、理にかなっているともいえる。

だから、「借金は悪いもの」とは一概にはいえない。

負債はその種類を問わず、ファイナンスの道具なのだ。うまく使えば、効果を発揮する。

だが使い方を間違うと、大きな痛手を被《こうむ》ることになる。

この違いは状況次第だ。クレジットカードの高金利の負債を抱えるのはお勧めしない。だが、「借金を検討すべきタイミング」を心得ておくことは、お金とうまくつき合ううえで役立つだろう。

借金を検討すべき2つのタイミングとは？

人が借金をする理由はたくさんあるが、理にかなっているのは、おもに次の2つだ。

1　リスクを減らす

2　借入コストを上回るリターンが生み出せる

リスクを減らすことに関していえば、負債を抱えることですぐに使える（流動性の高い）資金を手元に残しやすくなる。キャッシュフローを円滑にでき、何かが起きたときの備えができるようになる。

たとえば、万一の事態への備えとして現金を手元に残しておくために、住宅ローンの繰り上げ返済をしない人がいる。

この場合、負債を抱えるコスト（利子を払う）より、メリット（予想外の出来事に柔軟に対処できる）のほうが上回ると考えられる。

負債は、返済額を長期的に固定し、将来的な不確実性を減らすためにも利用できる。たとえば、住宅ローンを組むことで、今後数十年の返済計画を立てられる。

将来的にいつ、どのくらい返済すればいいかわかるので、ローンを組まない場合に生じる不確定要素やそれに伴う不安を減らせる。

負債はリスクを減らすだけではなく、借入コストを上回るリターンを生み出すこともある。

たとえば、教育費の支払い（学資ローン）、起業資金（ビジネスローン）、住宅購入（住宅ローン）などでローンを組むと、それによって最終的に得られる利益が借入コストを上回る場合がある。

もちろん、常にそうだとは限らない。期待収益率と借入コストの差が小さすぎる場合、借金のリスクは高まる。

だが、期待されるリターンが大きければ、**借金には人生を変える力**がある。その典型例が高等教育である。

【データが雄弁に語る】大学進学に価値があるこれだけの根拠

近年、世界中で大学の学費が高騰している。

それでも、生涯収入は高卒者より大卒者のほうがかなり多い。ジョージタウン大学教育・労働力センターの2015年の報告によれば、25〜29歳の年収の中央値は高卒者が3万6000ドルで、大卒者は6万1000ドル[32]。1年間の差は2万5000ドルだが、40年間働いた場合だと100万ドルにもなる。

メディアはよく、この100万ドルは4年間学費を払って大学に通うことで得られる対価だという。

だがここでは、この収入が長期的に生じるものであること（お金の時間的価値）や、大学に進学する傾向のある人とない人の人口統計学データの違いが考慮されていない。

たとえば、ハーバード大学に入学する学生は、仮に大学に進学しなかったとしても、一般的な高卒者よりはるかに高い収入を得る可能性がある。つまり、大卒者だから年収が高いのではなく、高い年収を稼げるような層の人たちが大学に行く傾向があるともいえるのだ。

このような人口統計学的な要因を調整すると、大卒者と高卒者の生涯収入の差は男性で

65万5000ドル、女性で44万5000ドルになる。

さらに、お金の時間的価値を調整（将来の収入を現在価値に換算）した後、大学に行くことで生涯得られる価値は、男性で26万ドル、女性で18万ドルになる。[33]

平均すると、大学に4年間通うことで、男性は26万ドル、女性は18万ドル、生涯に多くのお金が得られるということだ。

この金額は、大学に通うか否かの損益分岐点といえる。つまり、これ以上コストがかかるなら大学に通う価値はなくなる。

加えて、これらの推定値は平均値にすぎない。収入は専攻にも大きく左右されるので、大学に行く価値があるかどうかは何を専攻するかも大きく関わってくる。

たとえば、ある調査によれば、生涯収入が最低の専攻（幼児教育）と最高の専攻（石油工学）の生涯収入の推定差は340万ドルにもなる。[34]

また、学位を得ることがコストに見合うかどうかは、大学に通っている間は働けなくなることを含め、生涯収入にどれくらい影響するかも考慮しなければならない。

たとえば、経営大学院を卒業してMBAを取得したとしよう。卒業後の40年間で、収入は毎年2万ドルアップすると想定する。生涯収入は、MBAがない場合に比べ80万ドルアップすることになる。

これらの将来の収入アップ分の価値を現在価値に換算するには、年ごとにその価値を4%ずつ割り引く必要がある。

ただし、その近似値を導く簡単な方法がある。生涯の収入アップ分の総額を2で割ればいいのだ。

便宜上、ここではこの近似値に基づいて説明を続ける。MBAを取得することによって生涯で得られる80万ドルは、現在価値に置き換えると40万ドルになる。

最後に、学校に通うことで失う収入分も差し引かなければならない。

現在の年収が7万5000ドルで、MBAを取得するために2年間大学院に通うとすれば、生涯収入の予想増加額の現在価値からその分のコストを引かなければならない。

つまり、MBAを取得することで得られる価値は以下のように導ける。

（80万ドル÷2）－15万ドル＝25万ドル

25万ドル――これが、年収7万5000ドルの人が2年間仕事を休んで経営大学院に通ってMBAを取得することで、生涯収入を80万ドル増やしたと仮定したときに得られる正味現在価値だ。

次の計算式は、様々な学位や自分の状況に当てはめることができる。

学位の現在価値＝（生涯収入の増加分÷2）－逸失利益

税金なども考慮しなければならないが、それでもこの方程式を使えば、大学への進学がコストに見合うかどうか簡単に試算できる。

データを見ると、ほとんどの学部や大学院には、時間とお金をかけて（そのために学資ローンを組んで）通う価値があることがわかる。

たとえば、米国の公立大学の学生は、平均して3万ドルの学資ローンを組んでいる。[35]また、公立の4年制大学に通うための1年間の自己負担額（生活費等）は平均1万1800ドルだ。[36]よって公立大学に4年間通うための総費用は7万7200ドル（1万1800ドル×4年＋3万ドル）になる。

話を簡略化するため、ここでは総費用を8万ドルとしよう（1年当たり2万ドル）。

4年間、働かずに大学に通うことで失われた収入（**逸失利益**）を12万ドル（1年当たり3万ドル）と仮定し、これを前述の方程式に当てはめてみよう。

8万ドル＝（大学に通うことで増える生涯収入÷2）－12万ドル

「大学に通うことで増える生涯収入」は、この方程式を次のように並べ替えることで算出できる。

「大学に通うことで増える生涯収入」＝（8万ドル＋12万ドル）×2

よって、「大学に通うことで増える生涯収入」は40万ドルになる。

つまり、8万ドルの費用をかけて4年間働かずに大学に通った場合、生涯収入が40万ドル（年間1万ドル）増えれば、それに見合う価値があるということだ。あくまで平均なので、これ以下になる場合もあるだろう。だが、大半の学位はこれくらいの価値があるということだ。

だからこそ、学位取得のために借金をする決断をするのは、一般的なことなのだ。残念ながら、住宅ローンや起業向けローンの場合、これほど明確な計算は難しい。

ここまでは、借金をすることの金銭上のコストを考慮してきた。

だが、借金にはそれ以外のコストもある。

誰も教えてくれなかった！　借金が〝健康〟に及ぼす影響

借金は、お金以上の意味を持つことがある。

借金の種類によっては、**心身の健康**に影響が生じることが研究によって明らかになっている。

たとえば、『ジャーナル・オブ・エコノミック・サイコロジー』誌に掲載された英国の研究では、クレジットカードの負債残高が多い世帯はそれ以外の世帯に比べ、「とても幸福である」と感じている比率が低かった。[37]

ただし、住宅ローンの負債がある世帯には、このような関連性は見つからなかった。

オハイオ州立大学の研究でも、ローンから生じるストレスの割合は、ペイデイローン（給料を担保にする高金利の小口ローン）、クレジットカードローン、家族や友人からの借金などが最も大きく、住宅ローンが最も小さいことを示している。[38]

また、『ソーシャル・サイエンス＆メディスン』誌の研究によれば、資産に対する負債比率が高い米国の世帯では、「ストレスと抑うつが増え、健康全般の悪化（自己報告に基づく）、血圧（拡張期）の上昇」が見られた。これは社会経済的地位や一般的な健康指標、他の人口統計学的要因を調整した後でも当てはまった。[39]

これらの研究は、心身に悪影響を生じさせるのは住宅ローン以外の負債であることを示している。つまり理想的には、できる限りこれらの負債は避けるべきである。

しかし、住宅ローンであればストレスの原因にならないわけではない。性格によっては、あらゆる種類の借金を避けたほうがいい人もいる。

たとえば、大学生を対象とした調査によれば、倹約家タイプほど、負債額にかかわらず、クレジットカードローンを利用することに不安を覚えやすい[40]。

この結果は、経済的に特に困っていなくても、借金をすることに常に強い嫌悪感を持つ人がいることを示している。私もこのタイプを何人か知っている。彼らは心の安らぎのために、特に必要もないのに住宅ローンを繰り上げ返済していた。

繰り上げ返済せず、運用して資産を増やしたほうが、経済的には得をしたかもしれない。だが、これらの人たちは精神的な安らぎを得ることを優先させ、ローンを早めに返したいのだ。

借金がどうしても嫌な人は、前述したローンの利点より、借金のない状態で生きることを優先させてもいいだろう。

戦略的に借金できる人、できない人の決定的な差

負債の金銭的／非金銭的コストに関する研究結果から、「負債から最大の利益を得られるのは、**負債をする最適なタイミングを選べる人**」だといえるだろう。

つまり、リスクを減らしたり、リターンを増やしたりするために戦略的に借金をすれば、大きな恩恵が得られる。

残念ながら、現在借金を抱えている世帯の多くはこの戦略を取れていない。

バンクレイト社の調査によれば、2019年に予期せぬ支出をした人は全体の28％で、その平均支出額は3518ドル[41]。これは大金であり、低所得世帯が借金をしなければならない理由を説明している。

長い目で見れば、どんな世帯もほぼ確実にこのような臨時出費をしなければならないときがくる。

先のデータに基づき、1年のうちに臨時出費が必要になる確率を28％と仮定すると、5年間で1回以上の臨時出費が発生する確率は81％、10年間だと96％になる。

残念ながら、こうした臨時出費を借金でカバーしようとする人は、いつまでも負債から抜け出せない悪循環に陥りやすい。レンディングツリー社の2018年末の報告によれば、

臨時出費を借金でまかなおうとする米国世帯の3分の1は、前回の臨時出費で借りた負債を返済しきれていない。[42]

こうした借金地獄から抜け出せない世帯はかなり多いと考えられる。

FRSの研究によれば、米国の世帯の35％は人生のある時点で経済的な苦痛（負債の深刻な延滞）を経験しているが、このうちさらに10％の世帯にこうした経済的苦痛全体の約半分が集中している。[43] これらの世帯にとって、負債は選択ではなく義務なのである。

つまり、借金をすることを選択しようとしている人は、自分が思っている以上に幸運だということだ。

この章では、負債全般について説明してきた。

次章では、ほとんどの人が行う、最も一般的な借金の問題について考えてみよう――。それは、**「家は借りるべきか買うべきか？」**だ。

第7章

家は借りるべきか買うべきか？

人生最大の買い物をどう考えるか

住宅がもたらす「心の投資収益率」とは？

私の祖父母は1972年、2万8000ドルでカリフォルニアに家を買った。この家の現在価値は、購入額の20倍以上となる60万ドル。インフレ率を調整しても元値の3倍以上になる。

祖父母はそれによって金銭的なリターンを得ただけでなく、この家で私の母を含む3人の子どもを育てた。7人の孫のうち何人かもこの家で育っている。

私はこの家が大好きだ。毎年、クリスマス・イブをここですごすのがなによりの楽しみだった。

祖母お手製のピーナッツバターをたっぷり塗ったおいしいパンケーキをキッチンで何枚も重ねて食べたことや、祖父がテレビを見るときに、いつも座っていたソファーに大きなへこみができていたのをよく覚えている。

家のまわりのレンガ塀の上から落っこちて左眉を切ったことも、鏡で傷口を見るたびに思い出す。

こうした家にまつわる思い出話を耳にすると、「賃貸よりも絶対に持ち家がいい」と言い張る人の気持ちがよくわかる。

家は富をもたらすだけでなく、家族を育て、人間関係を育む安定した場所になる。住宅がもたらすこうした「記憶の配当」、つまり「心の投資収益率」を高く評価する人もいる。

しかし、だからといって「賃貸か持ち家か」の議論に結論を下すのはまだ早い。まずは、住宅を所有することで生じる様々なコストについて検討してみよう。

持ち家に押しかかる2つのコスト

住宅を所有すると、住宅ローン以外にも、**一時的コスト**と**継続的コスト**がかかる。

一時的コストには頭金や購入手数料などがあり、継続的コストには税金、維持費、保険料などがある。

米国の場合、家を購入する際には、住宅価格の3・5～20％の頭金がかかるのが一般的だ（これだけの大金を貯めるにはかなりの時間がかかる。最善策については次章で詳説する）。

頭金以外にも、住宅価格の2～5％の諸費用が発生する（申請手数料、鑑定料、組成・引受手数料等）。

これらの諸費用が住宅価格に含まれる場合もあるが、それはあなた（または不動産業者）の交渉力次第だ。

不動産業者の存在も住宅購入の大きなコストになる。通常、不動産業者には物件価格の3%の手数料を払わなければならない。

不動産業者が2社関わる場合（1社は買い手、もう1社は売り手）に、物件価格の6%の手数料が必要になることもある。

頭金、諸費用、不動産業者への手数料に応じて変わってくるが、合計すると、住宅購入の一時的コストは住宅価格の5・5~31%程度になる。頭金を除くと、住宅価格の2~11%だ。

そのため住宅を買うのは、**長期的にその家を所有する場合のみ意味がある。**売買の頻度が多いと、予想される価格上昇分を取引コストだけで食いつぶすことになるからだ。

また住宅は、購入時の一時的なコストに加え、継続的なコストもかかる。家本体の支払いを終えた後も、固定資産税、維持費、保険料を支払わなければならない。幸い米国では、固定資産税と保険は通常、毎月の住宅ローンの支払いに含まれている。ただし、これらの追加コスト額は様々な要因によって変化する。

たとえば、固定資産税の額はその時点の法律が定めた税率によっても変わってくる。

たとえば、2017年の米国税制改革によって基礎控除が引き上げられたことで、住宅所有の大きなメリット（住宅ローンの利息が税金の控除対象になること）が事実上なくなった。

このように、住宅所有のコストは税法の変更に影響を受ける。保険は、立地や前払金の割合などによって金額が決まる。

住宅の維持は、経済的にも手間的にもかなりのコストになる。

立地や物件の築年数によって異なるが、米国の場合、年間の維持費は物件価格の1～2%といわれている。30万ドルの物件なら、維持費は年間3000～6000ドルになる。

さらに家のメンテナンスには手間暇がかかる。

私は友人や家族から、マイホームを持つのは副業をするようなものと痛感させられるエピソードをよく聞かされる。業者に修理を依頼しても、DIYでやるにしても、思った以上に労力がかかるものだ。

これは住宅所有の見すごされがちなコストだ。

賃貸物件と違い、家のどこかが壊れたら、持ち主が直さなければならない。自分の手で家を修理することに喜びを感じる人もいるだろうが、それは少数派だろう。

こうした一時的、継続的なコストを考慮すると、住宅は時に資産より負債になることがわかる。もちろん、だからといって賃貸にすればこうした金銭的コストがなくなるわけではない。賃貸にすれば、当然月々の家賃を払わなければならない。

しかし、リスクの観点からは、賃貸派と持ち家派の住宅費に関するコストの意味合いは大きく異なる。

なぜなら、賃貸派は将来どれくらいの支払いが発生するかを正確に把握できるが、持ち家派はそうではないからだ。

たとえば、住宅物件の維持費が、ある年には住宅価格の4％かかり、ある年はまったくかからなかったとしよう。

これは持ち家派の出費には大きく影響するが、賃貸派には影響しない。

つまり、短期的には賃貸派より持ち家派のほうが住宅費に関するリスクが高くなる。

次の1年間、住宅に関して生じうるコストは、持ち家派のほうが賃貸派よりもはるかに変動しやすい。

だが、**長期的に見ると、この立場は逆転**する。

賃貸派が一生抱える潜在的リスクとは？

賃貸生活をするとき、毎月の家賃以外のおもなコストは、長期的なリスクである。

このリスクとは、将来の住宅費が不透明であることや、生活状況の不安定さ、頻繁な引越し費用などだ。

たとえば、賃貸派は今後1、2年間の住宅費は固定できるだろう。

だが、10年後の住宅費がどうなっているかはわからない。常に変動しやすい家賃相場に応じて支払いをしていかなければならない。

この点、持ち家派は将来の住宅費をより正確に把握しやすい。

なにより、賃貸生活は長期的に見ると不安定だ。気に入った物件に住んでいても、家賃が大幅に上がったために引っ越さざるをえなくなることもある。このような不安定さは、特に小さな子どものいる家庭にとっては、経済的にも精神的にも負担になりやすい。

また、賃貸派は持ち家派より頻繁に転居しなければならない。

私自身、2012年以来、米国各地のアパートを8軒移り住んできたので（年一度のペースで引越しをしていることになる）、このあたりのことがよくわかる。

友人や家族に手伝ってもらって安くすませられたこともあったが、引越し業者に頼まざるをえず、多額の費用がかかったこともあった。

賃貸派には、持ち家派にはない長期的なリスクがあるのは明らかだ。

だが賃貸派は、投資に対して十分なリターンが得られないかもしれないというリスクとは無縁でいられる。

直近130年間のデータが語る〝投資としての〟住宅の魅力

残念ながら、住宅を投資資産として見た場合、データはそれほど有望な結果を示していない。

ノーベル経済学賞を受賞したロバート・シラーは、1915〜2015年の米国の実質住宅収益率（インフレ調整後）を「年間わずか0・6％」と試算している。[44]

しかも、このリターンのほとんどは2000年以降に生じたものである。

図表7のように、19世紀後半から20世紀後半にかけての米国の住宅価格（インフレ調整後）は、直近20年間の乱高下はあったものの、全体として特別に大きな変動はなかったといえる。

この130年間、米国の住宅価格（インフレ調整後）に特別大きな変化は見られなかった。ここ20年間は上昇傾向にあるが、それが今後も続く保証はない。

米国の住宅を投資として見るときは、同じ期間に別の資産に投資した場合と比較する必要がある。これは投資の「機会費用」として知られる。

図表7　1890年以降の住宅価格指数

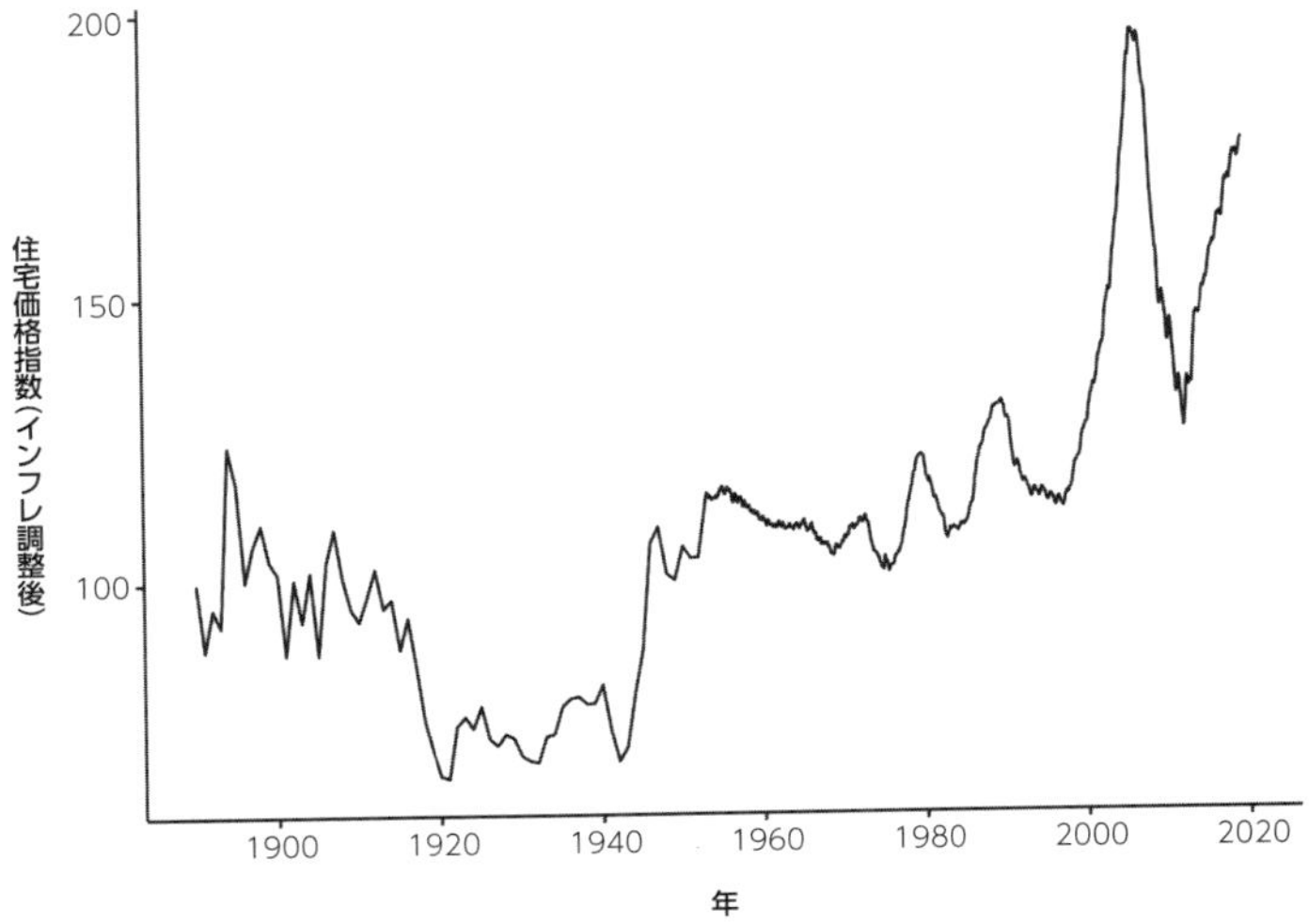

たとえば、私の祖父母は1972年に2万8000ドルで自宅を購入し、2001年まで毎月280ドルの住宅ローンを支払っていた。

2001年時点で、この家の価値は23万ドルに上がっていた。

だが、もしその家を購入する代わりに、その資金を米国の代表的なインデックスファンド「S&P500」に投資していたらどうなっただろう？

祖父母が1972年から2001年まで、毎月280ドルをS&P500に投資し、配当を再投資し続けていたら、2001年時点で95万ドルの資産を手にしていたことになる。

しかも、これには頭金は含まれていな

い。頭金分も投資していれば、2001年時点で祖父母の資産は100万ドルを超えていることになる。

祖父母が住むカリフォルニアは、過去数十年間、米国の不動産史上最高レベルのリターンを上げている土地だ。にもかかわらず、この家がもたらしたリターンは、米国株式インデックスファンドへの同額の投資から得られるものの約4分の1にすぎないのだ。

もちろん、30年間米国株を保有することは、30年間住宅ローンを払うより精神的にははるかに難しい。

家を保有していても、毎日その価格が公示されることはないし、ましてや価値が半落することもないだろう。

だが、米国株にはそれが当てはまる。1972年から2001年の間に、大きな市場暴落が3度（1974年、1987年、2000年）あった。

そのうちの2つは50％以上の下落率だった。

住宅は、株式や他のリスク資産とは根本的に異なる資産なのだ。

家の価値は暴落しにくいが、長期的に富を手に入れられる可能性も低い。なにより、たとえ住宅価格が大幅に上がったとしても、その家を売って安い家に住み替えるか賃貸で生活するかしない限り、利益は得られない。

これは、生涯賃貸生活を続け、住宅費に使ったはずのお金を他の資産に投資すべきだということなのだろうか？

必ずしもそうではない。前述したように、家を所有するメリットは経済面以外にもある。だがもっと重要なのは、住宅を所有することで得られる社会的なメリットだ。

家は「買うべきか」ではなく、「いつ買うか」の問題

自宅が優れた長期投資になる可能性は低いが、家を所有すべき**社会的な理由**がある。

米国の持ち家率は、2019年時点で65％（「消費者の金融状況調査」による）。[45]収入と資産が多い世帯だと、持ち家率はさらに上昇する。

たとえば、米国国勢調査局の2020年調査によれば、収入が中央値よりも多い世帯の持ち家率はほぼ80％である。[46]

私の計算では、「消費者の金融状況調査」で純資産が100万ドルを超える世帯の持ち家率は90％以上になる。

持ち家はなぜこれほど一般的なのか？

住宅を所有することは、政府の補助金制度や社会的規範によって促されているのに加え、

米国の多くの世帯にとって資産を築くための大きな手段でもあるからだ。前述の「消費者の金融状況調査」のデータに基づいた研究によれば、住宅は「最低所得世帯の総資産の約75％を構成している。（中略）ただし、最高所得世帯ではその割合はわずか34％であった[47]」。

最適な方法ではないにしても、住宅は資産を築くための源になっているのだ。

なにより、住宅購入はおそらく人生最大の買い物になる。持ち家に住んでいることは社会から肯定的に受け入れられやすく、人生の様々な側面にも大きな影響をもたらす。住宅を買うことで、住む場所の土地柄や、子どもを通わせる学校なども決まってくる。生涯賃貸派でいくというならそれで問題ない。だが、結果として持ち家に住んでいるからこそ可能になる地域社会との深い関わり合いを逃してしまうかもしれない。

こうした理由のために、経済的に余裕のある人たちは家を買う。ゆえに、住宅についての重要な質問は、**持ち家か賃貸か、ではなく、「いつ買うべきか」**になるといえるだろう。

ズバリ家の買い時は「いつ」？

次の条件を満たしているなら、住宅購入に踏み切る時期だ。

- **10年以上はその土地に暮らす予定**
- **公私ともに安定した生活を送っている**
- **経済的余裕がある**

3つのうちどれか一つでも満たせていなければ、賃貸にすべきだ。理由を説明しよう。物件価格の2～11％かかる住宅購入の取引コストを埋め合わせるには、その家にかなりの年数住む必要がある。

ここではわかりやすく説明するために、取引コストの中間を取って6％と仮定しよう。前述した経済学者シラーの試算による米国の実質住宅収益率は年間0・6％なので、一般的な米国の住宅が6％の取引コストを取り戻すには10年かかる。

同じように、その土地に10年住む予定でも、私生活や仕事が不安定な場合は家を買うべきではない。

たとえば、独身のときに家を購入した場合、結婚して子どもが生まれたら、それまでの手狭な家を売って広い家に住み替えなければならない。

また、転職を繰り返していたり、収入の変動が激しかったりする場合も、住宅ローンを組むと家計がリスクにさらされる。

このように経済的、私生活的に不安定だと、家を買い替えなければならなかったり、ローンが破綻したりするため、最終的に取引コストが嵩《かさ》みやすくなる。

つまり、**住宅ローンは、将来をある程度予測できるようになったときに組むべき**だ。未来に「絶対」はないが、将来の見通しがつけば、家を安心して買いやすくなる。

「43%」の魔力

また、経済的余裕があれば、家を買うのはさらに簡単になる。

具体的には、頭金として住宅価格の20%を払え、収入に対するローン比率を43%未満に抑えられれば、経済的余裕があるといえる。

「43%」は、住宅ローンを組む資格のある最大限の返済負担率（収入に占めるローンの割合。DTI＝debt-to-incomeと呼ばれる）とされているからだ（これ以上になるとリスクが許容値を超える）[48]。

返済負担率は、次の式で算出できる。

返済負担率＝毎月のローン返済額÷毎月の収入

たとえば、月額2000ドルの返済額で住宅ローンを組み、現在の月収が5000ドルの場合、他にローンがないと仮定すると、返済負担率は40%（2000ドル÷5000ドル）になる。もちろん、返済負担率がこれよりも低ければそのほうがいい。

また、住宅購入時に頭金の20%を払う必要はないが、払えるだけの資金は**持っておくべきだ**。この区別は重要である。

住宅価格の20%を払えると、長い時間かけてまとまった資金を貯められる力がある証《あかし》になるからだ。

したがって、頭金の20%は払えるが、あえて払わないという選択もできる。それだけの大金を住宅のような流動性の低い投資につぎ込むのは短期的なリスクが大きいので、この選択をする人の気持ちはよくわかる。

ただし、頭金でそれなりの金額を払った場合は、一般的には高額な（広い）住宅を購入できる。

まとまったお金を貯めてから大きな家を買うか、手始めに小さな家を買って後で大きな家に移り住むかという問題では、前者の方法をお勧めする。

取引コストを考慮すると、最初に小さな家を買ってそれを数年後に売却するより、資金を貯めてから広い家を買ったほうが得だからだ。

住宅ローンを何十年も払い続けるのは、リスクが高いと思う人もいるかもしれない。だが、住宅購入で最もリスクが高い時期は最初の数年間だ。

なぜなら、将来的には、インフレに伴い給料の額面も上がっていくことが予想されるが、住宅ローンの返済額は変わらないからだ。そのため実質的に、時間の経過とともにインフレによって収入が増えれば、ローンの返済負担は減っていくことになる。

私の祖父母の場合もまさにそうだった。

1970年代のインフレにより、物価は上がり、給料も増えた。だが、ローンの返済額はインフレの影響を受けないため、1982年時点でのローン返済額は（実質的に）10年前の半分になっていた。賃貸の場合は、このような恩恵は受けられない。インフレに伴い家賃相場も上がっていくからだ。

家を買うときには、生活面でも金銭面でも最善の判断ができるよう全力を尽くそう。

家を買うことは、人生で最大の買い物になる場合が多い。それだけに精神面に及ぼす影響も大きい。だからこそ、じっくりと検討を重ねるべきだ。

家を買うのがいつになるにしても、なにより重要なのは、「**頭金を貯める方法**」を知っておくことだ。次章で詳しく見ていこう。

第8章

頭金を貯める方法

なぜ「時間軸」が大切なのか?

インフレの影響を避けつつ確実にお金を貯めたい人へ

大きな決断をして、近い将来まとまったお金が必要になったとしよう。家を買う、結婚する、新車を買う――。いずれの場合であれ、まとまった資金を貯めなければならない。

さて、最善の方法は何だろう？

現金で貯めるべきか、投資で運用すべきか？

これについて以前、何人かのファイナンシャル・アドバイザーに尋ねたことがあるが、みな口を揃えて「現金がベストだ」と言った。

頭金（あるいは他の高額商品の購入資金）を貯めるなら、「現金が最も安全な方法だ。間違いない」と。

「でも、インフレの問題は？」と思った人も多いだろう。

確かに、現金でお金を持っていると、インフレによって年数%のコストが発生する（実質的に現金の価値が減る）。ただし、短期間（数年間）でお金を貯めようとしているのなら、その影響は小さい。

たとえば、住宅購入の頭金2万4000ドルのために毎月1000ドルずつ貯金していく場合、インフレの影響がまったくなければ24か月（2年）で目標額を貯められる。

だが、年間インフレ率が2％の場合、目標を達成するにはさらに約1か月分多く貯金しなければならない。2年後に現時点の2万4000ドルの価値を得るには、インフレの影響により、名目上、2万5000ドルを貯金しなければならないのだ。

確かにこれは理想的ではない。だが、この小さな代償を払えば、ほぼ計画どおりに資金を貯められる。

大きな視点に立てば、この1か月分の貯金は大きなコストではない。

これが、将来の大きな買い物のために、現金が最も確実でリスクの低い貯蓄法であるといわれる理由だ。

しかし、インフレの影響を避けながら、お金を貯めたい場合はどうすればいいのか？

あるいは、2年以上かけて資金を貯めたい場合はどうすればいいのか？

その場合も、現金は最善の選択肢なのか？

まずは、お金を貯める方法として現金と債券の歴史的な比較を見てみよう。

図表8　**米国中期国債の下落率の推移**

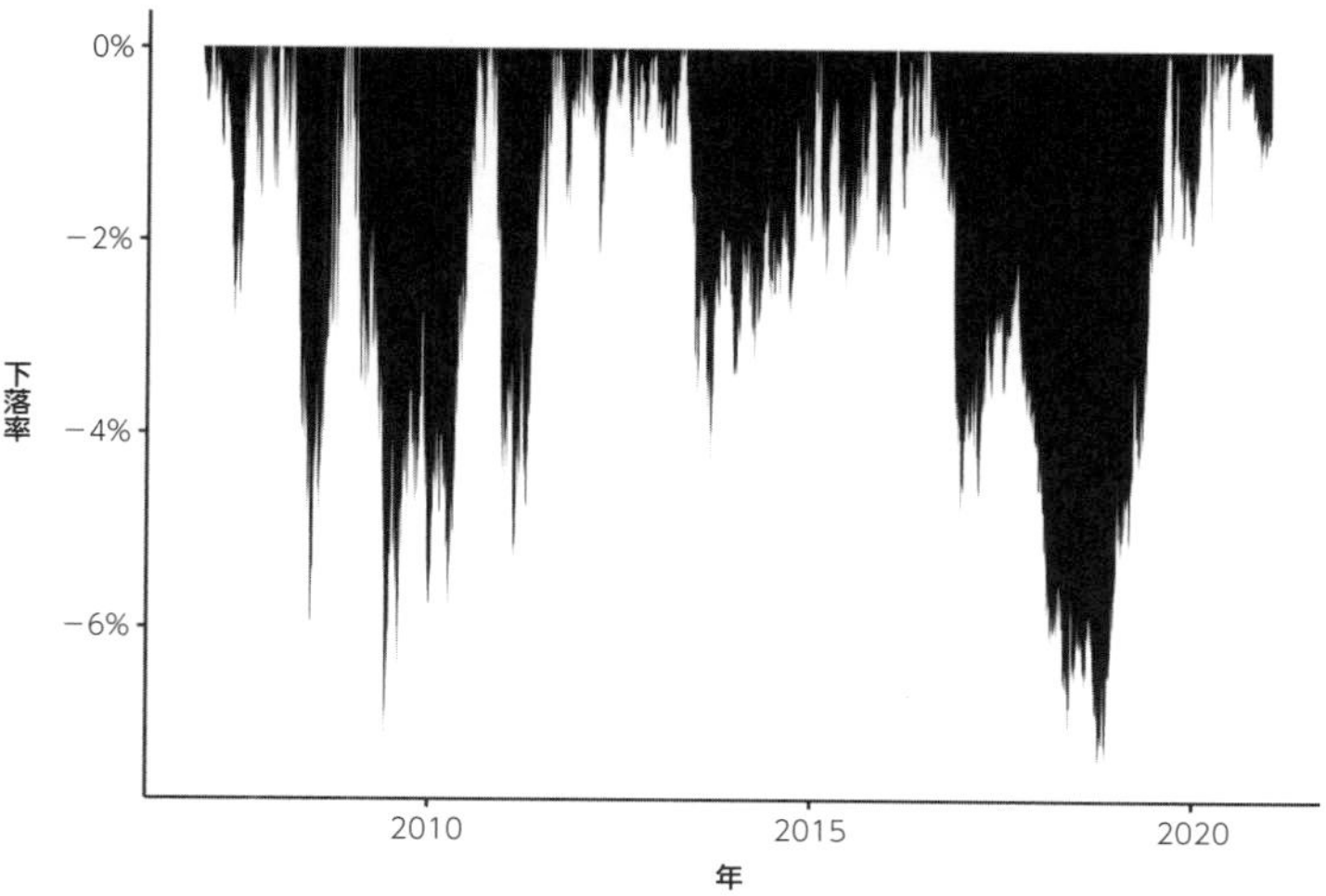

現金か？　債券か？

債券への投資が現金保有よりも優れているかどうかをテストするために、同じ1か月間、1000ドルを米国債に投資してみよう。

投資対象の債券には、上場投資信託（以下、ETF）やインデックスファンドなどを選べる。

米国債を購入することで、低リスク資産を保有しながら、ある程度のリターンも得られる。

デメリットはあるだろうか？　低リスクとは、まったくリスクがないことではない。

図表8のように、米国の中期国債は定

期的に価値が**3％以上下落**している。

このように債券価格は絶えず変動しているため、債券投資で資金を貯めようとした場合、現金で貯めるより目標に到達する時期が遠のく場合がある。

毎月1000ドルを債券投資して2万4000ドルを目指すとき、ゴールライン近くで債券価格が3％下落すると、ポートフォリオの価値は約750ドル（2万4000ドルの約3％）減少する。早い時期に下落した場合と比べ、投資した資金が多いため、価値が目減りする率も高くなる。

この場合、2万4000ドルの目標を達成するため、さらに約1000ドルを債券に投資しなければならない（＋1か月分）。

債券で積み立てた場合でも、目標を達成するには24か月以上かかる場合があるということだ。

実際、このシナリオを1926年以降の全期間に当てはめて計算すると、まさにそのとおりになる。米国債に毎月1000ドル投資すると、2万4000ドルを貯めるのに平均25か月かかる（インフレ調整後、**図表9**）。

ご覧のように、債券に投資した場合、目標を達成するのに25か月以上かかることもあれば、それ以下ですむこともある。

図表9　毎月1000ドルを債券に投資した場合、2万4000ドル貯めるのに必要な月数

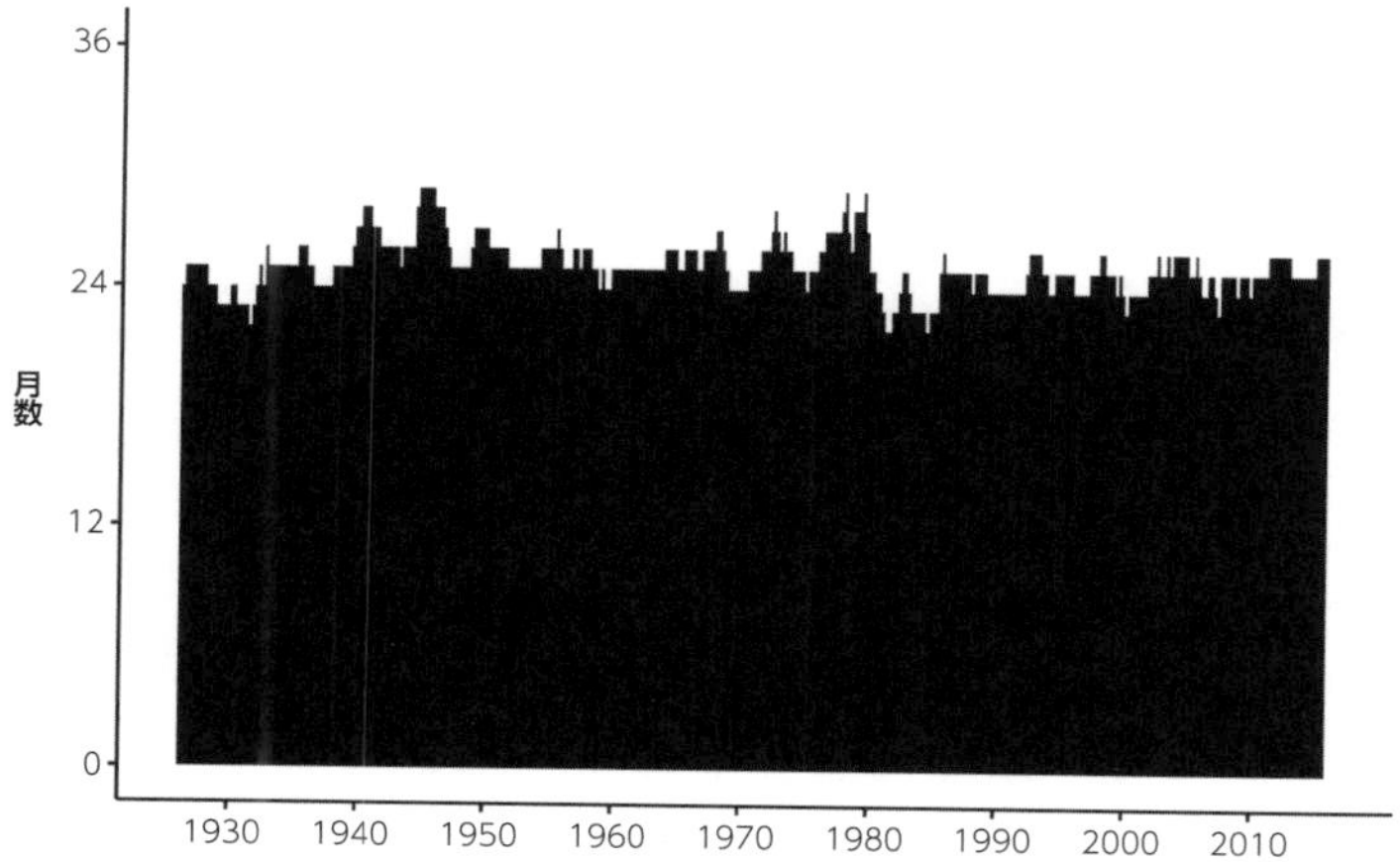

それでも全体的には、債券に投資すると現金を貯めるより早く目標に到達できる。

1926年以降のデータに毎月1000ドルの現金を貯める場合の計算を当てはめると、目標に達するまでに平均26か月かかる（インフレ調整後）。

先ほどの計算では25か月かかっていたのに、なぜそれ以上長くなっているのか。それは、インフレ率が年月とともに変化するからだ。

インフレ率が2％のままなら25か月で目標に到達できる。だが、インフレ率がそれ以上になると、目標を達成するのにさらに時間がかかる。

実際、ある期間においては、毎月10

００ドルの現金の積み立てで２万４０００ドルの目標を達成するのにほぼ30か月もかかる。

全体として、２年間に限定するなら、債券に投資するほうが現金で貯めるより効率がいい。ただし、その差はそれほど大きくはない。

前述したように、毎月１０００ドルで２万４０００ドルを目指す場合、債券では平均25か月かかり、現金では26か月かかる。

１か月分余計に貯めることは、資金が必要なときに債券価格が暴落するかどうかを心配するのに比べれば、小さな問題だ。

実際、１９２６年以降のデータを見れば、現金が債券に対して同等以上のメリットをもたらしている期間は30％もある。

このように考えると、２年未満で資金を貯めたいなら、債券のように大きく価値が下落するリスクが少ないため、現金で貯めるのが最適な方法だといえる。

私が話を聞いたファイナンシャル・アドバイザーたちの直感も、この点では正解だ。

しかし、２年以上かけて資金を貯めたい場合はどうだろう？

図表10　毎月1000ドルを現金で積み立てた場合、6万ドル貯めるのに必要な月数

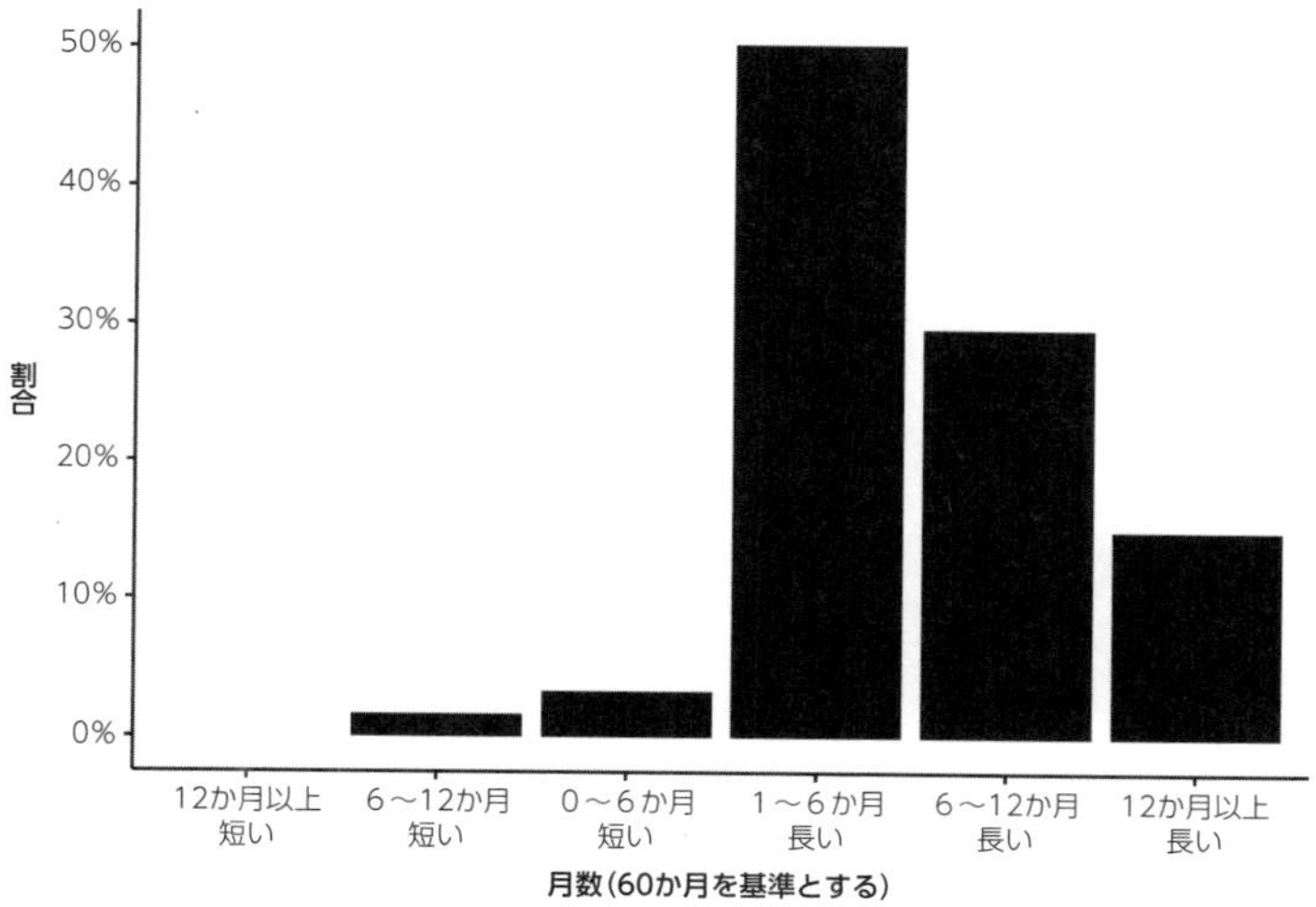

マークすべきは「3年」という転換点

資金をつくるための期間が2年以上ある場合、現金で貯めようと思うと、当初考えていたよりはるかにリスクが高くなる可能性がある。

たとえば、毎月1000ドルを現金で積み立てて6万ドル貯めたい場合、インフレのない世界では60か月（5年）かかると予想される。

しかし、1926年以降のデータにこれを当てはめると、目標を達成するのに50%の割合で61～66か月かかり（当初予想より1～6か月長い）、15%の割合で72か月以上かかる（当初予想より12か月以上長い。図

図表11　**毎月1000ドルを債券に投資した場合、6万ドル貯めるのに必要な月数**

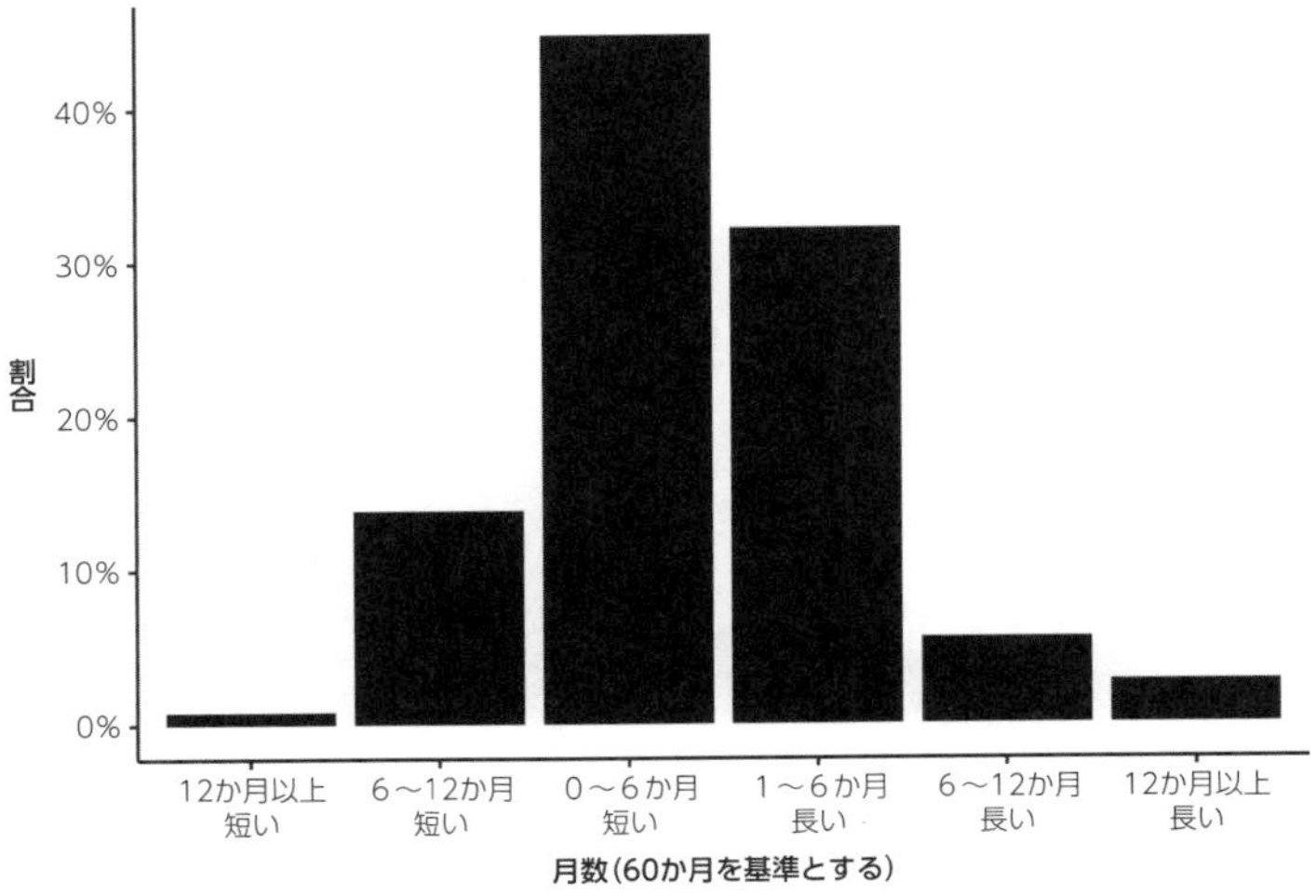

表10）。

平均すると、現金で貯めた場合、目標に到達するまでに67か月かかる。

時間軸が長いほど、お金の実質的な価値（購買力）に対するインフレの影響が大きくなるからだ。

これに対し、毎月1000ドルを債券に投資した場合、同じ6万ドルの目標を達成するのに平均60か月しかかからない（**図表11**）。

債券はある程度のリターンを生むので、現金よりインフレの影響を受けにくい。

現金の場合、24か月間で2万4000ドルをつくろうとしていたときに比べ、60か月間で6万ドルをつくろうとするときのほうが、はるかにリスクが高くなる。

図表12　**毎月1000ドルを現金で積み立て６万ドル貯めるには、債券と比べて何か月分余計にかかるか？**

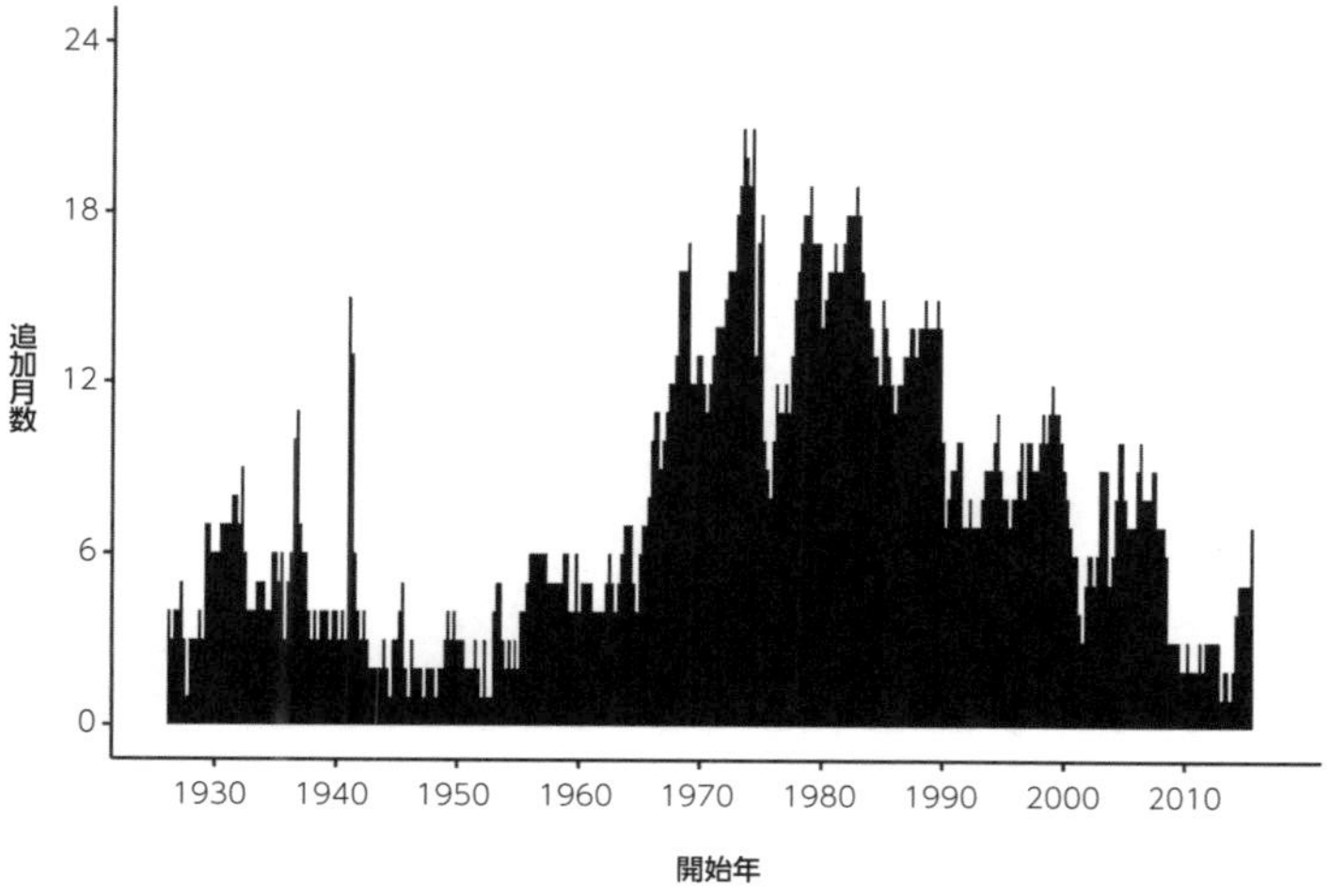

期間が60か月になると、1、2か月余計に貯めるだけではインフレの影響を吸収できず、平均7か月分、余計に積み立てをしなければならなくなる。

現金を貯めるだけで、60か月で6万ドルに到達できるシナリオもあるが、可能性は低い。期間が長くなったことで、債券よりも現金保有のリスクのほうが大きくなるからだ。

図表12は、同じ目標額を達成するために、債券と比べて、現金を何か月分、余分に積み立てなければならないかを示したものだ。

このような長期間で資金をつくる場合、全期間で債券のほうが現金を上回っている。

ということは、現金で貯めるのをやめ、債券で貯め始める最適な転換点があるということか。正確ではないが推測はできる。

たとえば、期間が2年の場合は現金がわずかに有利になり、5年の場合は明らかに債券が有利になると考えると、「転換点」はその間のどこかになる。

私がデータを分析した結果、転換点は3年程度が目安になるようだ。

つまり、**3年以内でまとまった資金をつくりたいなら現金で貯め、3年以上かかる場合は債券に投資**することを検討すべきだ。

これを過去数十年のデータに当てはめると、毎月1000ドルの積み立てで3万6000ドルの目標に到達しようとした場合、債券だと平均37か月、現金だと平均39か月かかる。

これはインフレ率の変動を通じて、歴史的なデータに裏打ちされた経験則である。

だが、ここで次の疑問が生じる。

「では、資金をつくるには、債券より株式のほうが優れているのか？」

債券か？　株式か？

毎月1000ドルを、米国債ではなくS&P500の株式に投資するとどうなるか？

図表13　毎月1000ドルを株式に投資した場合、6万ドル貯めるのに必要な月数

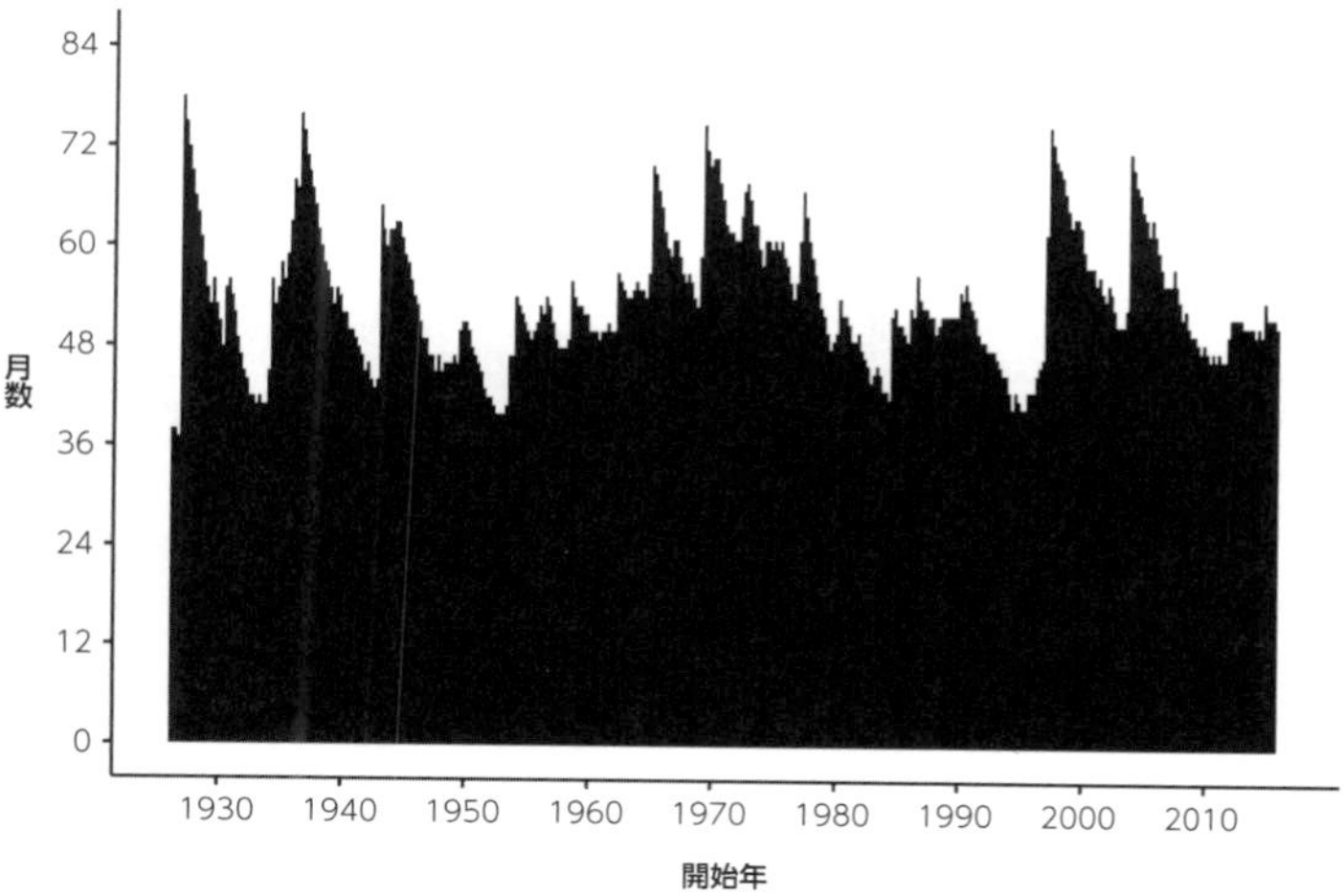

答えは、「ほとんどの場合は優れているが、はるかに悪くなる場合もある」だ。

たとえば、毎月1000ドルを債券に投資した場合、6万ドルに達するまでに平均60か月かかるが、株式に投資した場合は平均54か月しかかからない。

図表13は、過去数十年において、毎月1000ドルを株式に投資し、6万ドルに到達するのに要する月数を示している。

たとえば、1926年に毎月1000ドルを米国株に投資した場合、約37か月で6万ドルに到達する。

だが、図表13のとおり、目標達成までに最大72か月以上かかることもある。

なぜなら、株式の暴落時（例：1929年、1937年、1974年、2000年、2

００8年等）に投資をしていたからだ。この場合、債券に投資していた場合と比べ、目標達成までに長い期間が必要となる。このケースでは、基準となる60か月間に対し、さらに１年以上（あるいはそれ以上）も投資をしなければならなかった。

なによりここでの計算では、経済状況に関係なく、毎月１０００ドルを投資できたと仮定している。しかし、常にそうとは限らない。

大規模な株式市場の暴落後、失業したり、経済的に苦しくなったりして、月々の積み立てができなくなる可能性は十分にある。大きな買い物への資金を株でつくろうとするには、このようなリスクを考えておかねばならない。

とはいえ、大きな買い物の資金をつくるのに、株式投資だけに頼る必要はない。株式１００％のポートフォリオと、債券１００％のポートフォリオのどちらかを選ばなくてもいい。

5年以上先の大きな買い物のために資金をつくるときには、リスクに対する自分の考え方に合わせた、バランスの取れたポートフォリオを組めばいいのだ。

「期間の長さ」が大切な理由

これまで見てきたように、大きな買い物の資金をつくるベストの方法を選ぶカギは、**時間軸（期間の長さ）**にある。

短期的には現金がベストだが、期間が長くなるにつれ、他の選択肢を検討する必要が出てくる。現金だとインフレの影響を受けるが、それを避けるには債券、場合によっては株式に投資したほうがいい。

この分析では、目標額に到達するまで、毎月一定額を投じることを前提にしている。だが、前章で触れたように、常に収入が安定しているとは限らない。

もし、予想より早く目標を達成できたら、かなりラッキーだ。すぐに買いたいものを買えばいい。

ただし、買いたいものがすぐに買えない場合（たとえば、すでに日程が決まっている結婚式等）、この資金の価値を保つため、なんらかの方法で投資をする必要がある。

その場合、リターンを生む投資商品に換えて保有するか、インフレを見越して現金を多めに保有することになるだろう。

いずれにせよ、パーソナルファイナンスでは、厳密な計算に基づけばすべて答えを導けるわけではなく、人間心理を含めた様々な要素も絡んでくる。だからこそ、その時点で利用できる投資の選択肢に基づき、戦略を軌道修正していくことをお勧めする。

この章では、頭金を貯めるいくつかの方法を見てきた。

次章では、資産をつくるうえでの最大の難問に取り組んでみよう。

それは、「**いつリタイアできるか?**」だ。

第9章

いつリタイアできるか？

一番大切なのは「お金」ではない

ファイナンスの世界で最も厄介で難しい問題

お金の未来を教えてくれる水晶玉があるとしよう。

この魔法の球体は、この先数十年のあなたの支出や投資利益をすべて知っている。

もしそんなものが本当にあるなら、リタイア後の生活に必要な支出と、どのくらい収入が得られるかという正確な数字に基づき、いつリタイアできるかを完璧に計画できるだろう。

残念ながら、現実にはそんな水晶玉は存在しない。

リタイア後のライフスタイルから将来の支出を見積もることはできるかもしれないが、どれくらいの投資リターンが得られるか、自分がどのくらい長生きするかはわからない。

1990年にノーベル経済学賞を受賞したウィリアム・フォーサイス・シャープ（1934〜）が、リタイアを「ファイナンスの世界で最も厄介で難しい問題」と呼んだのはそのためである。

もしこの問題が簡単に解けるなら、老後支援に特化した業界もなくなるだろう。

とはいえ、リタイアできる時期を判断するために使えるシンプルなルールは存在する。

なかでも、とりわけシンプルなのは、「**4％ルール**」と呼ばれるものだ。

極めてシンプルな「4%ルール」とは?

ファイナンシャル・アドバイザーのウィリアム・ベンゲン（1947〜）は、退職者が老後資産を使い果たさずに毎年どのくらいのお金を引き出すことができるかを試算し、ファイナンシャル・プランニング界に革命を起こす研究結果を発表した。

ベンゲンは歴史的なデータに基づき、老後生活者は30年間以上、老後資金を使い果たすことなく、50対50（株式5割、債券5割）のポートフォリオから毎年4%を取り崩せることを明らかにした。

インフレに対応するために、取り崩し額は毎年3%ずつ増やす計算になっているが、それでも30年間は資産が尽きることはない。[49] たとえば、100万ドルの投資ポートフォリオを持っている場合、1年目に4万ドル、2年目には4万1200ドル（4万×1・03）という具合に資産を取り崩していっても、30年以内に資金がなくなることはないということだ。

実際、4%ルールを実践している間に、資金が枯渇する可能性は歴史的に見て非常に低い。

この分野を専門とするファイナンシャル・プランナーのマイケル・キッチェス（1977〜）が1870年まで遡《さかのぼ》って分析したところ、4%ルールを実践すれば、「30年後に元金が枯渇するケースは極めて少ない（30年後に資産が5倍に増えているというレアなケースより起こる可能性が低い）」ことがわかった。[50]

ただし、このように盤石に見える4%ルールだが、これ以上の取り崩し率にすることには限界があるようだ。

このルールの提案者であるベンゲンは5%の取り崩し率でも試算したが、歴史的にはこのルールが破綻するケースがあることがわかった。

ある期間では、5%にすると老後資金は20年で枯渇してしまう。そのため、ベンゲンは安全な取り崩し率として4%を提案し、これが定着した。

4%ルールでは、複雑な問題を簡単に解決できる。

このルールに従えば、リタイア後1年間にいくら使えるかをストレスなく簡単に計算できるようになる。

なにより、リタイアに必要な資産額をすぐ計算できるのだ。

1年目にリタイア資産の4%を使えることがわかっているので、リタイアに必要な資産は次のようになる。

4%×リタイア資産＝年間支出

パーセンテージの代わりに分数を用いると、次のようになる。

1÷25×リタイア資産＝年間支出

年間支出に25を掛けると、リタイア資産を導ける。

リタイア資産＝25×年間支出

つまり4％ルールを実践するには、**リタイア後1年目に予想される年間支出の25倍の資産が必要**ということだ。この額に達したら、リタイアできる。

第5章で昇給がリタイア後の貯蓄にどう影響するかを考えたとき、「**年間支出×25年**」をリタイアの基準にしたのもそのためだ（P105）。あれは、4％ルールを前提としたシミュレーションだった。

幸い、リタイア後の生活は、年間支出の25倍よりはるかに少ない資産があればまかなえる。社会保障給付などの確実な収入があるからだ。

そのため、年間支出からこの収入分を引いた差額の25倍が必要な老後資金となる。

たとえば、リタイア後の生活費が月額4000ドルとして、月額2000ドルの社会保障給付を受け取れるなら、差額の月2000ドル、年間で2万4000ドルあれば生活していける。これを「**年間超過支出**」と呼ぼう。

したがって、必要貯金額を決定する計算式は次のようになる。

リタイア資産＝25×年間超過支出

このルールを適用すると、リタイアのために60万ドル（2万4000ドル×25）を貯める必要があることがわかる。

リタイア1年目には2万4000ドル、2年目には取り崩し額を増やして（前述のように、インフレに対応するために4％ではなく3％増やす）2万4720ドル（2万4000×1・03）という具合に資産を引き出していく。

ベンゲンの4％ルールは実にシンプルだが、批判もある。

その代表例は、「このルールは債券の利回りや株式の配当利回りが現在よりはるかに高かった時代につくられたものである」というものだ。

そのために、「4%ルールは現代では通用しない」と指摘する専門家もいる。債券や株式の利回りは、リタイア生活者の大きな収入源になる。当然、利回りが低下すれば収入も減る。利回り10%の債券を1000ドル保有していれば年間100ドルの収入が得られるが、利回り1%だと年間10ドルしか得られない。株式の配当利回りについても同様だ。

歴史的に見て利回りは下がっているが、ベンゲンは「4%ルールは依然として有効だ」と主張している。

2020年10月放映のポッドキャスト番組『ファイナンシャル・アドバイザー・サクセス』の中でベンゲンは、「利回りは下がっても、インフレ率も過去より低いため、資産を安全に取り崩せる率はむしろ4%から5%に上がった可能性が高い」とすら語っている。

「インフレ率が低いと、物価の上昇も低くなるので、支出額の上昇も緩やかになる。つまり、利回りが昔に比べて低くなっても、インフレ率の低さで相殺効果が生じているのだ」[51]

ベンゲンのこの論理が成り立つなら、「いつリタイアできるか？」という問いへの最もシンプルな答えは、やはり4%ルールだといえるのかもしれない。

ただし、このルールは退職者の支出額が常に一定であることを前提にしている。

だが、データはそれを裏づけていない。

支出は、**年齢が上がるにつれて減っていく**のである。

なぜ、年を取るほど支出は減っていくのか？

J.P.モルガン・アセット・マネジメントが米国60万以上の世帯の経済行動を分析したところ、支出が最も多かったのは45〜49歳の世帯で、年齢が上がるにつれて支出は**減っていく**ことがわかった。この傾向は、特に高齢の世帯で顕著だった。

たとえば、「マス富裕層」（投資資産が100万〜200万ドルの世帯）では、年間平均支出は65〜69歳で8万3919ドルだが、75〜79歳だと約15%減の7万1144ドルになる[52]。

米国消費者支出調査のデータ分析でも、米国の平均年間支出額は65〜74歳の世帯で4万4897ドルだが、75歳以上の世帯だと約25%減の3万3740ドルになる。

この支出減の大半は住宅ローンの支払い、衣服代、交通費などが減ることによるものだ。高齢世帯は住宅ローンを完済している率が高く、衣類や車を購入する率も低い。

また、この支出減は同じ世帯内でも見られる。このデータは、現代の75歳以上の世帯が65〜74歳の世帯より支出が少ないだけでなく、同じ世帯でも高齢になるにつれ支出が減っていくことを示している。

退職研究センターも、リタイア世帯の支出行動を経時的に調査し、リタイア後の支出は一般的に年間約1%ずつ減少することを明らかにしている。[53]

この推定が正しいとすると、リタイア1年目の支出が4万ドルだった世帯は、11年目は3万6000ドル、21年目は3万2000ドルで生活することになる。

つまり、4%ルールはリタイア後の支出をひかえめに見積もっている。

データはリタイア後に支出が毎年1%ずつ減っていく可能性が高いことを示しているにもかかわらず、4%ルールは毎年4%（実際にはインフレに対応するため3%）ずつ支出が増えることを前提としている。

このひかえめな見積りが、リタイア生活者に4%ルールが支持されている理由でもある。

とはいえ、毎年資産を取り崩していくことに抵抗を覚える人もいるだろう。

そんな人たちや、30年以上リタイア生活を送りたい人に向いているのが、次に紹介する**「クロスオーバーポイント・ルール」**だ。

〝いつリタイアできるか〟わかる「クロスオーバーポイント・ルール」とは？

「いつリタイアできるか？」を判断するもう一つの方法がある。

毎月の投資収益が毎月の支出を上回る地点を見つけることだ。

ヴィッキー・ロビンとジョー・ドミンゲスは著書『お金か人生か――給料がなくても豊かになれる9ステップ』（岩本正明訳、ダイヤモンド社）の中で、これを「**クロスオーバーポイント**」と呼んでいる。[54]

なぜ、「クロスオーバーポイント」と呼ばれているのか？

毎月の収入が毎月の支出を超える（クロスオーバーする）地点（ポイント）が、経済的な自由を得られるポイントだからだ。クロスオーバーポイント・ルールは年齢を問わず経済的自立の目安になるので、重要な意味を持っている。

たとえば、毎月の支出が4000ドルで、毎月の投資収益が4000ドル以上ある場合、クロスオーバーポイントに到達したことになる。

クロスオーバーポイントを超えるために必要な金額はどのように導けるか？

この金額を「**クロスオーバー資産**」と呼ぶ。次の計算式から始めてみよう。

月次投資収益＝クロスオーバー資産×月次投資収益率

投資資産（クロスオーバー資産）に月次投資収益率を掛けたものが、月次投資収益になる。

また、クロスオーバーポイントでは、毎月の投資収益が毎月の支出と等しくなる。このため、右の式は次のように書き換えられる。

月次支出＝クロスオーバー資産×月次投資収益率

月次支出を月次投資収益率で割ることで、クロスオーバー資産を算出できる。

クロスオーバー資産＝月次支出÷月次投資収益率

この例で月次支出は4000ドル。よってクロスオーバー資産は、4000ドルを、予想される月次投資収益率で割ることで求められる。

投資によって年間3％の利益が得られると予想される場合、3％を12で割れば月次投資収益率が算出できる。

なお、この方法で得られるのはあくまで近似値。正確なパーセンテージを得たい場合は、次の計算式を用いる。「月次投資収益＝（1＋年間投資収益率）＾（1÷12）－1」（「＾」は、「大なり」「小なり」などの不等号の記号ではなく、べき乗の記号。なお、この計算式は高度なものであり、一般の読者が覚えておく必要はない）。

近似値を導くには、この例の場合、以下のようになる。

月次投資収益率＝3％÷12＝0・25％（または0・0025）

毎月の支出を月次投資収益率で割ると（4000ドル÷0・0025）、160万ドルになる。これが、クロスオーバーポイントに到達するために必要な投資資産（クロスオーバー資産）だ。この160万ドルの投資資産は、毎月0・25％（年率3％÷12）のリターン（4000ドル）を生む。この4000ドルがあなたの毎月の収益となる。

これは4％ルールと比べてどうなのか？

4％ルールでは、リタイアするために年間支出の25倍の資産が必要になる。月額支出が4000ドル（年間支出4万8000ドル）なら、120万ドルだ（25×4万80

00ドル）。

これはクロスオーバーポイントで必要なリタイア資産である160万ドルより少ない。ただしこれは、クロスオーバーポイント・ルールの計算では年間収益率を3％に見積もっていたからだ。

年間収益率を4％として見積もると、どちらのルールでも必要資産は120万ドルになる。

4％ルールも、クロスオーバーポイント・ルールも、単純な計算で複雑な問題（リタイアメント）を解くための便利な方法だ。

とはいえ、リタイア後の最大の関心事はお金だけではないかもしれない。

リタイア後にお金より大事なもの

「いつリタイアできるか？」という問いに答えるにあたり、ここまではリタイア後の「経済的側面」に焦点を当ててきた。

しかし、会社勤めをやめたときに本当に心配するのは、お金の問題だけではない場合もある。

ビジネスコンサルタントのアーニー・J・ゼリンスキーは著書『退職して幸せになるためのコツ』(小川彩子訳、オープンナレッジ)で次のように述べている。

「世間一般の考えとは違って、現代の退職者の幸福と満足にはお金以外の様々な要素が影響している。銀行口座に100万ドル、200万ドルの大金があれば幸せな老後生活を送れるわけではないのだ。退職者の大半にとって、心身の健康や豊かな人間関係がなにより大切なのである[55]」

この本は、リタイア後に不安のもとになるのは、お金より人間としての存在の問題だと指摘している。実際私も、あくせく働くことを嫌い、早期リタイアした人たちから同じようなメッセージを聞いたことがある。

たとえば、人気テレビ番組『Shark Tank(シャークタンク)』の司会者で、〝ミスター・ワンダフル〟ことケビン・オレアリーは、36歳で自分の会社を売却してリタイアしたときのことを次のように語っている。

「3年間、リタイア生活を続けたが、とにかく退屈だった。人はお金のためだけに働くのではない。でも、仕事をやめるまでこのことがよくわかっていなかった。私たちは、仕事をするからこそ自分でいられる。仕事を通じて、人と触れ合うことができる。1日を通じて誰かと関わることができる。それはとても面白いことだ。仕事は長生きにも役立つし、脳の健康にもとてもいい。（中略）今度はいつリタイアするかって？　絶対にしない。二度とだ。

人が死んだらどこに行くのかわからない。でも、確実にいえるのは、私はそこでも仕事をするということだ[56]」

最後の冗談の部分はさておき、オレアリーは、仕事の価値がその人のアイデンティティにどれだけ貢献しているかについて重要な点を挙げている。仕事を奪われると、自分の存在価値を見つけにくくなってしまうのだ。

作家のジュリアン・シャピロも、次のように見事にまとめている。

「スタートアップを売却して何百万ドルもの大金を手にした友人が何人かいるが、みな1年後には以前と同じような仕事を始めている。彼らはお金を使っていい家を買い、おいしいものを食べるようになった。でも、それだけだ。それ以外は昔と何も変わっていない[57]」

「FIRE」をお勧めしない理由

ゼリンスキーやオレアリー、シャピロはウソをついているのだろうか？

そうではない。

リタイアは単なる経済的な問題ではなく、**ライフスタイルの問題**だ。

「いつ」リタイアできるかを知るには、「**何のために**」リタイアするのか、よく考えておかなければならない。

リタイア後の時間をどんなふうにすごしたいか？

どのような人づき合いを望んでいるか？

リタイア生活で一番大切なことは？

これらの問いに対し納得のいく答えを導けたら、幸せなリタイアができるだろう。

あいまいな答えしか浮かんでこないなら、せっかくリタイアしても、失望したり、失敗したりしてしまうかもしれない。いくら経済的にうまくいったとしても、心身の健康が満たされていなければ意味がないからだ。

私が「FIRE（financial independence retire early／経済的自立、早期リタイア）ムーブメント」をあまり好きではないのはこのためだ。

確かに、世の中には35歳でラットレースから抜け出し、働かない人生を楽しめる人もいる。だが、それを難しいと感じる（経済的な理由ではなく）人も大勢いる。

たとえばテレンス（仮名）という男性は、リタイアして自由に好きな場所を移動しながら暮らす「FIREノマド」としての生活がどんなものかを、オンライン上でFIREムーブメントについて議論した後、ツイッターを通じて私に説明してくれた。

テレンスは2年前にリタイアし、現在はバケーションレンタルサイトの「エアビーアンドビー」を利用し、1〜3か月単位で世界各地を転々としている。そのライフスタイルは多くの人に華やかでうらやましいと思わせるものだ。

だがテレンスは、「孤独を感じている。たいていの人はこの生活を楽しめないだろう」と言った。

「FIREノマド的なライフスタイルを受け入れるのは、自分はもはや世の中にとって重要な存在ではないと受け入れることである。存在しているのかしていないのかわからない、手応えの感じられない世界で生きていかなければならないのだ[58]」

これは考えようによっては、とても怖いことだ。

ＦＩＲＥをすれば誰もがテレンスのように感じるわけではない。だが、早期リタイアでこのようなデメリットが生じうるのは確かだ。

テレンスのケースは、重要な真実を示している。

お金は多くの問題を解決できる。だが、すべての問題は解決できない。

お金は人生でほしいものを手に入れる道具にすぎない。

そして残念ながら、人生に何を求めているのかを本当に理解するのは簡単ではないのだ。

この章では、人がお金を貯める最大の理由「リタイア」について見てきた。

これで、前半の第1部「貯金力アップ篇」は終わりだ。

次は、後半の第2部「**投資力アップ篇**」に移動しよう。

まず、「**なぜ投資すべきか？**」という根源的問題から一緒に始めてみたい。

第2部

投資力アップ篇

第10章

なぜ投資すべきか？

お金を増やすことが
重要な時代になった
3つの理由

リタイアという概念は、19世紀後半まで存在しなかった。

それ以前は、ほとんどの人が死ぬまで働いていた。老後の黄金時代などなかった。新たな趣味を楽しむ時間も、毎日浜辺をゆっくり散歩するような生活もなかった。

だが、ドイツ国宰相のオットー・フォン・ビスマルク（1815～1898）が世界初となる政府後援のリタイアプログラムを開始したことで、この状況は変わった。70歳の高齢者は、政府から年金を受け取れるようになったのだ。

「なぜそのようなプログラムをつくったのか」と尋ねられ、ビスマルクはこう答えた。

「年齢や障害によって仕事ができなくなった人には、国の支援を受ける正当な権利があるからだ[59]」

ドイツ国の定年は当初70歳で、1916年に65歳に引き下げられた。

ビスマルクの革命的なアイデアに触発され、米国を含む世界中の政府がリタイアプログラムを実施するようになった。

このアイデアが世界に広まったのは、人々の平均寿命がのびたことも影響している。

1851年のイングランドとウェールズでは、70歳以上生きた人は全体の約25％にすぎなかったが、1891年には40%に上昇し、現在では90%に達している。米国や他の先進国でも同時期に同様の増加が見られた。[60]

この世界的な寿命の大幅なのびが、現在のリタイアという概念が生まれるきっかけになった。それと同時に、投資や資産形成への需要が増加した。

それ以前の平均寿命が短く、みんな死ぬまで働いていた時代には、老後という概念そのものがなかったので、投資をする必要もなかった。

しかし、過去150年間の健康と医療の進歩によって、状況は一変した。

現代には、投資すべき確固たる理由がある。

ここでは、私たちが今すぐ投資をすべき3つの理由について説明する。

1　老後に備えるため

2　インフレから資産を守るため

3　「人的資本」を「金融資本」に置き換えるため

なぜ、この3つがパーソナルファイナンスにとって重要なのか、一つずつ見ていこう。

【投資すべき理由1】老後に備えるため

前述したように、自分の将来のために貯金することは、投資すべき第一の理由になる。誰でもいつかは働けなくなるか、働きたくなくなる日がくる。だから老後資金をつくるために投資するのだ。

年老いた自分の姿を想像するのは難しい。まるで他人のように感じられるかもしれない。「今と同じような感覚のまま老いていくのか、それとも別人のようになるのか？」「老人になったとき、それまでのどんな経験が自分に大きな影響を及ぼしているのだろうか？」「私は老人としてうまく生きていけるのだろうか？」

そんな疑問を思い浮かべる人もいるだろう。

だが、現在の自分とどれだけ違っていようと、未来の自分について考えるのは、投資行動の改善に大きな効果があることが研究によって明らかになっている。

ある実験で、被験者グループにコンピュータで作成した自分自身の「老後の想像写真」を見てもらい、それがリタイア資金の計画にどう影響するかを調べた。

その結果、大きな効果があることがわかった。

老いた自分のイメージ写真を見た人は、見なかった人より、（平均して）給料を約2％多く老後資産に振り分けていた。[61]

リアルな自分の老後の姿を見ると、長期的な投資行動が促されやすくなるのだ。

貯蓄行動に最大の影響を与えた動機を調べた他の研究でも、同様の結論に達している。貯蓄の動機として「緊急時への備え」以外に「老後のため」を挙げた人は、そうでない人に比べ定期的に貯蓄している傾向が高かった。[62]

つまり、「子どものため」「休暇のため」「住宅購入のため」といった他の目標より、「老後のため」という目標のほうが人々を貯蓄に駆り立てていたのだ。

所得などの標準的な社会経済指標を調整しても、この結果は変わらなかった。

第3章で見たように、所得は貯蓄率を大きく左右する。

だがこの研究は、収入の多寡にかかわらず、老後を貯蓄の動機にすると、お金を貯めやすくなることを示唆している。

つまり貯金や投資の額を増やしたいなら、「自分のため」（特に、自分の老後のため）というある意味自分勝手な動機を利用するといい。とはいえ、投資する理由は他にもある。

それは、ただお金を持っているだけでは不利になる現実を避けるためだ。

【投資すべき理由2】インフレから資産を守るため

かつてコメディアンのヘニー・ヤングマン（1906〜1998）はこう言った。

「米国人は強くなっている。20年前、10ドル相当の食料を運ぶには大人2人が必要だった。今では5歳児でもできる」

ヤングマンは、米国の若者が力持ちになったと言ったのではない。米ドルの価値が下がったと言ったのだ。

このジョークは、インフレ、つまり長期的な物価上昇がなぜ避けられないかを浮き彫りにしている。

インフレは、ある通貨を使う人全員が払わなければならない、**目に見えない税金**といえる。

誰もが気づかないうちにこの「税金」を納めているのだ。

年々食料品価格は高くなり、住宅や車の維持費も、子どもの教育費も上がっていく。

一方、給料はこうした物価の上昇に見合うだけ増えているだろうか？

図表14　インフレによりどのくらいでお金の価値が“半減”するか

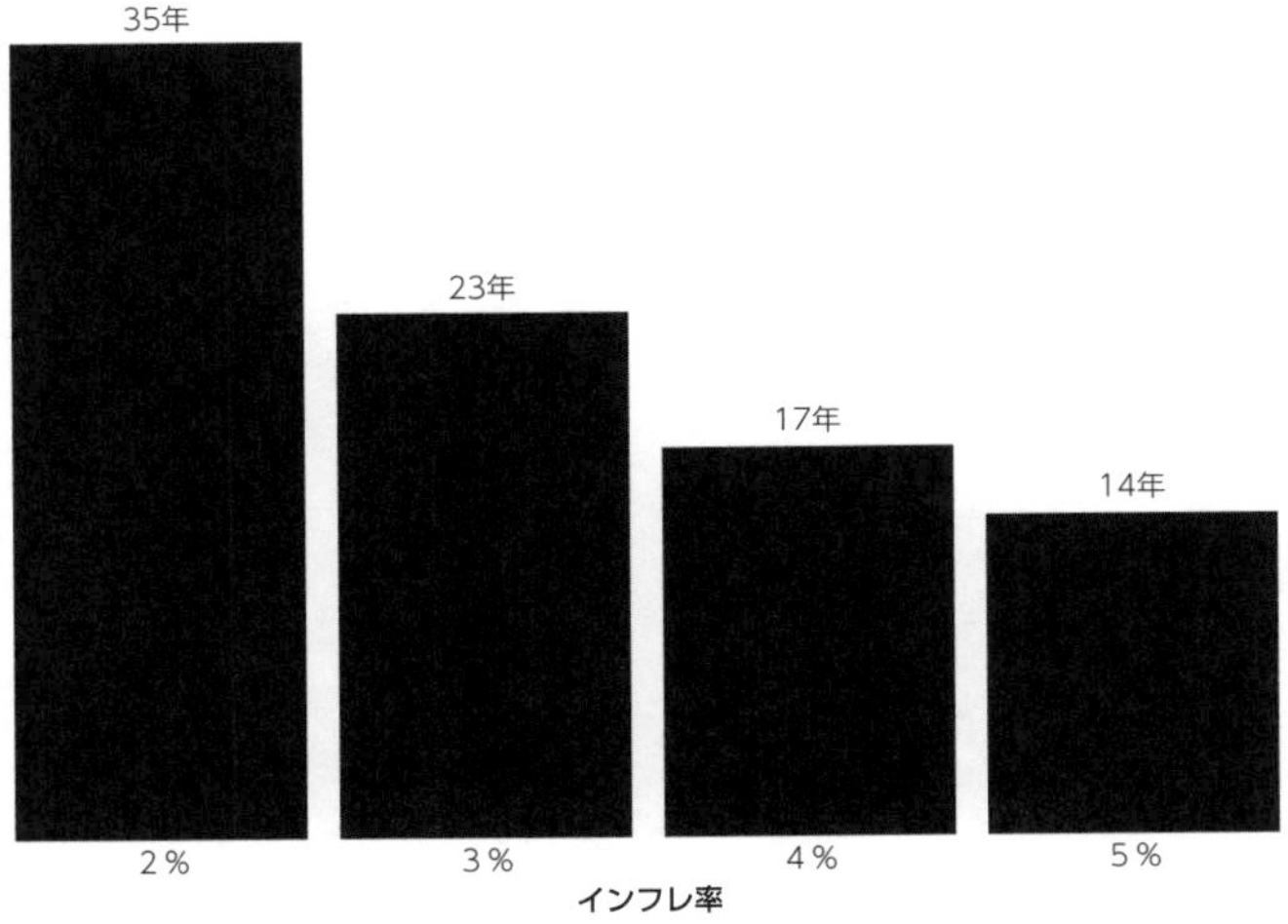

そうだという人もいれば、そうではないという人もいるだろう。

いずれにしても、インフレが私たちの生活を脅かし続けるという現実は止まらない。

インフレの影響は短期的には小さいが、**長期的にはかなり大きく**なる。

図表14にあるように、インフレが年率2%だと、お金の価値（購買力）は35年で半減する。インフレ率が年率5%だと、購買力は14年で半減する。

つまり、物価上昇率が比較的緩やかな水準でも、生活必需品の価格は20～30年ごとに2倍になる。インフレ率が高ければ、この期間はさらに短縮される。

第1次世界大戦後のドイツのワイマー

ル共和国では、極端なインフレ（ハイパーインフレ）が発生した。ある期間ではインフレ率が極めて高くなり、1日のうちにものの価格が上がることも珍しくなかった。

ジャーナリストのアダム・ファーガソンは著書『ハイパーインフレの悪夢——ドイツ「国家破綻の歴史」は警告する』（黒輪篤嗣＋桐谷知未訳、池上彰解説、新潮社）の中で次のように述べている。

「レストランで食事をすると、支払時に注文時より価格が上がっていたという話すらある。[5] 000マルクのコーヒーが、飲み終える頃には8000マルクになっているのだ」

このような状況は稀にしか起こらないものの、このエピソードはインフレ率が極端に上がった場合に生じうる悪影響の実態を克明に描いている。

しかし、インフレに対抗する効果的な方法がある——そう、投資だ。

投資資産は時間が経過しても価値を保ち、増やすことができるため、インフレの影響を打ち消せるのだ。

たとえば、1926年1月から2020年12月にかけて1ドルを保有するとしよう。

インフレに対抗するには、この1ドルを15ドルに増やさなければならない。

米国債や米国株にこの1ドルを投資した場合、インフレの影響を打ち消せるだろうか？簡単にできる。

1926年に1ドルを長期の米国債に投資した場合、2020年末には200ドルになっている（インフレ率の13倍）。

同じく、1ドルを米国株全体に投資していたら、2020年末にはなんと1万937ドル（インフレ率の729倍）になっている！

このように、投資にはインフレの影響に負けずに資産を維持し、成長させる力がある。これは、特に退職者にとっては重要だ。

なぜなら、現役世代とは異なりインフレの恩恵を受けて高い賃金を得ることができず、インフレのために上昇していく物価に合わせてお金を使っていかざるをえないからだ。

労働収入のない退職者にとって、**インフレに対抗する唯一の武器は投資資産を増やすこと**。リタイアが近い人は、特に留意すべきだ。

現金保有にもそれなりのメリットはあるが（緊急時に対処しやすい、短期的にリスクを抑えられる等）、長期的にはインフレの影響をもろに被《かぶ》ってしまう。

インフレの影響を最小限に抑えたい場合は、**生活防衛資金以外のお金はすぐにでも投資に回すべき**だ。

それでもまだ投資をする気にならない人は、時間との戦いについてじっくり考えてみよう。

【投資すべき理由3】「人的資本」を「金融資本」に置き換えるため

投資すべき最後の理由は、「人的資本」を「金融資本」に置き換えるためだ。

第3章では、人的資本を「あなたの技能、知識、時間の価値」と定義した。技能や知識は人生を通じて向上する。だが、時間は減っていく。そのため、人的資本は結局、時間の経過とともに減っていくことになる。この人的資本の減少に抗うための唯一の手段が投資だ。

投資は、縮小する人的資本を、富を生み出す金融資本に変えられる。

金融資本は、将来にわたってあなたの代わりにお金を生み続けてくれるのだ。

あなたの現在価値はいくら？

人的資本を金融資本に変える具体的な方法に触れる前に、まず現在の人的資本の価値を把握しておこう。

これは、将来の収入の「現在価値」を概算することで導ける。

現在価値とは、将来得られると想定される収入額を、現在の価値に置き換えたものだ。たとえば、銀行の金利が年率1％の場合、100ドルの預金は1年後に101ドルに増える。この論理を逆に適用すれば、1年後の101ドルには100ドルの現在価値があるといえる。

この場合、将来の101ドルを1％の利率で割り引くことで現在価値が算出されている。これは一般に「割引率」と呼ばれる。たとえば、人身傷害によって働けなくなった人の収入の損失額を評価する場合、弁護士は1～3％の割引率を適用して計算する。

したがって、将来に得られるはずの収入と割引率がわかっていれば、その収入にどれだけの現在価値があるかを計算できる。

たとえば、あなたが年収5万ドルでこれから40年働くとすると、今後の生涯収入は200万ドルになる。だが割引率を3％と仮定すると、その現在価値は約120万ドルになる。これは、あなたの人的資本に120万ドルの価値があるということだ。

この見積りが正しいとすれば、あなたは現在120万ドルあれば、これから一生働かなくてもいいことになる。その120万ドルを運用すれば、今後の生涯収入と同じ額を手に入れられるからだ。

つまり、120万ドルを年利回り3％で運用すれば、資産を枯渇させることなく、40年間、毎年5万ドルを引き出せる。

そう、投資によって1年間に得られる5万ドルは、働き続けた場合の年収5万ドルと同額だ。**人的資本と金融資本が交換可能**とみなせるというのはこういうことだ。この視点はとても重要だ。

なぜなら、人的資本は減っていく資産だからだ。1年間働くと、人的資本の現在価値は下がる。将来の収入が1年分減るからだ。つまり、同額の収入（年金等を除く）を永続的に手に入れ続ける唯一の方法は、金融資本を構築することなのである。

最も説得力があるのに、最も見逃されている「投資の本質」とは？

毎年、人的資本の現在価値が減り、それを補うように金融資本が増えていくのを視覚的に確認してみよう。

図表15は、40年間ずっと年収5万ドルを稼ぎ、収入の15％を投資して、年率6％のリターンを得た場合の例を示している。

図表15　年齢が上がるに合わせ、「人的資本」を「金融資本」に置き換えていこう

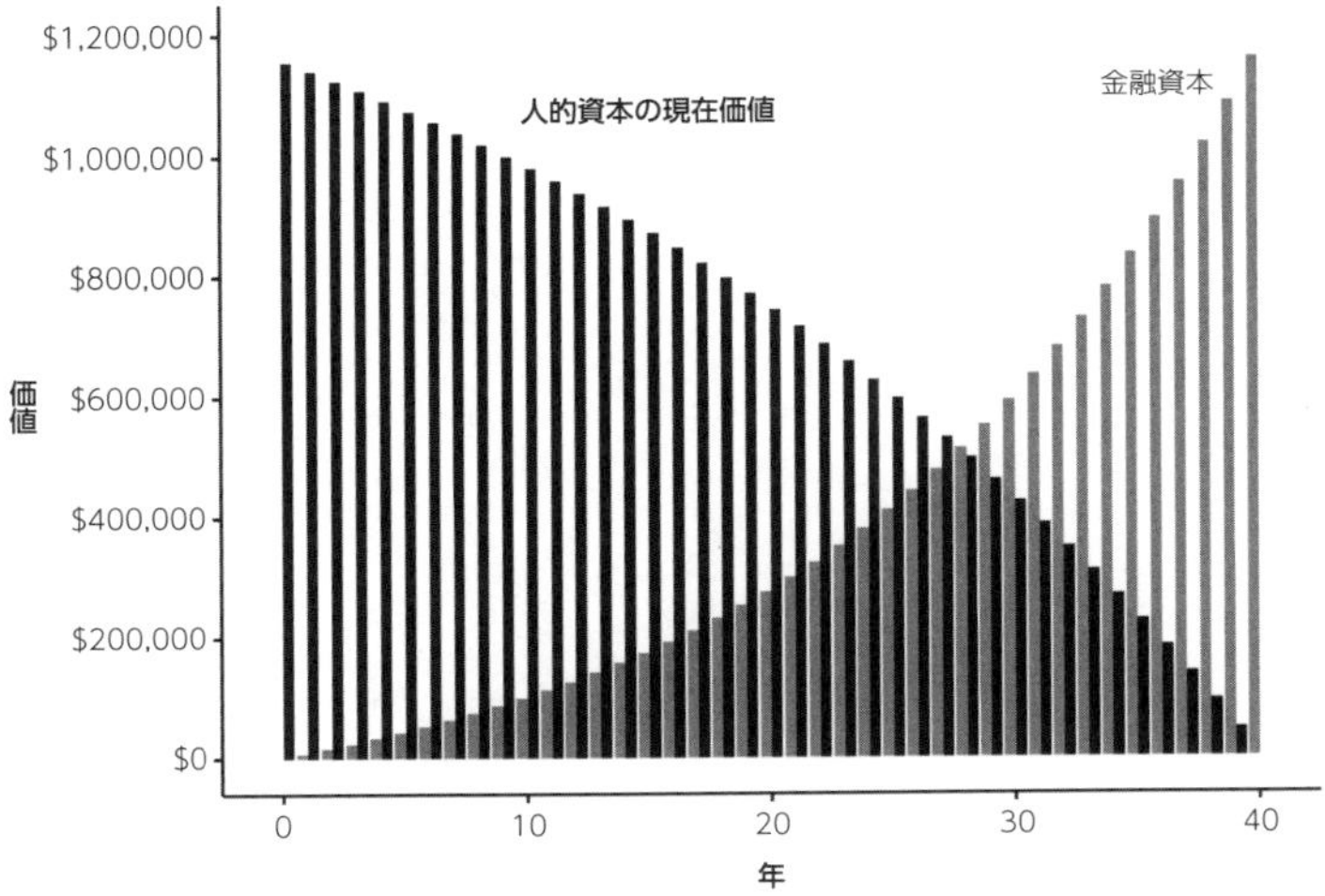

これを見れば、毎年、働いて得たお金の一部を金融資本に変えるべきなのがわかるだろう。

この視点があると、お金を、ものやサービスのために使うだけでなく、「さらにお金を生み出すため」にも使えると思えるはずだ。

つまり、**投資とは、自分が働かなくなっても代わりにお金を生み出し続けてくれる金融資産をつくること**なのだ。

あなたが「9時5時」の仕事をやめても、お金は自動的に働き続ける。

これは、「なぜ投資すべきか」という理由の中で最も説得力があるのに、**最も見逃されていること**なのかもしれない。

今すぐ「人的資本」を「金融資本」に変えよう

現役時代に数百万ドルの年収を稼いでいながら、引退後に破産してしまうプロスポーツ選手は多い。

引退後も贅沢な暮らしを続けようとするが、人的資本を金融資本に変えなかったために収入がなくなり、お金が底をついてしまうのだ。生涯収入の大部分を数年間で稼ぐスポーツ選手の場合、収入の一部を投資に回すのは普通の会社員より重要であるにもかかわらず。

どのような働き方をしているにせよ、**年齢が上がるとともにお金を稼ぐ力は衰えていく**と自覚すると、投資へのモチベーションになる。

本章では、投資すべき理由を見てきた。

次章では、「**何に投資すべきか?**」を考えてみよう。

第11章

何に投資すべきか？

「富への唯一絶対の道」は存在しない

本気で自動的に富を増やし続けたい人へ

世間ではあまり名前を知られていないかもしれないが、ウォーリー・ジェイ（1917〜2011）は米国柔道界史上屈指の指導者とされている。

もともと柔術の選手だったため、柔道の公式戦への出場経験がないにもかかわらず、柔道や他の格闘技のチャンピオンを数多く輩出した。

ジェイには「指導者は自分の考えを選手に押しつけてはいけない」という信条がある。

「指導者の最大の間違いは、自分が現役時代に技術を身につけたのと同じ方法を選手全員にやらせようとすることだ。

ある指導者から、〝私の選手たちはみな、現役時代の私と同じように闘う〟と言われたことがある。だが、その指導者の選手たちは、誰一人として私の選手たちに歯が立たなかった。その指導者には、個々の選手に合った指導をすべきだとアドバイスした[63]」

「ある人には役に立つものでも、他の人には必ずしも役に立たない」というこのジェイの哲学は、柔道だけでなく投資にも当てはまる。

だが、投資の世界ではジェイと同じようなアドバイスはめったに耳にしない。その代わりにあふれているのが、「お金を増やす唯一の方法を知っている」というこの世界の有名人のアドバイスだ。

でも、実際には富を築く方法はいくつもある。勝つ方法はたくさんあるのだ。そのため、自分に合ったものを見つけるために様々な方法を検討する必要がある。お金持ちになりたければ、**多様な収入源となる投資資産を買い続けるべきだ**と私が推奨しているのもそのためだ。本書のメッセージの中心にあるのはこの考え方だ。

難しいのは、どの投資資産を保有するかを決めることだ。

投資ポートフォリオを株式と債券だけにしている人は多いが、私は彼らを責めたりはしない。この2つは王道というべき資産クラス（投資資産）だからだ。

とはいえ、株式と債券は数ある資産クラスの一部にすぎない。

本気で富を増やし続けたいなら、まずはあらゆる投資対象を検討すべきだ。

そこで本章では、代表的な資産クラスを紹介する。各投資資産の概要、長所と短所、具体的な投資方法について説明する。

置かれている状況は人それぞれだ。このリストを叩き台にして、自分にふさわしい資産とは何かを検討してほしい。人によっては、このリスト以外の資産クラスが最適という場合もあるだろう。

私自身は、これらの資産クラスのうち4つしか保有したことがない。それ以外のものは、自分にはふさわしくないと判断した。

ポートフォリオに加えたり外したりする前に、各資産クラスを十分検討しよう。

なお、これから始める資産クラスの説明は、米国での場合を前提にしている。読者の住んでいる国や地域によっては細かな部分が当てはまらない場合もあるかもしれないが、原則としてこれらの資産クラスにどんなメリット、デメリットがあるかは理解してもらえるはずだ。

それでは、まず私の一番のお気に入りの資産クラスから見ていこう。

お気に入り資産クラス1位の株式に投資すべき／すべきでない理由

もし私が資産クラスを一つしか選べないとすれば、間違いなく**株式**を選ぶ。

長期的に見て、株式（企業が資金調達のために発行している証券）ほど富を生み出す方法として信頼できるものはないからだ。

経済学者のジェレミー・シーゲルが著書『株式投資――長期投資で成功するための完全

ガイド』（林康史＋藤野隆太監訳、石川由美子＋鍋井里依＋宮川修子訳、日経ＢＰ）で述べているように、「過去２０４年間での米国株の実質リターンは平均で年率６・８％」である。[64]

もちろん、米国株式市場は過去数世紀間、大きな成長を遂げてきた。

だが、インフレ調整後のリターン（実質リターン）が長期的に大きくプラスになっている市場は世界各地にある。

たとえば、経済学者のエルロイ・ディムソン、ポール・マーシュ、マイク・ストーントンら（いずれも『証券市場の真実——１０１年間の目撃録』の著者、山田香織＋小澤光浩＋田口智也訳、東洋経済新報社）が世界16か国の株式市場の１９００年から２００６年におけるリターンを分析した結果、**すべての国で長期的にプラスの実質リターン**が見られた。最下位はベルギーの平均で年率２・７％、トップはスウェーデンの平均で年率８％だ。

米国は、世界全体の株式市場の中でどの位置にいるのか？

答えは、上位25％だ。

米国のリターンは世界平均を上回っているが、南アフリカやオーストラリア、スウェーデンの後塵を拝している。[65]

米国の株式のリターンは非常に優れてはいるが、世界の中でずば抜けた存在ではないということだ。

重要なのは、ディムソンらの分析は、2度の世界大戦と大恐慌という人類史上でもとりわけ波乱に満ちた出来事が起きた20世紀を対象にしていることだ。にもかかわらず、世界の株式は（全体として）長期的にプラスの実質リターンをもたらしている。

『富・戦争・叡知――株の先見力に学べ』（望月衛訳、日本経済新聞出版）の著者であるバートン・ビッグスも、数世紀にわたって資産を保有するのに最適な資産クラスを分析し、「流動性を考慮すると、株式は資産の大部分を保有するのに最適な資産クラスであるといわざるをえない」と同様の結論に達している。[66]

もちろん、20世紀に見られる世界的な株の上昇傾向が今後も続くとは限らない。だが、私は**間違いなく続くと確信**している。

株式を保有することには、継続的なメンテナンスが不要であるという利点もある。株を持つということはその企業の一部を保有することだが、企業を経営するのは他の誰か（その企業の経営陣）であり、あなたは何もする必要はない。リターンを受け取ればいいだけだ。

とはいえ株式にもデメリットはある。たとえば、株式は気の弱い人には向いていないかもしれない。

過去のデータを見ると、100年の間に50％以上の暴落が2回、30％の暴落が4～5年に1回、2年に1回以上10％の下落があることを予期しておかなければならない。

このように株式は変動性（ボラティリティ）が高いため、相場が乱高下している時期に保有し続けるのは容易ではない。10年分の成果が数日で消えてしまうのを見ると、ベテラン投資家さえ胸が張り裂けそうになる。

このような不安に対処する最善策は、**長期的に投資**することだ。

長期投資をしたからといってリターンが保証されるわけではない。だが、十分な時間があれば、株式の周期的な下落を補うことができると歴史は示している。**時間は株式投資家の味方**なのだ。

賢い株の買い方

個別銘柄も購入できるし、インデックスファンドやETFを購入することもできる。

たとえば、S&P500インデックスファンドであれば米国の株式、トータル・ワールド・ストック・インデックスファンドであれば全世界の株式を幅広く取得できる。

私は個別銘柄より**インデックスファンドやETF**を好む。インデックスファンドなら、**安価な分散投資が簡単にできる**からだ。

インデックスファンドで株式だけを保有するにしても、どの銘柄を保有すべきかは意見が分かれる。

規模を重視すべきだという意見（小型株）もあれば、企業価値評価（バリュエーション）を重視すべきだという意見（バリュー株）もあるし、価格動向を重視すべきだという意見（モメンタム株）もある。

「富を築く確実な方法は、高額配当金が出る株式を保有することだ」という意見もある。配当金とは、企業の利益を株主に還元するものだ。

たとえば、あなたがある企業の株式の5％を保有していて、その企業が合計100万ドルの配当金を出した場合、あなたは5万ドルを受け取ることになる。

どのような戦略を選択するにせよ、株式はある程度幅広く持っておくことが重要だ。

私は個人的に、**米国株、先進国株、新興国株の3つをETF**で保有している。

また、**バリュー株**にも少額投資している。

これは株式投資の最適な方法なのか？

答えは誰にもわからない。しかし、これは私にとってはうまくいっているし、長期的に見てもよい結果が得られると考えている。

株式のまとめ

- 平均年間収益率：8〜10%
- 長所：歴史的に見て高リターンが期待できる。保有と売買が容易。メンテナンスがほぼ不要（他の人がビジネスを運営してくれるため）
- 短所：変動性（ボラティリティ）が高い。企業価値評価（バリュエーション）が企業の経営状態に関する各種の指標（ファンダメンタルズ）ではなく市場心理（センチメント）によって急速に変化することがある

債券は「リスク資産」でなく「分散資産」

値動きの激しい株式を検討した後は、はるかに落ち着いた債券の世界を見てみよう。

債券とは、国や企業などが投資家から資金を借りるために発行する有価証券のこと。満期になると額面が払い戻される。

債券では、満期時に元本を返す前に、定期的に利子（クーポン）が支払われるものが多い。毎年の利子を債券価格で割ったものを「**利回り**」と呼ぶ。

たとえば、1000ドルで債券を買い、年間100ドルの利子を得た場合、利回りは10%（100ドル÷1000ドル）となる。

債券の発行体は企業や政府など様々だが、米国の投資家が債券について議論するときは、たいてい米国債を指している。米国債とは、米国政府が発行している債券だ。米国債には様々な満期があり、期間の長さに応じて次のような名称がある。

- **短期国債**（満期：1〜12か月）
- **中長期国債**（満期：2〜10年）
- **超長期国債**（満期：10〜30年）

これらの満期別米国債の支払金利は、ウェブサイト（treasury.gov）で確認できる。[67]米国債の他に、外国債、社債（企業が発行体）、地方債（地方自治体・州政府が発行体）も購入できる。

これらの債券は一般的に米国債より利子が高いが、リスクも高い。なぜか？

米国財務省は地球上で最も信用力のある借り手だからだ。

米国政府は負債分のドル紙幣を自由に印刷して返済に充てることができるので、米国政府にお金を貸した人は元金を取り戻すことが事実上保証されている。これは外国政府や地方自治体、企業など、債務不履行に陥る可能性のある発行体には必ずしも当てはまらない。そのため、私は**米国債と一部の非課税地方債**にしか投資しない。

リスクを取りたいときは、高リスクの債券ではなく、高リスクの他の資産クラスに投資する。債券はリスク資産ではなく、分散資産として扱うべきと考えているからだ。

ただし、特に2008年以降の米国債の利回りの低さを考えれば、高利回りで高リスクの債券を保有したいという気持ちもわかる。

だが、重要なのは利回りだけではない――投資家にとって重要な債券の側面は他にもある。

債券に投資すべき／すべきでない理由

私は債券をお勧めする。理由は、次のような特徴があるからだ。

1　株式（や他のリスク資産）の価値が下がると、債券の価値が上がる傾向がある

2　他の資産に比べ収入源として安定している

市場が急落し、他の資産クラスが軒並み値下がりしたときも、債券だけは値上がりしやすくなる。

これは、投資家が高リスク資産を売却して債券を買いに走る「安全への逃避」と呼ばれる現象が起こるからだ。つまり、債券は市況が最悪のときに、ポートフォリオの「安全装置」の役割を担える。

同様に、債券は安定しているため、長期的に一定の収入を得やすい。

米国政府は自由にドル紙幣を印刷できる（そのお金で債券保有者に返済できる）ので、債券購入後に価格が下がるリスクは少ない。

3 ポートフォリオの定期的な見直し（リバランス）や損失を埋め合わせる際に流動性を確保できる

最後に、債券価格は市場が暴落しても安定しているので、ポートフォリオのリバランスや損失の埋め合わせで現金が必要になった場合、流動性を確保するのにも適している。

もし金融危機が起こって職を失った場合、この困難を乗り切るには、ポートフォリオの中でも市況に左右されにくい債券が大きな助けになる。債券を売って、現金を生み出せるからだ。

図表16　債券の多いポートフォリオは暴落の影響が少なかった（2020年1月1日～4月28日）

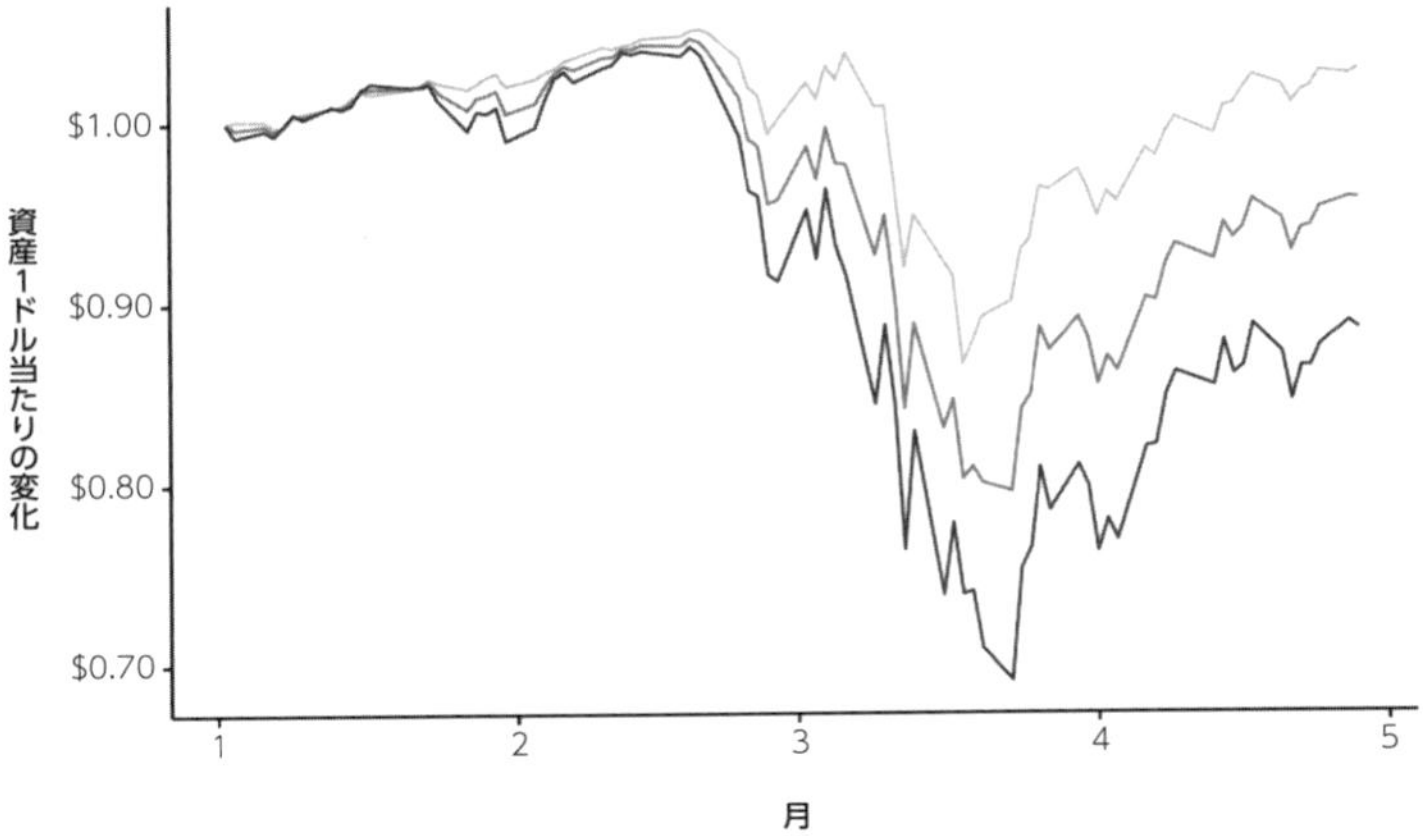

債券がいかにポートフォリオの安定化に役立つかは、2020年前半の新型コロナウイルスによる市場暴落が様々なポートフォリオにどんな影響を与えていたかを見るとよくわかる。**図表16**のように、債券（米国債）の多いポートフォリオは影響が少なかった。

ここでは、株式60%／債券40%と株式80%／債券20%のポートフォリオはいずれも、2020年3月のS&P500のみ（株式100%）のポートフォリオより減少幅が少なかった。

さらに、債券比率が高く、暴落時にリバランスした投資家は、その後の回復期にさらに大きな利益を得ている。

実は、私も運よくポートフォリオをリ

バランスできた。

ちょうど市場が底を打った2020年3月23日に債券の一部を売り、株を買ったのだ。このタイミングで債券を売って株を買えたのは完全な幸運だった。だが、それができたのは債券を持っていたからだ。だからこそ、その一部を売って株式にリバランスすることができたのだ。

債券を保有する大きなマイナス面があるとすれば、株式や他のリスク資産よりはるかにリターンが低いことだ。これは特に、2008〜2020年のように利回りが低い場合に当てはまる。このような状況下では、債券のリターンはインフレを考慮すると、ゼロまたはマイナスになることもある。

債券の買い方

個別銘柄を買うこともできるが、**債券インデックスファンドや債券ETF**を買うほうがはるかに簡単なのでお勧めだ。

個別の債券と債券ファンドに運用のパフォーマンスの差があるかどうかについては過去に議論があったが、実際には差はない。

ＡＱＲキャピタル・マネジメントの共同創設者であるクリフ・アスネスは、２０１４年に『ファイナンシャル・アナリスト・ジャーナル』誌でこの説を徹底的に否定している。[68] どのような方法で購入するかにかかわらず、債券はポートフォリオにおいて単なる収入だけではない重要な役割を果たすことができる。投資界にはこんな格言もある――。

「株はよく**食べる**ため、債券はよく**眠る**ために買え」

債券のまとめ

・平均年間収益率：2〜4％（利回りが低い時期では0％近くになることもある）
・長所：変動性が低い。リバランスに適している。元本割れしにくい
・短所：リターンが低い（特にインフレ調整後）。低利回りの環境では収益が少ない

不動産物件に投資すべき／すべきでない理由

不動産は、株式や債券に次いで人気のある資産クラスの一つだ。

不動産物件には、自分で使えるというメリットもある。また、使わないときは他人に貸し出せば収入が得られる。

物件をうまく管理すれば、長期的な価格上昇を享受しながら、他人（借主）に住宅ローンの支払いを手伝ってもらえる。

また、物件購入時に資金を借り入れることができれば、レバレッジによって収益を大きくできる。ただし、レバレッジを用いる場合は、物件の価格変動に伴うリスクの度合が高まる。

たとえば、50万ドルの物件を自己資金10万ドル、借入金40万ドルで購入し、1年後に物件の資産価値が20％上がって60万ドルになったとする。ここで物件を売却して借入金40万ドルを返済すれば、手元に20万ドル残る。レバレッジをかけたことによって、物件価格は20％（40万ドル→60万ドル）しか上がっていないのに、100％、すなわち2倍のリターン（10万ドル→20万ドル）が得られたことになる。

あまりにもうまい話に聞こえるかもしれない。実際、そのとおりだ。

だが、物件価格が下落した場合、レバレッジは不利に働く。

たとえば、先ほどの物件価格が50万ドルから40万ドルに下がった場合、この時点で物件を売却すると、50万ドル（自己資金10万ドル＋借入金40万ドル）投資して手元に40万ドルしか残らないので、自己資金分の10万ドルは消えてしまうことになる。物件価格が20%（50万ドル→40万ドル）下がっただけで、自己投資分の資金が100%減ってしまったのだ（10万ドル→ゼロ）。

とはいえ、不動産物件の価値が大幅に下落するのは稀なため、通常、レバレッジは不動産投資家にメリットをもたらす。

不動産物件の所有には多くの経済的メリットがあるが、購入すれば後は放っておける他の投資資産とは異なり、多くの手間がかかるというデメリットもある。

不動産投資では、人（借主）との交渉や、賃貸サイトへの物件情報の掲載、見込客に物件を魅力的に見せるための労力、定期的なメンテナンスなどが必要になる。

同時に、負債を抱えることで生じるストレスにも対処しなければならない。

これらの問題を乗り越えられれば（特に、購入資金の大半を借り入れている場合）、不動産投資は大きなメリットをもたらしうる。

だが、不測の事態が起きると痛い目に遭うこともある。

たとえば、新型コロナウイルスの大流行による行動制限の影響で、バケーションレンタルサイトの「エアビーアンドビー」を利用して民泊事業を営んでいた起業家は大損失を被った。不動産投資にはこうした難しい側面がある。

不動産投資は、株式や債券より多くの収益が得られる可能性もあるが、手間もかかる。

また、個々の不動産物件を購入するのは、投資資産が分散されていないという点で、個別株を買うのに似ている。

ある物件を買うと、それにまつわる全リスクを引き受けることになる。

不動産市場全体が好調でも、その物件に根本的な瑕疵《かし》があったり、コストがかかりすぎたりすると、悪い結果を招く可能性があるのだ。

不動産投資の場合、分散投資できるほど多くの物件を所有するのは難しい。そのため、個別の物件が抱えるリスクは大きな問題となる。

それでも、投資資産を自分の意図に沿って管理したい人や、モノとしての確かな存在感のある「有形資産」としての不動産物件を保有するのを好む人は、不動産物件のみで資産を保有するのではなく、ポートフォリオの一部として不動産投資することを検討するといいだろう。

投資用不動産物件の買い方

投資用不動産物件は、不動産業者を経由するか、売主本人と直接交渉して購入するのが一般的だ。手続きはやや複雑なので、事前にしっかり調査することをお勧めする。

不動産投資のまとめ

- 平均年間収益率：12〜15％（その地域の賃貸相場による）
- 長所：レバレッジを使うと、他の投資資産より高いリターンが期待できる
- 短所：物件やテナントの管理が面倒。分散投資が難しい

不動産投資信託（REIT／リート）に投資すべき／すべきでない理由

不動産は所有したいが自分で管理するのは嫌という人に向いているのが、不動産投資信託（以下、REIT）だ。

REITとは、不動産の所有・管理によって得られた収益を所有者に分配するビジネスのこと。

REITは課税所得の90％以上を株主への配当にすることが法的に義務づけられているため、収益資産として非常に信頼性が高い。

ＲＥＩＴには様々な形態がある。集合住宅、学生用アパート、プレハブ住宅、戸建住宅を保有できる住宅ＲＥＩＴや、ビル、倉庫、小売スペース、他の商業用不動産を保有できる商業用ＲＥＩＴなどがある。

ＲＥＩＴは、上場ＲＥＩＴ、私募ＲＥＩＴ、非上場ＲＥＩＴなど大きく3つに分類できる。

・上場ＲＥＩＴ：他の公開会社と同様に証券取引所で取引され、一般投資家も利用できる

1　幅広い株式インデックスファンドを所有している人は、すでにある程度の上場ＲＥＩＴを所有している場合がある。そのため、不動産の割合をさらに増やしたい人は、上場ＲＥＩＴを購入するといいだろう

2　個別の上場ＲＥＩＴではなく、幅広いＲＥＩＴが対象となる「上場ＲＥＩＴインデックスファンド」を購入することもできる

・私募ＲＥＩＴ：証券取引所では取引されず、一定の条件（純資産100万ドル以上または過去3年間の平均年収20万ドル以上）**を満たした適格投資家のみ取引できる**

1　ブローカーが必要なため、手数料が高くなる場合がある

2　規制当局の監視が緩い
3　保有期間が長くなるため、資産の流動性が低い
4　上場ＲＥＩＴより高リターンになる可能性がある

・非上場ＲＥＩＴ：証券取引所では取引されていないが、クラウドソーシングを通じて一般投資家が利用できる

1　私募ＲＥＩＴより規制当局の監視が強い
2　最低投資額がある
3　保有時間が長くなるため、流動性が低い
4　上場ＲＥＩＴより高リターンになる可能性がある

私自身は上場ＲＥＩＴ／ＥＴＦにしか投資したことがないが、非上場ＲＥＩＴは長期的なリターンが見込める優れた投資先といえるだろう。

どのような形態のＲＥＩＴでも、一般的には株式のようなリターン（あるいはそれ以上）が得られ、好況時の株式との相関は低い（０・５〜０・７）。つまり、ＲＥＩＴは株式市況がよくないときでも、よいリターンを得られることがある。

しかし、他のリスク資産と同様、上場ＲＥＩＴは株式市場が暴落したときは、その影響をもろに受けやすい。したがって、市況が悪化しているときにＲＥＩＴによる分散投資効果は期待しないほうがいい。

ＲＥＩＴへの投資法

前述したように、上場ＲＥＩＴはオンラインの証券取引プラットフォームから、私募ＲＥＩＴや非上場ＲＥＩＴはクラウドソーシング・サイトから投資できる。

私は上場ＲＥＩＴが好きだ。その理由は、単純に流動性が高いからだ（つまり、売買しやすい）。だが、私募ＲＥＩＴや非上場ＲＥＩＴを投資のオプションとして加えることでメリットが得られることもあるだろう。

ＲＥＩＴのまとめ

- 平均年間収益率：10～12％
- 長所：自分の手で物件を管理せずに不動産を保有できる。株価との相関が低い

・短所：株式以上のボラティリティがある。非上場ＲＥＩＴは流動性が低い。市況暴落時の株式などのリスク資産との相関が高い

農地に投資すべき／すべきでない理由

日本人にはあまりなじみがないかもしれないが、農地は、歴史を通じて大きな富を生み出してきた資産クラスである。

今日、農地に投資する大きな理由は、株式や債券のリターンとの相関が低いことである。農業は、金融市場の変動に影響を受けにくい。

また、農地は株式よりもボラティリティが低い。土地の価値は時間の経過とともにあまり変化しないからだ。

農地の生産性が企業の生産性より安定していることも、株式と比べて農地の全体的なボラティリティが低い大きな理由となっている。

さらに、農地は全般的な価格動向とともに価値が上昇する傾向があるため、インフレ対策の効果もある。そのリスク特性（そこそこのリターンと低いボラティリティ）のため、農地は個別株や債券と異なり、価値がゼロになる可能性は低い。ただしもちろん、気候変動の影

響によって将来どうなるかはわからない。

農地からはどのようなリターンが期待できるだろうか。

農地投資の企業を経営するジェイ・ジロットが金融業界の専門家テッド・セイデスのインタビューで述べたところによると、農地は「一桁台後半」の収益を上げるようモデル化されている。収益の約半分は農場での収穫から、半分は土地の評価から得られる。[69]

農地への投資法

個々の農地を購入するのは簡単ではない。投資家が農地を所有する一般的な方法は、上場REITやクラウドソーシングによるソリューションを通じてである。

クラウドソーシング型ソリューションは、どの農地を投資対象にするかを選びやすいという利点がある。

一方、クラウドソーシング型ソリューションの欠点は、通常は適格投資家（純資産100万ドル以上または過去3年間の平均年収20万ドル以上）しか利用できないことだ。

また、これらのクラウドソーシング型プラットフォームの手数料は、他の投資プラットフォームより高い場合がある。

取引に必要な手間を考えれば、この手数料は法外だとはいえないかもしれない。だが、手数料を取られるのが嫌な人は留意しておこう。

農地のまとめ

- 平均年間収益率：7〜9％
- 長所：株式など従来型の金融資産との相関が低い。優れたインフレヘッジになる。値下がり余地が少ない（他の資産より「ゼロになる」可能性が低い）
- 短所：流動性が低い（売買が難しい）。手数料が高い。クラウドソーシング型ソリューションを利用するためには適格投資家のステータスが必要

「エンジェル／中小企業」に投資すべき／すべきでない理由

農地が向いていないという人は、中小企業やその一部を所有することを検討してはどうだろう。これは「エンジェル投資」や「中小企業投資」と呼ばれる投資になる。

この分野への投資を検討する際には、まず自分で事業を経営するか、資金と専門性のみ

を提供するかを決めなければならない。

「所有者兼経営者」になるケース

中小企業やフランチャイズのオーナー兼経営者になりたいのなら、思っている以上にやるべき仕事が多いことを覚悟したほうがいい。

中小企業投資の専門家であるブレント・ベショアが、ファストフードチェーン「サブウェイ」の店舗運営マニュアルは800ページ以上もあるとツイートしたことがある。売上5000万ドル規模の企業を経営しようとすれば、どれだけ大変かが想像できるというものだ[70]。

中小企業経営には手を出さないほうが得策だというつもりはないが、現実的にかなりの仕事量が求められる。

中小企業を所有し、経営すれば、本章で紹介する他の投資資産の多くをはるかに上回るリターンを手にすることも可能だ。だが、そのためにはやるべきことも多い。

所有者のみのケース

自分で経営しなくても、エンジェル投資家や単なる中小企業所有者になることでも大きなリターンを期待できる。

エンジェル投資の期待される平均年間収益率は20～25％の範囲だとする研究結果もある。[71]

ただし、これらのリターンには大きな偏りがある。

エンジェルキャピタル協会の調査によれば、エンジェル投資の成功率は9回に1回（11％）[72]。未来のアップルになるような中小企業もあるかもしれないが、大多数のスタートアップは失敗に終わるということだ。

有名な投資家で、スタートアップに投資するYコンビネータ社のサム・アルトマン社長はこう述べている。

「この世界では、大当たりのエンジェル投資1件で、他のすべての投資先から得た総額よりも多くの収入を手にするのが一般的だ。そのため、大成功の投資によって実際のリスクが見えにくくなっている。真のリスクは他の会社への投資額を回収できないことではなく、その大当たりを引き当てられないことだ[73]」

つまり、中小企業への投資は極めて難しいが、当たれば大きい。

そして、膨大な時間が必要になる。これは作家のタッカー・マックスが自身でもエンジェル投資をあきらめ、人にも勧めないとしている理由だ。

マックスの主張は明確だ——多額の大きなリターンが得られる最高のエンジェル投資をするには、その業界に深く精通しなければならない。[74]

このテーマに関する研究結果も、このマックスの主張を裏づけている。

エンジェル投資家の長期的な成功と、専門的な調査（デューディリジェンス）や経験、参加のために費やされた時間には正の相関関係が見られたのだ。[75]

エンジェル／中小企業への投資法

エンジェル投資／中小企業投資は、片手間でやっても大きな成果は期待できない。

クラウドソーシング型プラットフォームの中には、個人投資家が中小企業に投資できるものもある（適格投資家には別の機会がある）。

だが、個人投資家が、将来的に大いに期待できるスタートアップに早い段階からアクセスできる可能性は極めて低い。

私はあなたを落胆させたいわけではない。

大きな成功を収めている中小企業投資家が、単に資金を投資する以上のことをして真剣に取り組んでいるという現実を知ってもらいたいのだ。中小企業投資で大きな成果を得るには、ライフスタイルを変えて取り組むくらいの覚悟が必要なのだ。

エンジェル投資／中小企業投資のまとめ

・平均年間収益率：20～25%。ただし、失敗率は相当高い
・長所：大きなリターンが見込める。本格的に取り組むほど、将来のチャンスは広がる
・短所：膨大な時間を費やさなければならない。失敗が多いため落胆しやすい

ロイヤリティに投資すべき／すべきでない理由

中小企業投資が好みでないなら、もう少し「文化的なもの」への投資を考えてみてはどうだろう。それにぴったりなのが、ロイヤリティ投資だ。

ロイヤリティとは、特定資産（通常は著作権で保護された作品）を使うことに対して支払わ

れる対価のことだ。音楽、映画、商標などのロイヤリティを保有していると、使用料収入が得られる。ロイヤリティは専用のウェブサイトで売買できる。

ロイヤリティは、金融市場との相関が低い安定した収入源になりうる。

たとえば、ジェイ・Zとアリシア・キーズのコラボ曲『エンパイア・ステイト・オブ・マインド』の直近1年間当たりのロイヤリティ収益は3万2733ドルだったが、この曲の10年間分のロイヤリティはロイヤリティ取引サイト「ロイヤルティ・エクスチェンジ（RoyaltyExchange）」（www.royaltyexchange.com/）で19万5000ドルで売却された。

年間のロイヤリティ収益3万2733ドルが今後も変わらないとすると、この曲のロイヤリティを19万5000ドルで購入した人は、今後10年間で11・2%のリターンを得る。

もちろん、この曲のロイヤリティが今後数年間で増えるのか減るのかは誰にもわからない。

流行しない。世間の音楽の嗜好がどう変わっていくかという問題でもあるからだ。

これはロイヤリティ投資のリスク（とメリット）だ。社会の変化に影響されるし、流行していたものが廃れることも、その逆もある。

ただし、ロイヤルティ・エクスチェンジには「**ダラー・エイジ**」と呼ばれる指標がある。

これは、ある対象が流行し続けるであろう期間の数値化に使われている。

たとえば、2019年に1万ドルのロイヤリティ収益を上げた曲が2曲あるとする。

ただしリリースされたのは、一方の曲は1950年、もう一方の曲は2019年である。この場合、1950年にリリースされた曲のほうがダラー・エイジは高くなり、長期的な投資資産として優れているとみなされる。

なぜなら、1950年の曲は70年にわたって収益を上げてきた実績があるが、2019年の曲は最近、世に出たばかりだからだ。2019年の曲は一時的な流行かもしれないが、1950年の曲はまぎれもないクラシックである。

この概念は、正式には「**リンディ効果**」として知られている。

これは、あるものの将来の人気は過去に存続した期間に比例するというものだ。リンディ効果により、西暦2220年にはメタリカ（米国の大人気のヘヴィメタル・バンド）よりモーツァルトのほうが多くの人々に聴かれている可能性が高い理由がわかる。

現時点では、世界のリスナー数はメタリカのほうがモーツァルトより多いかもしれない。だが、2世紀後も同じかどうかはわからない。

ロイヤリティ投資には、手数料が高いという欠点もある。

通常、売り手はオークション終了後に最終的な販売価格の一定割合を支払う必要があるが、これが高額になるケースがある。そのため、本気でこの投資に取り組もうとしている（そして、多額の投資を計画している）人以外は、ロイヤリティ投資には簡単に手を出すべきではないのかもしれない。

ロイヤリティへの投資法

ロイヤリティの一般的な購入方法は、売り手と買い手をマッチングするオンラインプラットフォームを使用すること。個人取引も可能だが、オンラインのほうが簡単だ。

ロイヤリティのまとめ

- 平均年間収益率：5〜20%[76]
- 長所：一般的な金融資産とは相関がない。概ね収益が安定している
- 短所：販売手数料が高い。世間の好みが予想外に変化し、収益に影響することがある

オリジナル商品に投資すべき／すべきでない理由

最後は、**オリジナル商品**だ。これは優れた投資資産になりうる。

商品（デジタル含む）の開発・製造では、他の投資資産より自分の意図どおりにできることがはるかに多くなる。

あなたは商品の100％の所有者になるため、自由に価格を設定でき、リターンも決定（少なくとも理論上は）できる。商品には書籍、情報商材、オンラインコースなど様々なものがある。

私はオンラインで商品販売をして数万〜数十万ドルの収入を得ている人をたくさん知っている。

SNSやメーリングリスト、ウェブサイトを通じてなんらかの専門分野に特化した情報を発信して一定のオーディエンスがいる人は、商品販売による収益化（マネタイズ）がしやすい。

販路がなくても、オンラインのプラットフォームや決済サービス――米国の場合なら、ショッピファイ（Shopify）やガムロード（Gumroad）など――を利用すれば、以前に比べてははるかに容易にオンライン販売ができる。

投資としての商品の難しいところは、事前に手間がかかり、しかも見返りが保証されないことだ。収益化までの道のりは長い。

だが、一度商品が当たれば、ブランドを拡大し、商品数を増やすことが容易になる。

私の場合、ブログ「OfDollarsAndData.com」からは、最初はわずかなアフィリエイト収入を得ていただけだった。だが今では広告収入や、フリーランスとしての仕事の機会も得られるようになった。

それなりの収入が手に入るまでには何年も記事を書き続けなければならなかったが、現在ではこのブログを通じて常に新しいチャンスが舞い込むようになった。

オリジナル商品に投資する方法

まずは、自分で商品を開発・製造すること。収益化できるブログを立ち上げることでも、自分のショッピファイのストアをつくることでもいい。ただし、商品開発には手間がかかる。

オリジナル商品のまとめ

・**平均年間収益率：商品によって異なる。分布はすそ野が広い**（つまり、リターンは大多数の商品がわずかで、一部の商品が大きい。これは「ファットテール」と呼ばれる）

・長所：完全な所有権がある。そのため満足感を得やすい。価値あるブランドを創造できる
・短所：非常に手間がかかる。見返りが得られる保証はない

金、仮想通貨、芸術品などは？

ここまで、様々な資産クラスを紹介してきた。

だが、所有しても安定した収益源にならないという単純な理由で、このリストに含めなかったものもある。金、仮想通貨、コモディティ、芸術品、ワインなどだ。

もちろん、これらの資産でお金が稼げないわけではない。

だが、これらの資産価値は、対価を払おうとする人たちの認識によって大きく左右される。それが、これまで紹介してきた、それ自体が収益を生み出す（背後になんらかの経済活動を伴う）資産クラスとは違うところだ。

このため、私の投資対象の大部分（90％）はそれ自体が収益を生み出す「収益資産」であり、残りの10％を芸術品や様々な仮想通貨などの「非収益資産」に分散させている。

全体のまとめ

本章で紹介した内容を**図表17**にまとめておこう。

あなたが置かれた状況に応じて、最適な資産クラスの組合せを選ぼう。

投資戦略は人それぞれであり、唯一の正解はないことを忘れないようにしよう。

本章では、何に投資すべきかを検討した。

次章では、「**個別株は買うな**」ということについて詳しく見ていこう。

図表17 **各資産クラスの長所と短所**

資産クラス	平均年間収益率	長所	短所
株式	8～10%	歴史的に見て高リターンが期待できる。保有と売買が容易。メンテナンスがほぼ不要	変動性(ボラティリティ)が高い。企業価値評価(バリュエーション)が急速に変化することがある
債券	2～4%	ボラティリティが低い。リバランスに適している。元本割れしにくい	リターンが低い(特にインフレ調整後)。低利回りの環境では収益が少ない
不動産	12～15%	レバレッジを使うと、他の投資資産より高いリターンが期待できる	物件やテナントの管理が面倒。分散投資が難しい
REIT	10～12%	自分の手で物件を管理せずに不動産を保有できる	株式以上のボラティリティがある。暴落時のリスク資産との相関が高い
農地	7～9%	株式など従来型の金融資産との相関が低い。優れたインフレヘッジになる	流動性が低い(売買が難しい)。適格投資家のステータスが必要
エンジェル／中小企業	20～25%	大きなリターンが見込める。本格的に取り組むほど、将来のチャンスは広がる	膨大な時間を費やさなければならない。失敗が多いため落胆しやすい
ロイヤリティ	5～20%	一般的な金融資産とは相関がない。概ね収益が安定している	販売手数料が高い。世間の好みが予想外に変化し、収益に影響することがある
オリジナル商品	商品によって異なる	完全な所有権がある。そのため満足感を得やすい。価値あるブランドを創造できる	非常に手間がかかる。見返りが得られる保証はない

第12章

個別株は買うな

個人投資家を焼き尽くす投資哲学

たった2時間で1万2000ドル以上を失った友人の話

2021年1月25日（月曜）朝8時、友人のダレン（仮名）から携帯にメールが届いた。

「ニック、9時半にGMEを5万〜10万株買おうと思ってる。買うべきではない理由があるなら教えてくれ」

GMEとは、ゲームストップ社の株のことだ。

その後ほどなくして、オンライントレーダーのグループが結託して行動を起こしたことで、この株はわずか数日で5倍も値上がりし、世界的な大騒ぎを引き起こすことになる。

残念ながら、ダレンと私はまだ事態の大きさに気づいていなかった。

ダレンは、私が個別株を買うのを絶対に勧めない人間だと知っていた。それでも、ともかく私の意見が聞きたくて連絡してきたのだ。私は、

「これは君の人生で最高の出来事になるかもしれないな」

と冗談っぽく返信した。

このときのやりとりはそれだけだった。

それから1時間、私たちの仲間内のグループチャットでは、GMEのメリットや、大手掲示板型ソーシャルニュースサイト「レディット（Reddit）」の株取引コミュニティ「WallStreetBets（WSB）」に集う個人投資家たちが、この株を急激に値上がりさせようとしたことが正しかったかどうかの話題で持ちきりになった。

株式の取引が始まるとすぐに、WSBの投資家たちの作戦が的中したことが明らかになった。GMEはこの日、前日の終値である65ドルを上回る95ドルからスタートし、さらに上がり続けた。

午前10時22分、ダレンはもう指をくわえて見ていることができなかった。GMEを111ドルで買った後、グループチャットに「俺はこの波に乗った」とメールした。

ダレンは総額3万ドル以上をGMEに投資した。GMEの株価が1ドル上がるたびに、約300ドル儲かる計算だ。逆にGMEの株価が1ドル下がれば約300ドルを失う。

15分もしないうちに、GMEの株価は140ドルに上昇し、ダレンは約9000ドルを手にした。グループチャットには、ダレンを祝福するメッセージがあふれた。

「このままいけば、ダレンは早々にリタイアするんじゃない？」「そうしたらどこに住むのかな」――そんな憶測すら飛び交った。

だが、GME株は上昇するのと同じくらい急激に下落した。

1時間もしないうちに株価はダレンの購入時の111ドルを下回った。

ダレンのメッセージは不安の色が濃厚となった。損失を出さないことを期待して111ドルの指値で売り注文を出したが、もう手遅れだった。暴落はすでに始まっていたのだ。

GME株が1ドル下がるたびに、ダレンは300倍の苦しみを味わった。次々に株価が下がっていく。午後12時27分、ダレンはついに降伏し、「70ドルで売る」とグループチャットにメールした。

ダレンは2時間で1万2000ドル以上を失った。

とはいえ、これは実際にはそれほど悲惨な話ではなかった。ダレンが失ったのは、彼の資産の一部にすぎなかったからだ。精神的な苦痛は大きかったものの、実質的には致命傷というほどのケガではなかった。

私はダレンのしたことをほめるつもりはない。だが、その方法はほめるつもりだ。

なぜなら、ダレンはもしすべてを失ったとしても人生が台無しにならないよう、失ってもいいお金だけを賭けていたからだ。あなたが個別株を買うなら、ぜひ見習ってほしい。

あの日のダレンは、個別銘柄に投資する「ストックピッカー」が体験することを短時間ですべて味わった。精神的な混乱、チャンスを逃してしまうかもしれないという恐怖、高揚感や勝利、苦痛、後悔――。あの2時間の中に、すべてが詰め込まれていた。

激しい感情に揺さぶられるのは、個別株投資の氷山の一角にすぎない。

私も数年前まで個別株投資をしていたのでよくわかる。

ある銘柄のパフォーマンスがベンチマークとなる株価指数を下回る（アンダーパフォーム）つらい時期にも耐えなければならないし、自分には個別銘柄をうまく選ぶ能力がないと思い知らされる事態にも直面する。

試行錯誤の結果、私は個別株投資をやめた。あなたにもやめることをお勧めする。

個別株投資をすべきではないという私の考えは、時間の経過とともに進化してきた。

なぜ個別株投資をやめようと思ったか。

個別株投資はインデックス投資に勝てないという、個別株投資を批判する従来からの主張（金融論的な主張）が正しいと思ったからだ。

だが、さらに説得力があるのは、そもそも、ある人が個別株投資でどれくらい成果を挙げられるかという能力は、客観的に判断できるものなのかという **〝存在論的な主張〟** だ。

金融論的な主張と存在論的な主張とは一体どういうものか。それぞれ見ていこう。

個別株投資をすべきでない「金融論的な主張」

個別株投資を批判する金融論的な主張は、数十年も前から存在する。

金融論的な主張とは、「個別株投資をしても、圧倒的多数の人（専門家でさえも）は、幅広い企業の株を対象とするインデックス投資には勝てないから、あえて挑戦すべきではない」というものだ。

この主張を裏づけるデータは確固たるものだ。

世界各国の株式市場について、市場の指数に連動した運用を目指す「インデックス運用」と、個別株投資によってそれを上回るパフォーマンスを目指す「アクティブ運用」の結果を比較したSPIVAレポートもそれを裏づけている。

5年間を対象とした分析では、75%のアクティブ・ファンドはベンチマークとなる市場の指数を超えていない。[77]

この75%には、専門のアナリストチームを大勢抱える資産運用会社が運用するファンドが含まれている。その道のプロがフルタイムで取り組んでも優れたパフォーマンスを発揮できないのに、私たち個人投資家がそれを上回ることができるだろうか。

それに、長期的に成功し続ける個別銘柄はごくわずかしかない。

経済学者のヘンドリック・ベッセンビンダーは、「株価は米短期国債（TB）をパフォーマンスで上回れるか？」と題した論文で、「1926年以来、米国株式市場全体を実質的に牽引してきたのは、最も業績のよい4％の上場企業にすぎない」と述べている。[78]

つまり1926年から2016年にかけて、米短期国債を上回る株式の超過リターンを生み出したのは、実質的に**わずか4％の株式**だったということだ。

実際、「わずか5社（エクソンモービル、アップル、マイクロソフト、ゼネラル・エレクトリック、IBM）が富の創出全体の10％を占める」。

あなたには、この4％の銘柄を選び、96％の銘柄を選ばない自信はあるだろうか。

しかも、これらの優良企業でさえ、いずれは衰退していく。

物理学者のジェフリー・ウェストの計算によれば、「1950年以来、米国株式市場で取引された2万8853社のうち、2009年時点で2万2469社（78％）が姿を消している」。実際、「この期間内におけるどの時点においても、米国の上場企業の半数は十数年以内に姿を消す[79]」という。

ウェストの統計分析は、株式市場の入れ替わりの激しい性質を示している。この事実をもっと単純に証明してみよう。

1920年3月のダウ平均株価の構成銘柄20社のうち、100年後もこの指数にとどまっている企業は1社もない。なにごとも永遠には続かないのだ。問題が何かがわかったのではないだろうか。

幅広い銘柄（インデックス）のパフォーマンスを上回るのは極めて難しく、プロの投資家ですら勝てないことがほとんどだ。優良株の割合はとても低い。この優良株でさえ永遠に勝ち続けるわけではない。

これが、インデックスファンドやETFを買って幅広い銘柄の株を保有したほうが、個別株投資で大当たりを引こうとすることよりはるかによい賭けである理由だ。ほとんどの場合、そのほうがリターンがよく、ストレスも少ない。

とはいえ、この議論はひとまず脇に置き、個別株投資を批判するさらに説得力のある理論である〝**存在論的な主張**〟を見てみよう。

さらに説得力のある「存在論的な主張」とは？

個別株投資に反対する存在論的な主張は単純だ。——つまり、「銘柄の選び方が上手かどうかはどうすればわかるか？」

たいていの分野では、能力があるかどうか、すぐわかる。

優れたバスケットボールのコーチなら、選手のシュートがうまいかどうかは10分あれば見抜ける。運よく連続してシュートが決まることもあるだろうが、シュートを続けていけば成功率がわかってくる。

これは、プログラミングのような技術的な世界でも同じだ。

腕利きのプログラマーは、わずかな時間で他のプログラマーの力量を判断する。

だが、株の銘柄選びはどうだろう？

誰かの力量を判断するには、どのくらいの時間がかかるだろう？　1時間？　1週間？　1年？

数年試しても、まだ確実なことはわからない。株の銘柄選びでは因果関係を特定するのが難しいからだ。

バスケットボールのシュートやコンピュータプログラムの作成結果はすぐわかる。ボールがリングの中に入るか入らないか、プログラムが正常に動作するかどうかで判断できるからだ。

だが、株の銘柄選びは違う。それなりの結果が出るまでに数年かかることもある。

さらに、その結果をS&P500のようなインデックスファンドと比較しなければならない。つまり、その株で利益が出ても、インデックスファンドには負けているかもしれない。

しかもその結果は、あなたがその株を選んだ理由とは関係ないかもしれない。

仮に、あなたは2020年後半に、GMEが経営改善した結果として株価が上がると予想し、GME株を買ったとする。

2021年、本章冒頭で触れたように、個人投資家のグループが意図的に仕掛けたことでGME株が急騰した。ただ、これはあなたの当初の意図とは無関係だ。

因果関係をはっきりさせるのが難しい個別株投資で、このような現象はどれくらいの頻度で起こるのだろう。

株価は、あなたの予想とはまったく違う理由で上がるかもしれない。

市場心理があなたの予想と逆に働いたときはどうすればいいのか。

買い増しするか、それとも考え直すか。

個別株投資では、常にこうした問題について自問自答しなければならない。まさに終わりのない**存在論的な恐怖**の状態になりうるわけだ。

市況の動きの理由を理解できていると、自分にいい聞かせることはできるかもしれない。

だが、「本当に」それを理解することはできるだろうか。

この問いに、明確に「はい」と答えられる人もいる。

「投資信託の〝スター〟は本当によい株を選べるのか？」と題した論文では、「上位10％の優れたファンドの成績が、サンプリングの変動性（運）の結果である可能性は極めて低い」と述べられている。[80]

いい換えれば、個別株投資をするプロのうち10％は、長期的に明確な成果を上げられる。だが逆にいえば、残り90％はおそらくそうではない。

仮に、個別株投資をする上位10％と下位10％が自分に能力があること（またはないこと）を簡単に判断できるとしてみよう。

この場合、自分の力量を判断できる人は全体の2割。つまり、5人のうち4人は、自分が銘柄選びに長けているかどうかうまく判断できない。

これが、個別株投資の存在論的な問題だ。

自分の実力が証明できない分野に挑戦したい（キャリアを積みたい）理由は何だろう？趣味でやるならそれでもいい。ダレンのように資産の一部を使って、個別銘柄に投資すればいい。だが、趣味で投資をしているわけではない人にとって、自分に能力があるのかわからないことに、多くの時間を費やす意味はあるのか。

それに、たとえ銘柄選びの腕前を示せても（上位10％の個別株投資家であっても）、問題はそこで終わらない。どんな投資家も、保有株の業績が低迷する時期は避けられない。これは

「起こるかどうか」の問題ではなく、「いつ起こるか」の問題だ。

ベアード証券の分析によれば、「優秀なマネーマネジャーのほぼ全員が、全キャリアを通じた任意の3年以下の期間で、ベンチマークや同業者のパフォーマンスを下回っている」[81]。

こんなとき、どれだけ神経がすり減るだろう。

それまでは調子がよかったのに、今は不調になった。この不調は、ベストの投資家でも必ず陥るようなスランプにすぎないのか、それとも本当に腕が落ちてしまったからか？

もちろん、なんであれ以前と比べて技量が落ちるのを体験するのはつらいことだ。

だが、実際に技量が落ちたかどうかはっきりわからない個別株投資の世界では、精神的な苦しみははるかに大きくなる。

個人投資家を〝焼き尽くしてしまう〟投資哲学に気をつけろ

個別株投資に反対しているのは私だけではない。

著名な投資ライターのビル・バーンスタインもこう述べている。

「個別株投資の危険性を理解するには、金融の基礎や経済論文の読み方を学ぶのが一番だ。それができないなら、自分の資産の5％や10％を個別株に投資し、月間リターンや年間リターンを細かく計算し、『インデックスファンドを買った場合よりよい成績を上げられたか？』と自問することだ[82]」

自分の成績をインデックスファンドと比較したくないかもしれないが、趣味で投資をしているわけでないなら、必ずやらなければならない。

なお、私は個別株投資には反対だが、銘柄選択者の存在そのものを否定しているわけではない。この違いには大きな意味がある。

目利きであるプロの銘柄選択者は、価値あるサービスを適切な料金で市場に提供している。だが、**個別株投資は、多くの個人投資家を焼き尽くしてしまう投資哲学**だ。

私はダレンのような友人や身内が、大きな損失を出してきたのを見てきた。あなたにも同じ失敗をしてほしくない。

もちろん、いくら私がそう言っても、個別株投資をやめない人もいるだろう。それはそれでいい。誰かが個別企業を分析し、それに投資していかなければ株式市場は成り立たない。

だが、もしあなたが迷っているなら、私の意見に耳を澄ましてほしい。

これほど運の要素が大きなゲームを続けてはいけない。人生はただでさえ運に左右されているのだから。

個別株を購入する際の感情的、経済的、存在論的なコストを考慮すると、私がインデックスファンドやＥＴＦに投資する理由がわかってもらえたかと思う。

インデックス投資は単純なので、ほったらかしにできる。個別株投資のように頻繁に株価を気にする必要がないため、他の重要なことに集中できるようになる。

ここまでは、何に投資すべきか（そして、なぜ個別株に投資すべきではないのか）を見てきた。

次章では、**「いつ投資すべきか?」**というテーマを深掘りしてみよう。

第13章

いつ投資すべきか？

なぜ早いほうがいいのか

たった一つのデータポイントが大きな価値を生む瞬間

競走馬のアメリカンファラオは、2015年に3冠を達成するまで誰からも期待されていなかった。だが、ジェフ・セーダーは違った。

セーダーはシティグループでアナリストとして働いていたが、退職後、以前から一番やりたかった競馬予想を始めた。

セーダーは他の競馬研究家とは違い、馬のブリーダーがなにより大切にしている〝あるもの〟を気にしていなかった。

馬の血統だ。

競馬界では、馬の母、父、血統全般が競走馬の成否を左右すると考えられている。だが、膨大なデータを分析したセーダーは、この考え方は正しくないと気づいた。

セーダーはもっと別の要因があるはずだと考え、さらなるデータを求めた。

データを大量に集め、何年もかけ、競走馬をあらゆる角度から分析した。鼻孔のサイズ、排泄物の重さ、速筋繊維の割合──。だが、何も発見できなかった。

その後、ポータブル超音波を使って馬の内臓の大きさを測定するアイデアを思いついた。これが的中した。金脈を掘り当てたも同然だった。

データサイエンティストのセス・スティーヴンズ＝ダヴィドウィッツは、著書『誰もが嘘をついている――ビッグデータ分析が暴く人間のヤバい本性』（酒井泰介訳、光文社）の中で、セーダーの発見についてこう書いている。

「彼は、心臓の大きさ、特に左心室の大きさが、競走馬の成功の大きな予測因子であり、最も重要な変数であると気づいたのだ[83]」

そう、それだけだ。セーダーの分析によれば、**心臓の大きさ**こそが、競走馬の成功要因としてなにより重要だったのだ。

セーダーはだからこそ、オークションに出品されていた他の馬には目もくれず、買い主を説得してアメリカンファラオを購入させたのだ。その後何が起きたかは、誰もが知るとおりである。

セーダーのエピソードは、**たった一つの有用なデータポイントから、いかに大きな価値を引き出せるか**を物語っている。

スウェーデンの公衆衛生学者ハンス・ロスリングらのベストセラー『FACTFULNESS（ファクトフルネス）――10の思い込みを乗り越え、データを基に世界を正しく見る習慣』（上杉周作＋関美和訳、日経BP）にある、国の発展を理解するうえでの幼児死亡率の重要性についての考察にも同じことが当てはまる。

「私は子どもの死亡率に特別に注目している。（中略）子どもはとてもか弱い存在で、様々な要因で命を落とす。マレーシアでは、1000人当たりの子どもの死亡者数はわずか14人。1000人のうち、986人が生き残る。つまり親や社会は、細菌や飢餓、暴力など、死に至らしめる可能性のあるあらゆる危険から子どもを守ることに成功している。この1000人当たり14人という数字は、マレーシアの家庭には十分な食料があり、下水が飲料水にまぎれ込まず、一次医療へのアクセスがよく、母親は読み書きができることを示している。これは単に子どもの健康状態だけではなく、社会全体の質を測る指標なのだ[84]」

ロスリングにとっての幼児死亡率と、セーダーにとっての馬の心臓の大きさは、複雑なシステムが一つの正確な情報で簡単に理解できることを例証している。

そして、「いつから投資すべきか」という問題についても、将来の決断の指針となる、たった一つの情報がある。

ほとんどの市場は、ほとんどの期間、上昇している！

投資判断の指針となる情報は、次のとおりだ。

ほとんどの市場は、ほとんどの期間、上昇しているのだ。

これは、**混沌とし、時に破壊的な人類史の中でも変わらない真実**である。

世界的な投資家ウォーレン・バフェットも、次のように雄弁に語っている。

「20世紀、米国は2度の世界大戦や、大きな痛手を被り、多額の費用が必要な戦争をいくつも経験した。さらに、大恐慌や、十数回の景気後退期、金融恐慌もあった。石油ショックも、インフルエンザの大流行も、不祥事を起こした大統領の辞任もあった。それでもダウ平均株価は66ポイントから1万1497ポイントに上昇した[85]」

この論理は、米国市場だけに当てはまるものではない。

第11章冒頭で触れたとおり、世界中の株式市場は長期的にプラスの傾向を示している。

こうした経験的証拠は、私たちが**できるだけ早く投資すべき**であることを示唆している。なぜなら、ほとんどの市場がほとんどの期間上昇しているということは、投資するのを遅らせれば遅らせるほど、いざ投資するときに高い価格を払わなければならなくなるからだ。

だからこそ、最適な投資時期を待つのではなく、今できる投資を思い切ってすべきなのだ。

今すぐ全額投資しよう

これは、少しばかりバカげたシミュレーションでも説明できる。

100万ドルの投資資金を与えられ、これからの100年でできるだけ資金を増やしたいとする。ただし、投資戦略は次の2つのうち、どちらかを選ばなければならない。

1　今すぐすべての資金を投資する

2　百数年間、毎年資金の1％を投資する

あなたなら、どちらを選ぶか？

投資した資産価値が時間の経過とともに増えると仮定した場合（もしそうでなければ、なぜ投資するのか）、100年かけて投資するより、今すぐ全額投資したほうがいいのは明らかなはずだ。

100年、つまり1世紀もかけていたら、それだけ高い価格で投資資産を買わなければならなくなるし、投資に回していない現金もインフレによって価値が下がってしまう。

これと同じ理屈は、100年よりはるかに短い期間にも当てはまる。

100年待つべきでないなら、100か月待つべきでも、100週間待つべきでもない。

古いことわざにあるように、

「物事を始めるのに最高の日は昨日。次にいいのが今日」

なのだ。

ただし、多くの人たちにはこれが正しいとは感じられない。将来的に、もっとよい価格で投資資産を買えるかもしれないと考えてしまうからだ。

そして、実際にその感覚は間違っていない。ある投資資産が、将来いずれかの時点で現在より値下がりする可能性は極めて高いからだ。

それでもなお、数々のデータは、その感覚を完全に無視して**早く投資をすることが正解**

だと語っている。

本章では、なぜ将来的に投資資産をよい価格で買える可能性が高いのか、なぜそれを待たずにできるだけ早く投資すべきなのか詳しく見ていこう。できるだけ早く投資するのは、米国株だけでなく、他の投資資産にとっても最良の戦略となる。

なぜ「待つ」べきではないのか

1930〜2020年のダウ平均株価の取引日をランダムに選んだ場合、その取引日以降にダウ平均株価がその価格より下落して取引を終える可能性は95%以上ある。つまり、買った株がそれ以降一度も下がらず、お買い得の投資ができる日は、20取引日に1回（月に1回）あることになる。残り19取引日は、将来のどこかの時点で購入者を後悔させるものになる。

価格が下がるのを待つのが正しいと感じるのはこのためだ。この感覚は95%正しい。

実際、1930年以来、ダウを購入してから安値になる期間の中央値はわずか2取引日。ただし平均だと31取引日（1・5か月）になる。

だが本当の問題は、**購入日以降、株価が下がらない場合があり、かつそのような状況がめったに訪れない**ことだ。

たとえば、２００９年３月９日のダウ平均株価は６５４７ドル。これが世界金融危機での底値だった。

その前にダウが最後に６５４７ドルで閉じたのはいつだろう？

１９９７年４月14日。実に12年前のことだ。

つまり、１９９７年４月15日にダウを買った場合、価格が下がるまでに12年も待つ必要があったことになる。さすがにここまで忍耐強く待つのは、どんな投資家にも無理な話だ。

時期を見計らって株を購入する「マーケットタイミング」と呼ばれる投資戦略が理論上魅力的でも、実際、難しいのはこのためである。

ゆえに、できるだけ早く投資をすることが最適なマーケットタイミングになる。

これは単なる私見ではない。様々な投資資産を長期間にわたって分析したデータによって裏づけられている。

「即一括投資」か？　「分割投資」か？

データを見る前に、これ以降の説明で使う用語を紹介しておこう。

・**「即一括投資」——投資資金すべてを一度に投資すること。重要なのは投資額ではなく、投資資金を全額、今すぐ投資するかどうか**

・**「分割投資」——時間をかけて少しずつ投資すること。どれくらいの期間をかけて、どれくらいずつ投資するかはあなた次第。ただし一般的には、一定期間、同額を投資していくスタイルが多い**（たとえば、1年間、毎月同額を投資する）

投資資金1万2000ドル、投資期間1年間の場合、即一括投資と分割投資の違いを**図表18**で見てみよう。

即一括投資では、初月に1万2000ドル（全額）を投資しているが、分割投資では毎月1000ドルずつ投資している。

この2つのアプローチを用いて、1997年から2020年にわたってS&P500に投資したとすると、概して分割投資のほうが即一括投資よりパフォーマンスが低い。

図表18 「即一括投資」と「分割投資」の違い

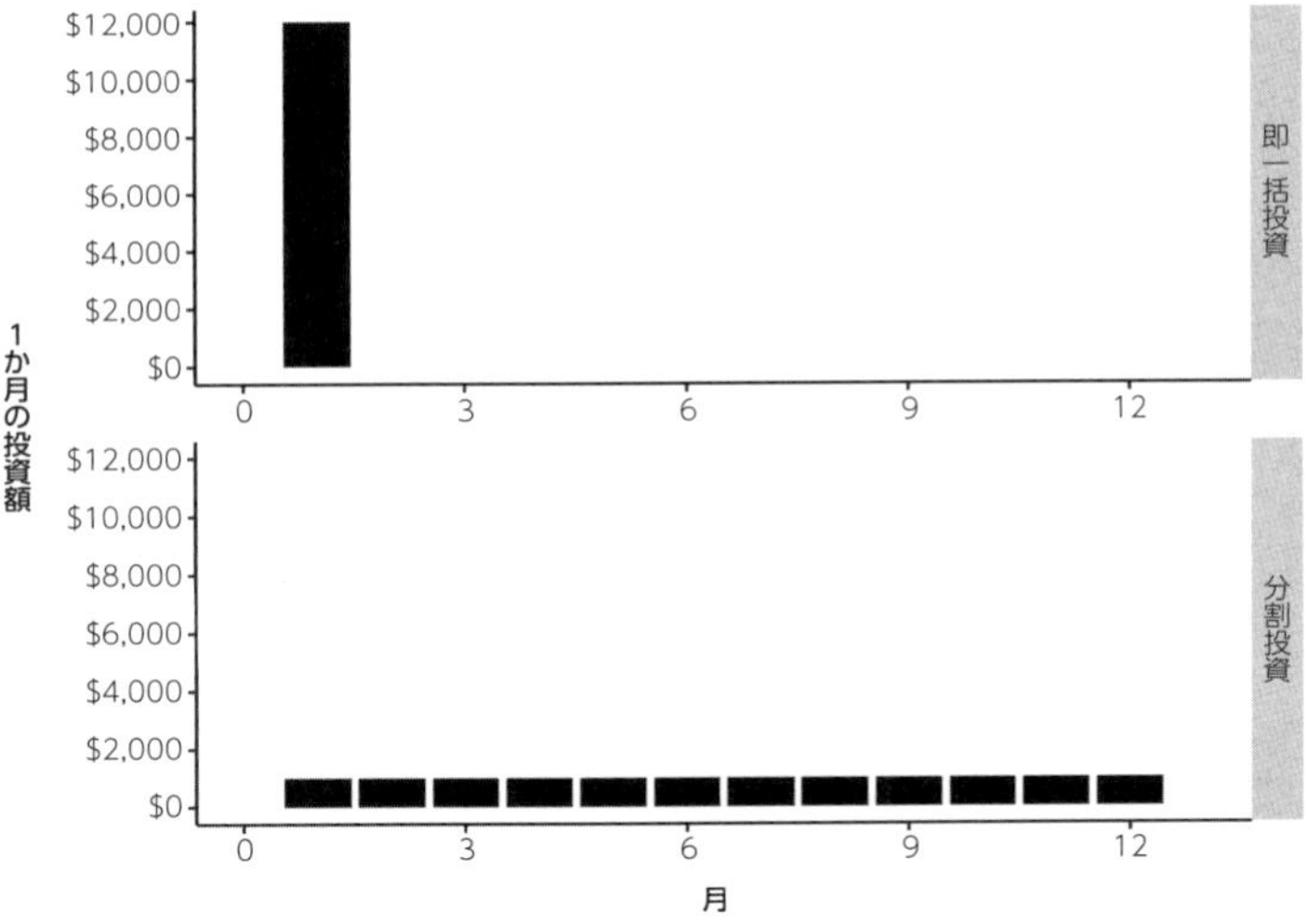

具体的には、分割投資は即一括投資を平均で1年当たり4％下回っている。また、この24年間で分割投資が即一括投資を下回る割合は76％にもなる。

1年当たり4％はあまり大した違いとは思えないかもしれないが、これは平均値だ。長期的に見ると、**はるかに大きな差**になる。

図表19は、1997年以降、毎年12か月にわたってS&P500に投資した場合の分割投資と即一括投資のパフォーマンスの違いを示している。

この線上の各ポイントは、分割投資と即一括投資の12か月後のリターンの違いを表している。

たとえば、この線の最高点は2009

図表19　S&P500（配当込）に12か月単位で投資した場合の「即一括投資」と「分割投資」の違い

年8月だが、このときは分割投資が即一括投資を1年間で30%上回っている。

なぜ、これほどまで大きな差がついたのだろう？

2008年8月直後に米国株式市場が暴落したからだ。

具体的には、2008年8月末に即一括投資でS&P500に1万2000ドル投資した場合、2009年8月末には9810ドルに減っていることになる（配当金の再投資分を含めて）。実に18・25%の損失だ。

しかし、分割投資戦略で同期間に毎月1000ドルをS&P500に投資し続けていた場合、2009年8月末には約1万3500ドルに増えていることになる（12・5％増）。これが30％以上の差を生んだのだ。

とはいえ、図表19で最も重要なのはこのピークではない。この線がほとんどの期間で**マイナスの位置**にあることだ。

線がマイナスの場合は、分割投資のパフォーマンスが即一括投資を下回っていて、プラスの場合は上回っている。ほとんどの期間で分割投資は即一括投資を下回っている。これは単なる近年の傾向ではない。

米国の株式のリターンを1920年まで遡ってみても、分割投資は即一括投資のパフォーマンスを平均4・5％下回っている。12か月単位で分割投資が即一括投資を下回ったのは全期間の68％にのぼる。1920年からのデータを**図表20**に示す。

分割投資が即一括投資を大幅に上回っているのは、大きな市場暴落（1929年、2008年等）が起こる前のピーク時だけで、それ以外は概して下回っている。

分割投資では下落する株に投資するので、暴落前に即一括投資したときより平均的に低い価格で株を購入でき、結果として暴落のダメージを減らせるからだ。

私たちは、常に暴落の危機に瀕しているような感覚を抱いている。だが、実際には、大規模な暴落は稀にしか起こらない。分割投資が歴史を通じてほぼ常に即一括投資を下回っているのはこのためである。

図表20　S&P500に12か月単位で投資した場合の「即一括投資」と「分割投資」の違い（1920年〜）

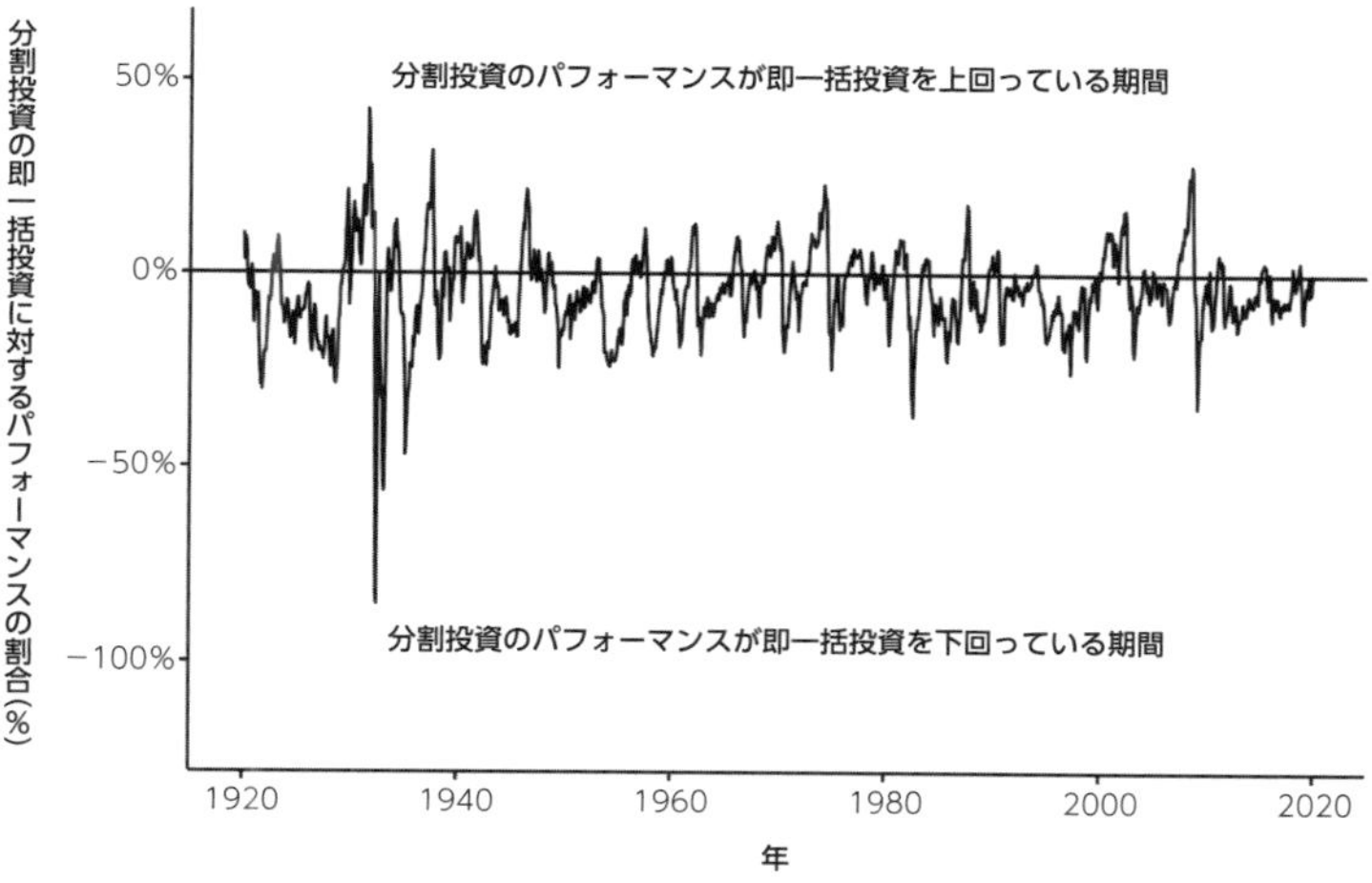

このように、株式投資では概して**即一括投資は分割投資より優れている。**

では、他の投資資産の場合はどうだろう？

24年間のデータが語る真のリスクの正体

様々な投資資産における分割投資と即一括投資の比較を図にしているとページが足りなくなってしまうので、ここでは表を用いる。

図表21は、1997〜2020年のすべての12か月単位において、分割投資が即一括投資をどれだけ「下回ったか」を示している。

図表21　資産クラス別の分割投資と即一括投資の比較

資産（1997〜2020年）	分割投資は即一括投資を平均でどれくらい下回ったか（12か月間）	分割投資が即一括投資を下回っていた期間の割合（12か月間）
ビットコイン（2014〜2020年）	96%	67%
米国債インデックス	2％	82%
金	4％	63%
先進国株	3％	62%
新興国株	5％	60%
米国株60％／米国債40％のポートフォリオ	3％	82%
S&P500（配当込）	4％	76%
米国株（1920〜2020年）	4％	68%

図表21では、1997〜2020年の任意の12か月単位で「金」に投資した場合、分割投資が即一括投資を平均で4％、63％の割合で下回ることがわかる。

ご覧のとおり、分割投資はほとんどの資産クラスで平均2〜4％、全体で約60〜80％の割合で即一括投資を下回っている。

つまり、この期間のいずれかの時点で12か月間の分割投資を始めた場合、初月に対象の投資資産に全額投資した場合に比べ、パフォーマンスが下回る可能性がかなり高いということだ。

ここまでは、即一括投資と分割投資戦略のパフォーマンスを比べてきた。

だが当然、この2つの投資戦略のリス

図表22　S&P500(配当込)に12か月単位で投資した場合の「分割投資」と「即一括投資」の標準偏差

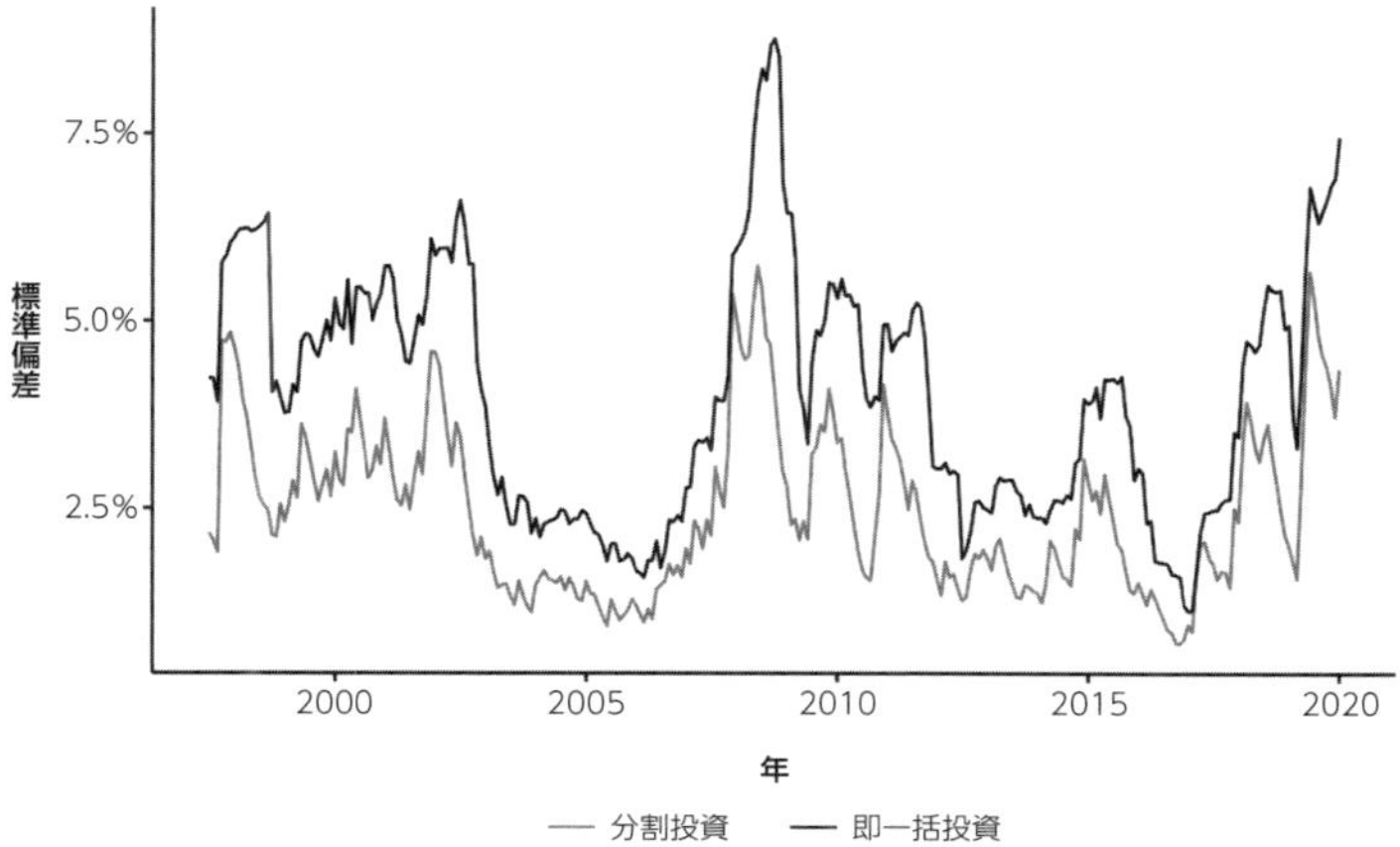

クの違いも気になるところだ。

分割投資より即一括投資のほうがリスクが高そうだ、と思った人もいるかもしれない。

答えは、まさにそのとおり。**図表22**のとおり、S&P500への投資では、分割投資より即一括投資のほうが標準偏差は高くなる。

標準偏差とは、あるデータが平均からどれだけ外れているかを示す数値。つまり、標準偏差が高いほど、投資戦略のリスクも高くなる。

即一括投資のほうがリスクが高いのは確かである。

なぜなら、即一括投資は最初に資金をすべて投資するので、その投資資産がす

図表23　S&P500に12か月単位で投資した場合の「分割投資」と「即一括投資（米国株60％／米国債40％）」の違い

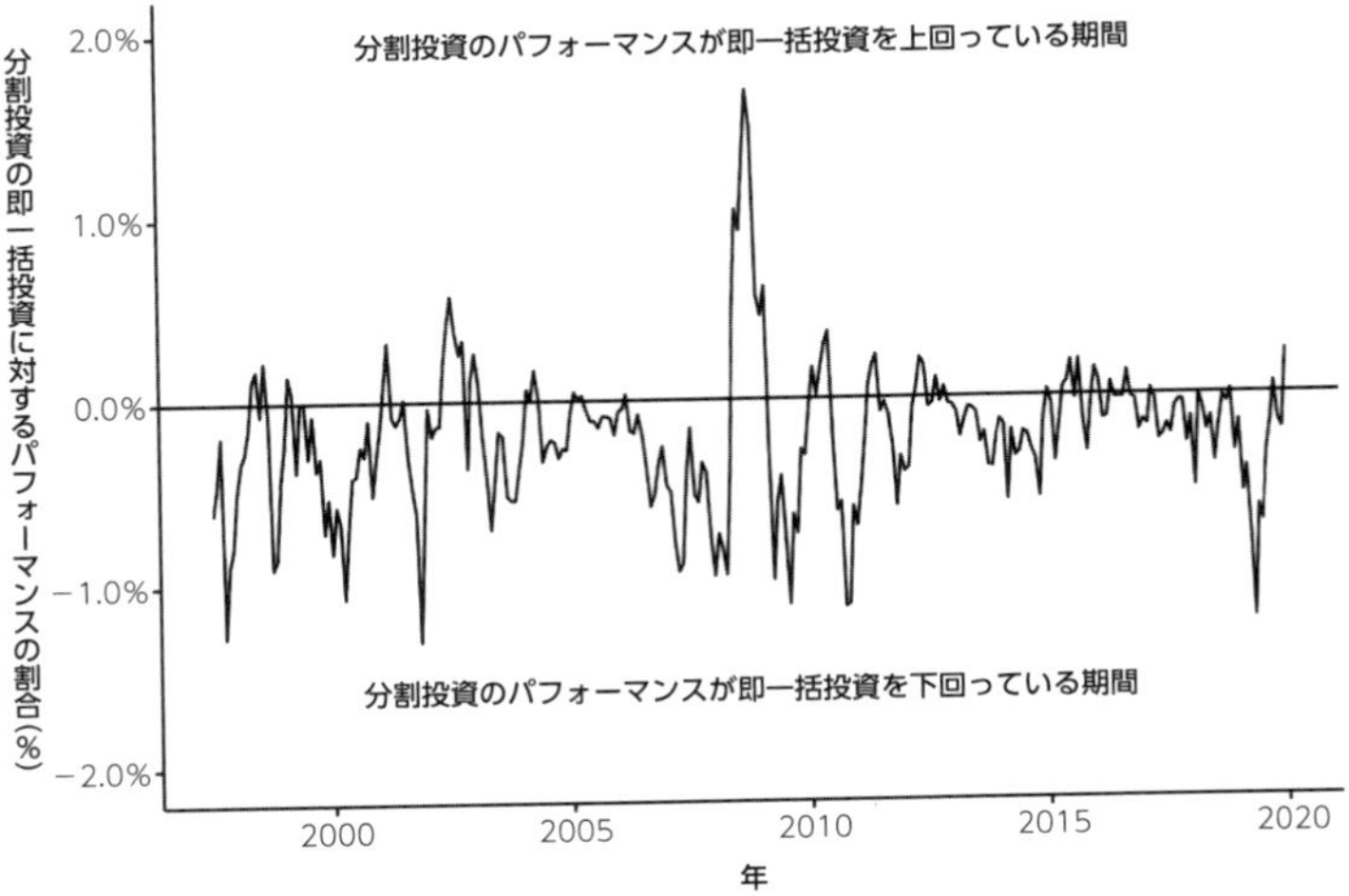

べてリスクにさらされるからだ。

分割投資は資金の一部を現金で保有している期間があるため、リスクにさらされるのは投資資産の一部だ。株式は現金よりリスクがあるため、資産に占める株式の割合が増えるほどリスクは高くなる。

だが、リスクが気になる場合でも、即一括投資で、安全性を重視した保守的なポートフォリオを組むことも可能だ。

たとえば、もともと分割投資で米国株100％のポートフォリオを組もうとしていた場合、即一括投資で米国株60％／米国債40％にすれば、リスクレベルを同等に保ちながら、わずかに優れたリターンを得られる。

図表23のように、1997年以降のデ

図表24　S&P500に12か月単位で投資した場合の「分割投資」と「即一括投資（米国株60％／米国債40％）」の標準偏差

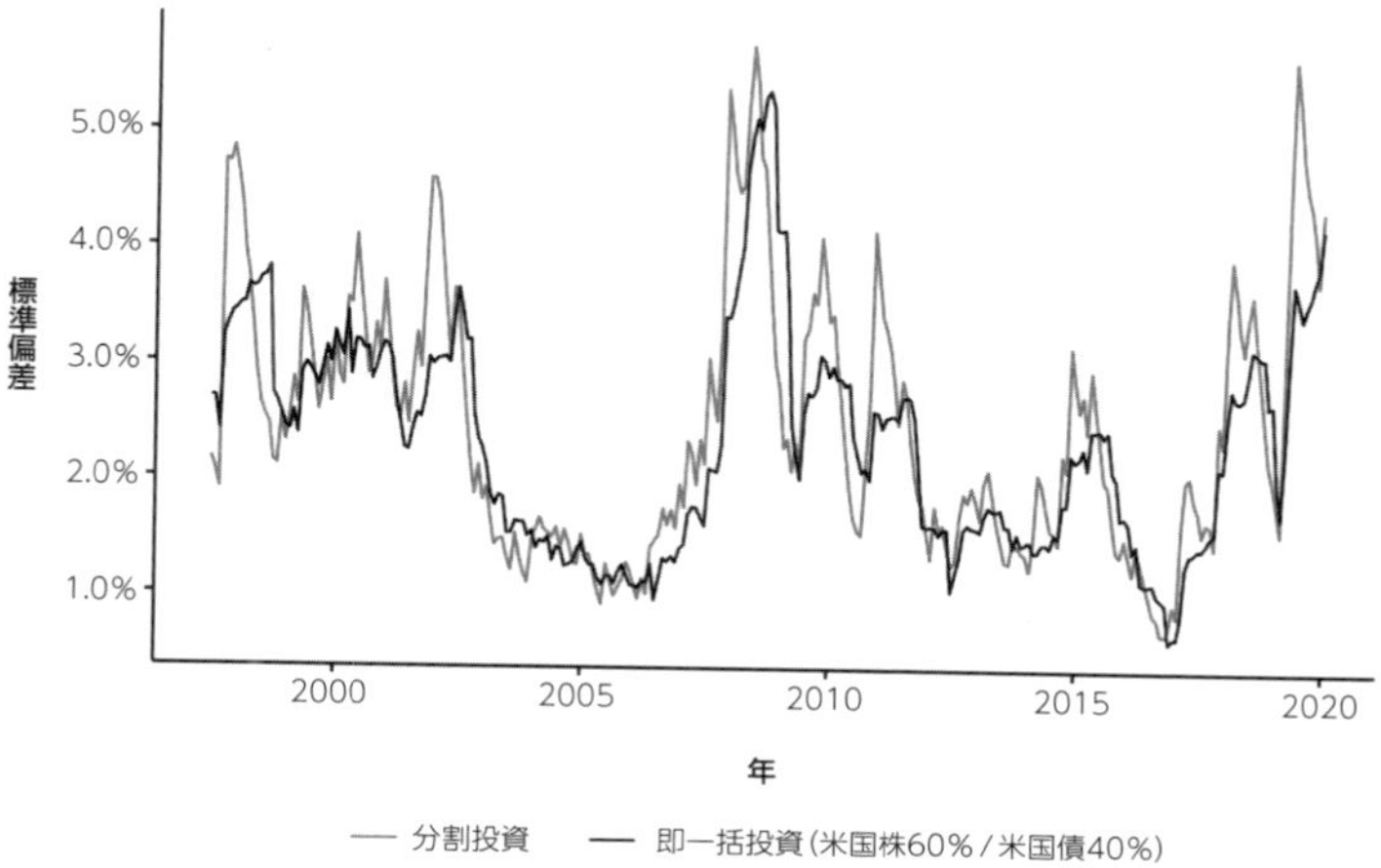

ータを対象とした場合、米国株１００％のポートフォリオで分割投資すると、ほとんどの場合で即一括投資（米国株60％／米国債40％）のポートフォリオをパフォーマンスで下回る。

ここでは、同等（またはそれ以下）のリスクレベルを保ちながら、即一括投資により、分割投資より高いリターンが得られる（ただし、１００％株式に投資した場合に比べて分割投資との差は縮まる）。

「パフォーマンスで上回り、かつ低リスク」というのは、まさに投資家にはありがたいものだ。

図表24は、２つの戦略の12か月間単位における収益の標準偏差である。

ご覧のように、米国株60％／米国債40

%での即一括投資は、ほとんどの場合、S&P500への分割投資と同等かそれ以下のリスクレベルである。

まとめると、米国株60%／米国債40%のポートフォリオの即一括投資は、通常、米国株100%の分割投資をパフォーマンスで上回る。

このため、100%株式の即一括投資が心配なら、株式のみの分割投資に妥協しなくても、**株と債券を組み合わせた低リスクのポートフォリオに即一括投資**する方法を検討してみよう。

短期国債で保有しておくのは効果がある？

「分割投資では、投資前の資金を現金で寝かせておくことが前提になっている。だがそれではもったいないので、分割投資に割り当てるまでは、この資金を米短期国債で保有しておくべきでは？」という意見もある。

私は理論的にはこの意見に賛成だ。だが、現実的にはこのアドバイスに従う人は少ない。米短期国債に資金を移さずに、現金で保有したまま、株式に少しずつ投資をしているのだ。

私は、ファイナンシャル・アドバイザーたちから「何年も現金で資産を保有したまま、市

図表25　**資産クラス別の分割投資（投資前の資金を米短期国債に換えた場合）と即一括投資の比較**

資産（1997〜2020年）	分割投資は即一括投資を平均でどれくらい下回ったか（12か月間）	分割投資が即一括投資を下回っていた「期間」の割合（12か月間）
ビットコイン（2014〜2020年）	96%	65%
米国債インデックス	1%	72%
金	3%	60%
先進国株	2%	60%
新興国株	4%	57%
米国株60%／米国債40%のポートフォリオ	2%	77%
S&P500（配当込）	3%	74%

場に参入するタイミングを待っている人がとても多い」という話をよく聞く。

これは、米国個人投資家協会（AAII）が毎月実施している資産配分調査でも指摘されている。同調査によれば、1989年以来、米国の平均的な個人投資家はポートフォリオの20%以上を現金に割り当てている。[86]

こうした現実を見ると、投資前の資金を米短期国債に変えておくのは一般的に受け入れられにくいかもしれないが、ともかくデータを分析してみよう。

図表25は、「投資前の資金を米短期国債に換えたうえでの分割投資」と「即一括投資」を比較した場合に、分割投資が平均的にどれくらい即一括投資を下回るか

を示したものである。

図表25では、1997年から2020年にかけて、投資前の資金を米短期国債に換えたうえでビットコインに分割投資をした場合、即一括投資に対して平均で96％下回っている。この方法で分割投資すると、即一括投資を下回る期間の割合は65％であることがわかる。

現金保有しながら分割投資をした場合（P263の図表21）、即一括投資に対して下回っている期間の割合は約60〜80％で、差は平均マイナス2〜4％だった。だが、投資前の資金を米短期国債に換えたうえで分割投資をしたことで、即一括投資を下回っている期間の割合は約60〜70％、差は平均でマイナス1〜3％になった。

このように差や割合は縮まったものの、分割投資は依然として即一括投資を下回っていることがわかる。

株価が割高のときはどう考えたらいい？

分割投資より即一括投資がいいという意見には、「通常ならそうかもしれないが、極端に株価が割高のときは即一括投資すると後で損しやすいのでは？」という反論がある。

市場全体で株に割高感がある（バリュエーションが高い）ときは、分割投資をすべきなのだ

図表26　CAPE比率に対する分割投資と即一括投資のパフォーマンス

CAPE比率	分割投資は即一括投資を平均でどれくらい下回ったか（12か月間）	分割投資が即一括投資を下回っていた「期間」の割合（12か月間）
CAPE:15未満	5％	67％
CAPE:15～20	4％	68％
CAPE:21～25	3％	71％
CAPE:26以上	2％	70％

ろうか？

実際には、そうでもない。データを分析してみよう。

市場の割高感を判断する指標として、ここではCAPE（景気循環調整後の株価収益率）を用いる。

CAPEは、米国株から1ドルのリターンを得るために払わなければならない金額を示している。

たとえばCAPEの値が10のとき、1ドルのリターンを得るためには10ドルの株を買う必要があることを意味する。CAPE比率は株価の割高感を示す指標だ。この値が高いと株価は割高になり、低いと割安になる。

CAPE比率に対する分割投資と即一括投資のパフォーマンスを分析すると、分割投資はすべてにおいて即一括投資よりパフォーマンスが低いことがわかる（**図表26**）。

CAPE比率が増加するにつれ、分割投資と即一括投資の差は縮んでいく。

ただし残念ながら、最も株が割高な期間を分析しようとすると、サンプルサイズの問題に直面する。

たとえば、CAPE比率が30を超えているとき（2019年末と同等の水準）を分析すると、分割投資のパフォーマンスは即一括投資を投資開始から12か月間平均で1・2%上回ることになる。

だが、過去10年間を除いてCAPE比率が30を超えた時期を探すと、ドットコム・バブルのとき（2000～2001年頃）まで遡らなければならなくなる。

それでも、CAPE比率が高すぎるという理由で投資を待つと、大きな利益を逃す可能性がある。

CAPE比率が30を超えたのは、直近では2017年7月。もしこのときに株を売って現金に戻していたら、2020年末までにS&P500が65%も上昇（配当込）したリターンを取り逃すことになる。

現在の市況が割高と感じ、近い将来大きな反落が起こると考えている場合、もしそれが正しいと証明されても、それまでに何年も待ち続ける必要があるかもしれない。

株に割高感があることを現金保有の口実にしたいときは、ここでの話をよく考えてみよう。

まとめ

分割投資と即一括投資を比較すると、ほとんどの場合、**即一括投資のほうが優れている。**

これは、ほとんどの投資資産や期間にも当てはまり、株に割高感があってもほぼ当てはまる。

概して、**投資への決断が遅れれば遅れるほど、得られるリターンは少なくなる**のだ。

あえて「概して」といったのは、市場が暴落している場合に限り、分割投資のほうが優れているからだ。ただし、市場が暴落しているときほど、投資意欲が萎《な》える時期もない。この萎えた感情に抗《あらが》うのは難しく、暴落時に買い続けられる人は少ない。

本章を読んでもなお、多くの資金を今すぐ投資することに不安を感じる人もいるだろう。それは、自分にとってリスクが大きすぎるポートフォリオを組んでいるからかもしれない。その場合は、リスクを抑えた保守的なポートフォリオを組んで、そのうえで今すぐ投資することを検討してみよう。

最終的に株式80%／債券20%のポートフォリオを組みたいが、これで即一括投資するにはリスクが怖いというなら、まずは株式60%／債券40%のポートフォリオで即一括投資し、時間の経過とともに目指すポートフォリオに移行する計画を立ててみよう。

たとえば、1年後に株式70%／債券30%にリバランスし、その1年後に株式80%／債券20%にリバランスする。

そうすれば、最初はリスクを抑えながら、ある程度のリターンが得られる。

本章では、今すぐ投資を始めたほうがいい理由を見てきた。

次章では、**「安値を待つべきではない理由」**について考えてみよう。

第14章

安値を待つべきではない理由

神でさえ「ドルコスト平均法」には勝てない

神でさえ「ドルコスト平均法」には勝てないワケ

前章を読んでも、「安値になるのをじっと待っていたい」という人もいるだろう。でも、本章を読めば、間違いなく態度を変えてくれるはずだ。大胆な主張かもしれないが、それを裏づけるデータは用意してある。

まずは、ゲームから始めよう。

1920〜1980年のいずれかの時点から、米国株に40年投資したとしよう。ただし、投資法は次の2つのうちどちらかを選ばなければならない。

1 **ドルコスト平均法**（DCA）——**毎月100ドル、40年間投資する**

2 **バイ・ザ・ディップ**（押し目買い）——**毎月100ドル貯金して、相場の下落時のみに買う**（ここでは「ディップ」を、市場が史上最高値を記録した期間を除く、すべての期間と定義する）

だがこのゲームでは、バイ・ザ・ディップをさらに有利なものにしてみよう。全知全能（すなわち「神」）の視点に立ち、底値がいつかをあらかじめ知っておけるようにするのだ。2つの史上最高値の間の底値がいつかを正確に把握できる。つまり、確実に底値で株を買えるようになる。

さらにこのゲームには、一度買った株は売れないというルールもある。期間が終了するまで、ずっと持ち続けなければならない。

あなたが選ぶのはどちらか？

普通に考えると、2のほうが負けるはずがないように思える。常に2つの最高値の間の底値で株を買えるからだ。

しかし、2を実践すると、40年という期間の70%以上で2のパフォーマンスが1を下回ることがわかる。市場がいつ底を打つかが正確にわかっているにもかかわらずだ。

つまり、**神でさえドルコスト平均法には勝てない**のだ！

なぜか？

2は、あらかじめ深刻な下落が近づいているのを知っていて、完璧に予測できる場合にのみ機能する。

問題は、暴落は頻繁に起こらないことだ。米国株式市場史の中で、深刻な暴落は1930年代、1970年代、2000年代にしか起きていない。つまり、2が1に勝つチャン

図表27　S&P500の史上最高値

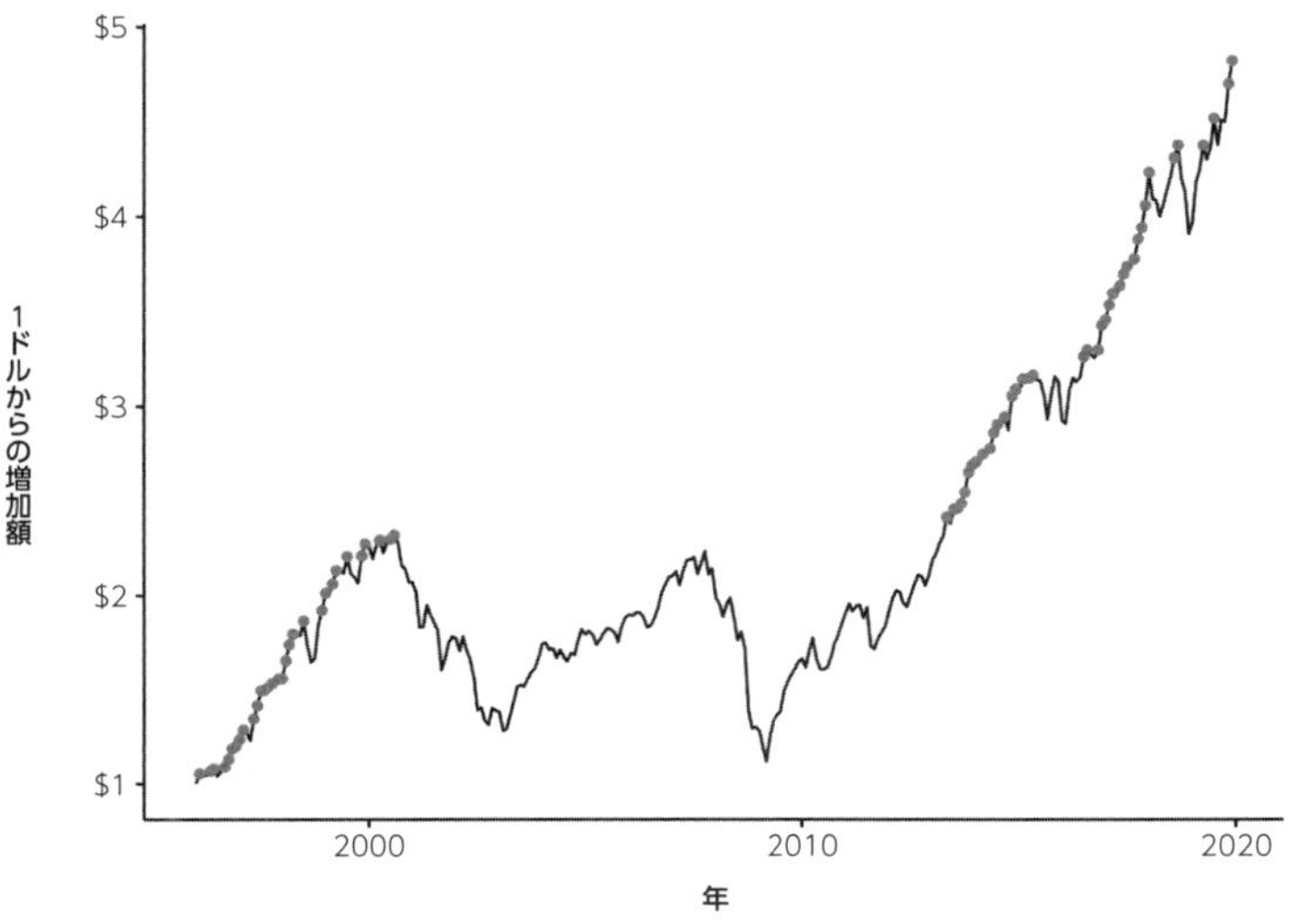

スはわずかしかない。

また、2が1に勝つには、神のような完璧な予測が求められる。わずか2か月、底値からズレるだけで、2が1を上回る可能性は**30%から3%に激減**する。これが本当かどうか、データを見ながら検証してみよう。

「バイ・ザ・ディップ」の仕組み

まず、この投資戦略をよく理解するために、1996年1月から2019年12月まで、24年間の米国株式市場を見ながら考えてみよう。

図表27は、この24年間のS&P500（配当込、インフレ調整後）の推移である。図

図表28　S&P500の史上最高値と底値

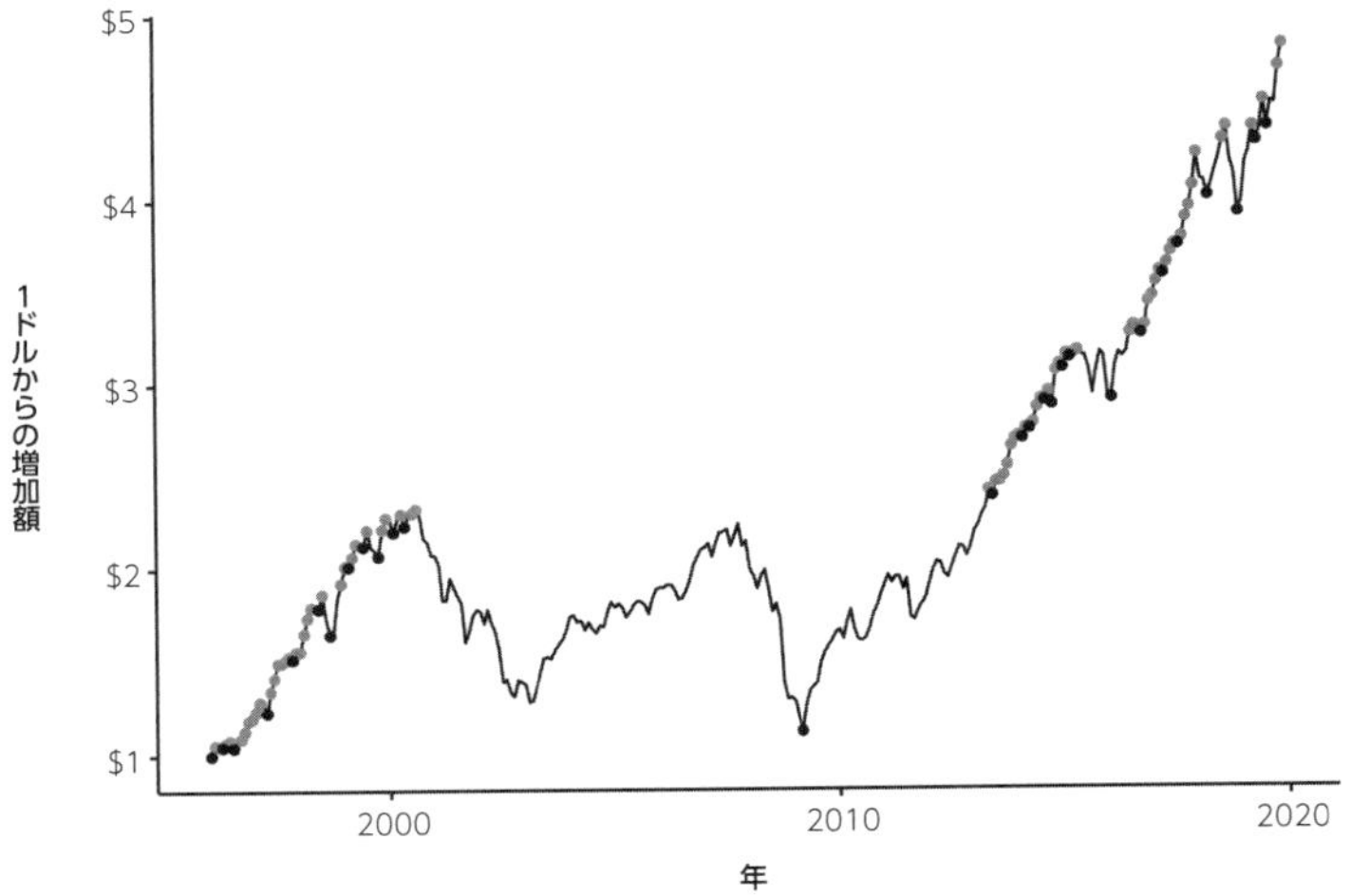

の中の**グレーの点は史上最高値**を示している。

次に、図表27と同じグラフに、史上最高値の2点間の**底値を黒い点**で示した**図表28**を見てみよう。

バイ・ザ・ディップでは、この黒い点で株を買うことになる。

ご覧のとおり、底値（黒い点）は2つの史上最高値（グレーの点）の間で一番株価が低くなった点である。

この24年間で最も顕著な下落は、2009年3月に発生している（2010年の手前にある黒い点）。これは2000年8月に高値を記録してから最大の下落になる。

よく見ると、右肩上がりの線の途中に、あまり目立たない底値が多くあることが

図表29　バイ・ザ・ディップによる投資総額とキャッシュバランス

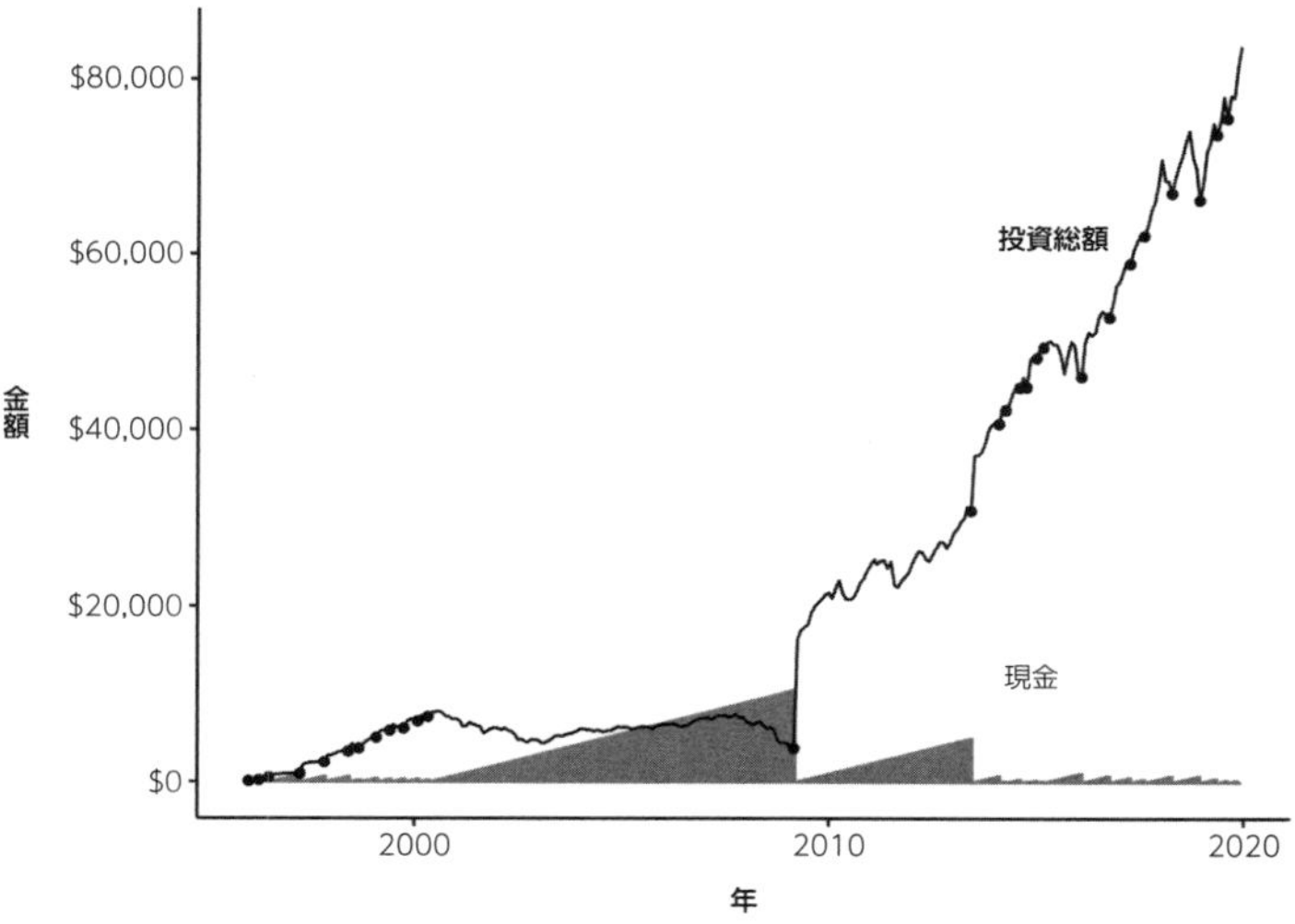

わかる。これらの底値は、強気相場の途中で頻繁に発生している（1990年代中盤から2000年頃、2010年代中盤）。

バイ・ザ・ディップの仕組みをわかりやすくするため、1996〜2019年の24年間のバイ・ザ・ディップによる投資総額とキャッシュバランスをグラフにしてみよう（**図表29**）。

どっちが儲かる？「バイ・ザ・ディップ」vs「ドルコスト平均法」

バイ・ザ・ディップで買いを入れるたびに（黒い点）、キャッシュバランス（グレーのアミかけ部分）がゼロとなり、投資総

図表30 「バイ・ザ・ディップ」と「ドルコスト平均法」の比較

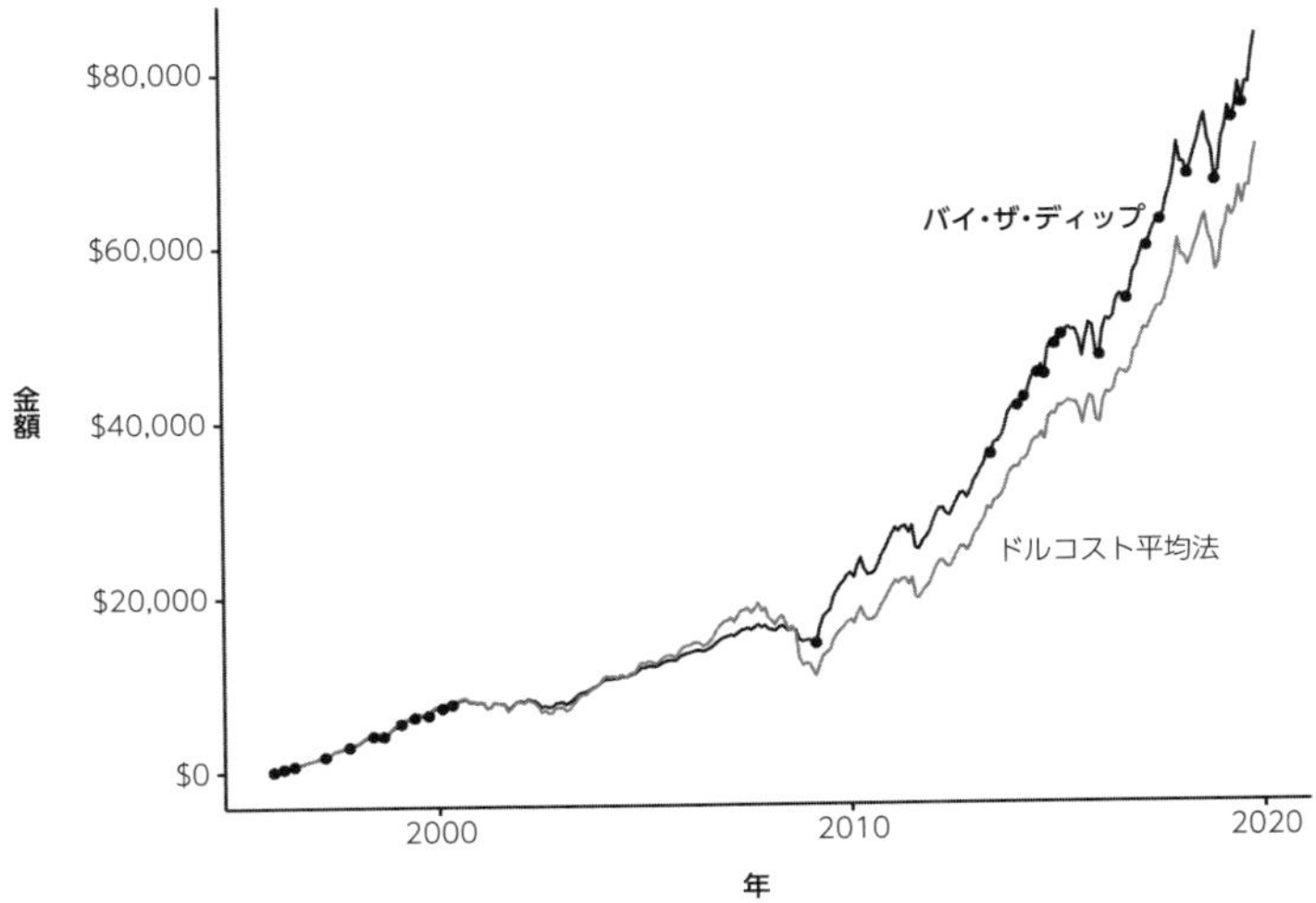

額が上がっていく。この動きが最大になっているのが、２００９年３月のタイミングだ。ここまで約９年間、買いを入れていないことで貯まった１万６００ドルをここで投資している。

バイ・ザ・ディップとドルコスト平均法のポートフォリオ価値を比較した**図表30**を見てほしい。

バイ・ザ・ディップが、２００９年３月の買いのあたりからドルコスト平均法のパフォーマンスを上回っていることがわかる。ここでも、黒い点はバイ・ザ・ディップで買いを入れたタイミングを示している。

なぜ、この１回の買いが特別に重要なのだろうか？

図表31 「バイ・ザ・ディップ」と「ドルコスト平均法」による投資が最終的にどれだけ増加したか（100ドル当たり）

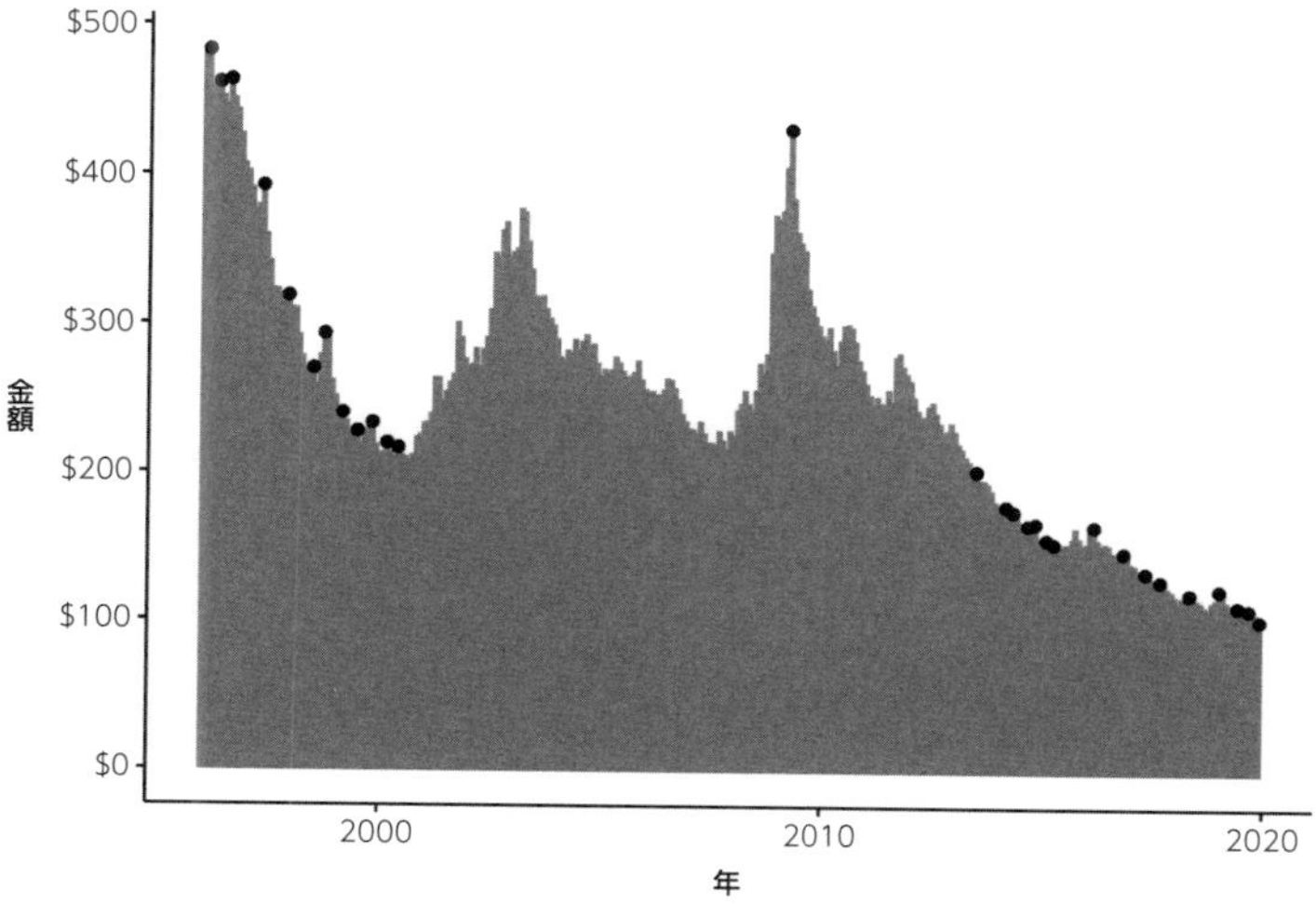

ドルコスト平均法で毎回投資した金額が、24年間でどのくらい増えたか、バイ・ザ・ディップで買いを行うタイミングと合わせて考えてみよう。

図表31は、各時点での100ドル当たりの投資が、2019年12月時点でどのくらい増えたかを示している（年月の上の点が、2019年12月時点の増加額）。

1996年1月に投資した100ドルは、約500ドルに増えている（黒い点はバイ・ザ・ディップで投資をしたタイミングを意味している）。

2009年3月に投資した100ドルは、450ドル近くにまで増えている（2010年付近にそびえ立っている点）。バイ・ザ・ディップには、この効果的なタイミ

図表32　「バイ・ザ・ディップ」と「ドルコスト平均法」による投資が最終的にどれだけ増加したか（100ドル当たり、1928〜1957年）

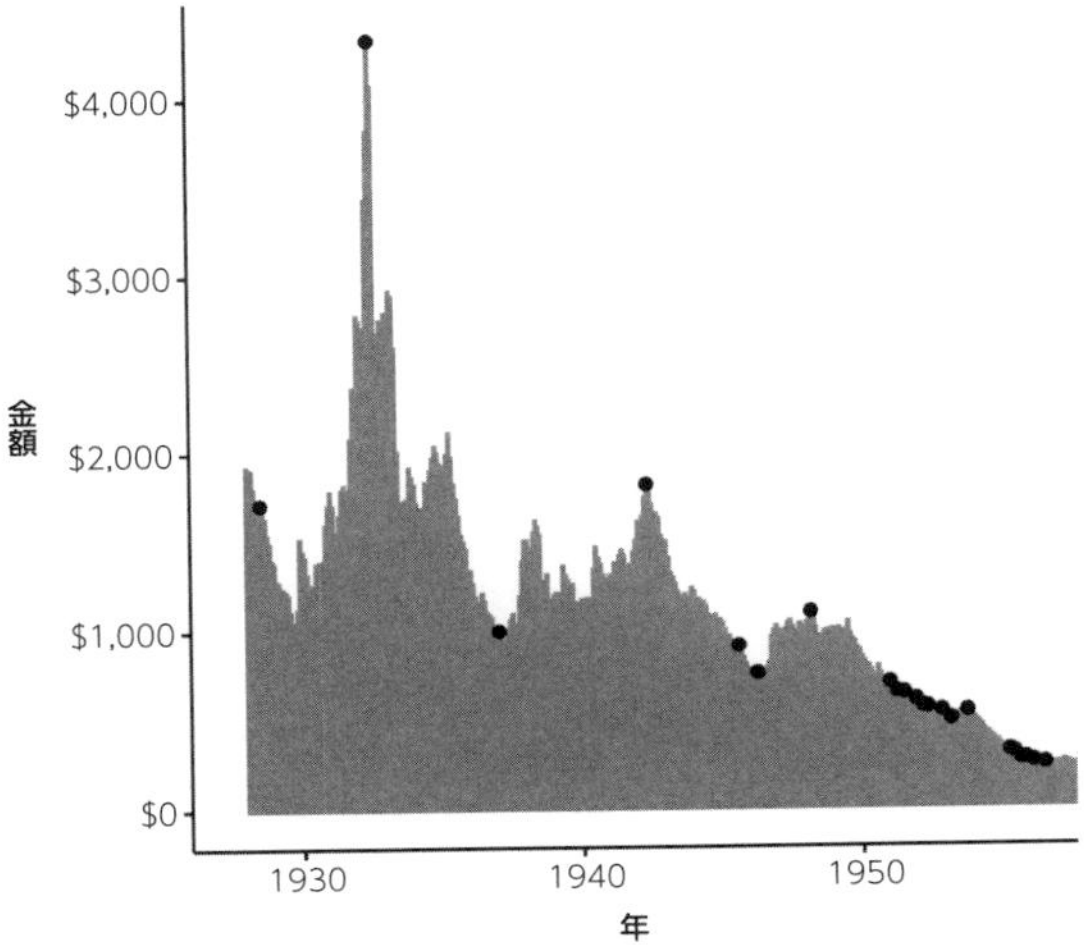

ングに大量に資金投入できるメリットがある。さらにこのグラフには、2つほど注意すべきポイントがある。

1　平均すると、早い段階で投資するほど増加額は多くなる（**複利**の力）

2　他より顕著に増加額が多くなる月がいくつかある（2003年2月、2009年3月等）

この2つのポイントから考えると、期間内の早い段階で大きな下落が起きた場合、バイ・ザ・ディップのパフォーマンスがドルコスト平均法を上回りやすくなるといえるだろう。

その好例が、1928〜1957年の

期間だ。この期間には、米国株式市場史上最大の暴落（1932年6月）も起こっている（**図表32**）。

この期間（30年間）では、バイ・ザ・ディップでの投資はとてもうまくいった。早い段階で起きた史上最大の暴落のタイミングで投資できたからだ。

1932年6月の底値のタイミングで投資した100ドルは、1957年には4000ドル超に増えた。米国株式市場の歴史で、これほど圧倒的な成長が見られた期間は他にない。ここまで読んで、まるで私がバイ・ザ・ディップを推しているように思った人もいるかもしれない。

だが、今見てきた1996〜2019年（24年間）と1928〜1957年（30年間）の両期間は、長期的な弱気相場（市場が下落傾向を続けること）の時期でもあった。

時間軸をさらに広げると、ほとんどの期間で、バイ・ザ・ディップのパフォーマンスはドルコスト平均法を**下回る**ことになる。

図表33は、バイ・ザ・ディップがドルコスト平均法を1年単位でどれくらい上回ったかを時系列で示したものだ。

バイ・ザ・ディップのパフォーマンスがドルコスト平均法を上回った場合は0・0％のラインより上に、下回った場合は0・0％のラインより下になる（この数値は、1年間の最後

図表33 「バイ・ザ・ディップ」と「ドルコスト平均法」の比較

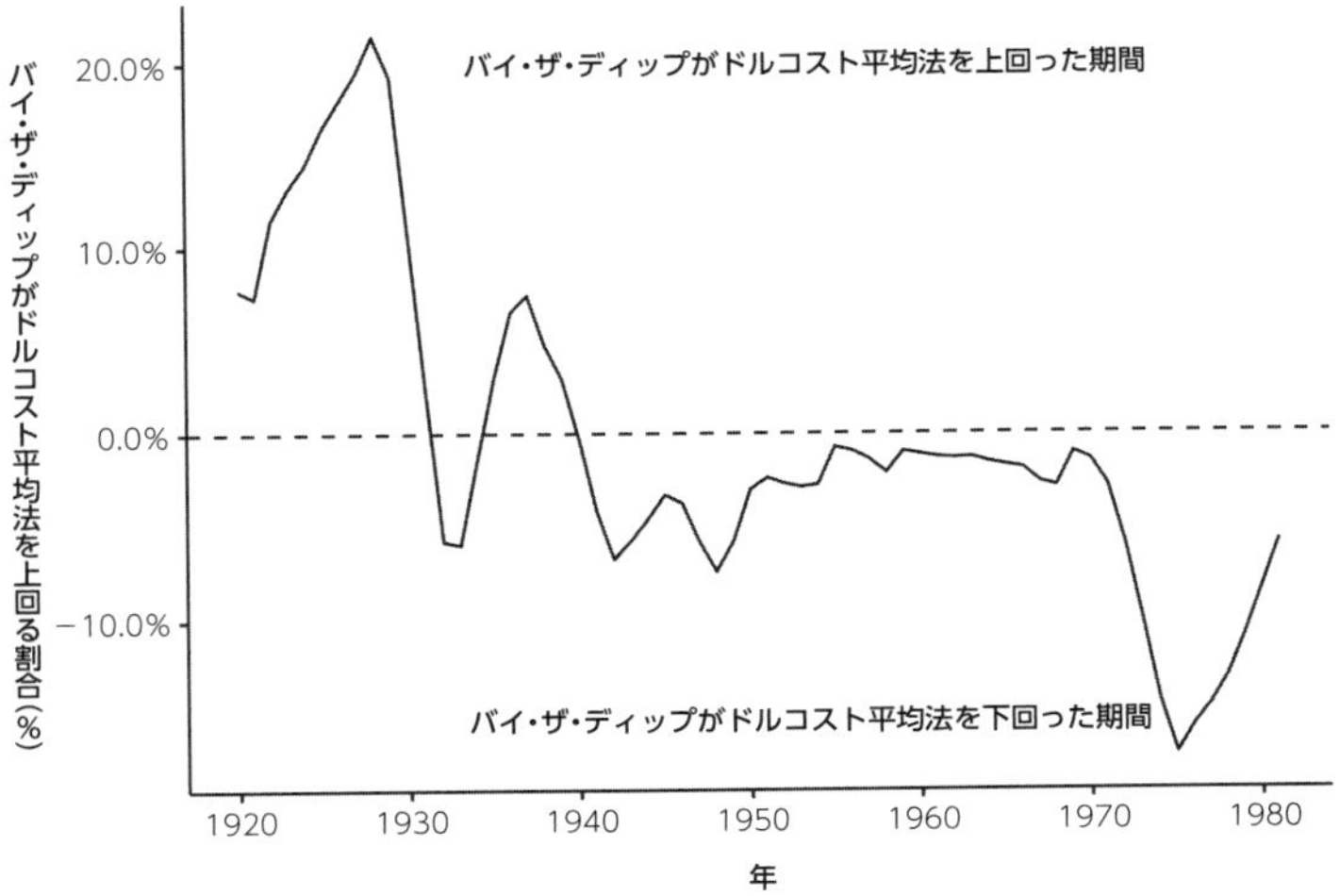

の時点でのバイ・ザ・ディップのポートフォリオ値をドルコスト平均法のポートフォリオ値で割って算出されている。よって、バイ・ザ・ディップのポートフォリオ値のほうが大きければプラスに、小さければマイナスになる)。

具体的には、バイ・ザ・ディップは7割以上の確率でドルコスト平均法よりパフォーマンスが低い(0・0%ラインの下に位置している)。

バイ・ザ・ディップは1920年代にはパフォーマンスがよく(1930年代の厳しい弱気相場のため)、ドルコスト平均法を最大20%以上も上回っていた。

だが、1930年代の弱気相場が終わるとパフォーマンスが落ち、時間の経過とともに悪化している。最悪のパフォー

図表34 「バイ・ザ・ディップ」と「ドルコスト平均法」の40年間の比較

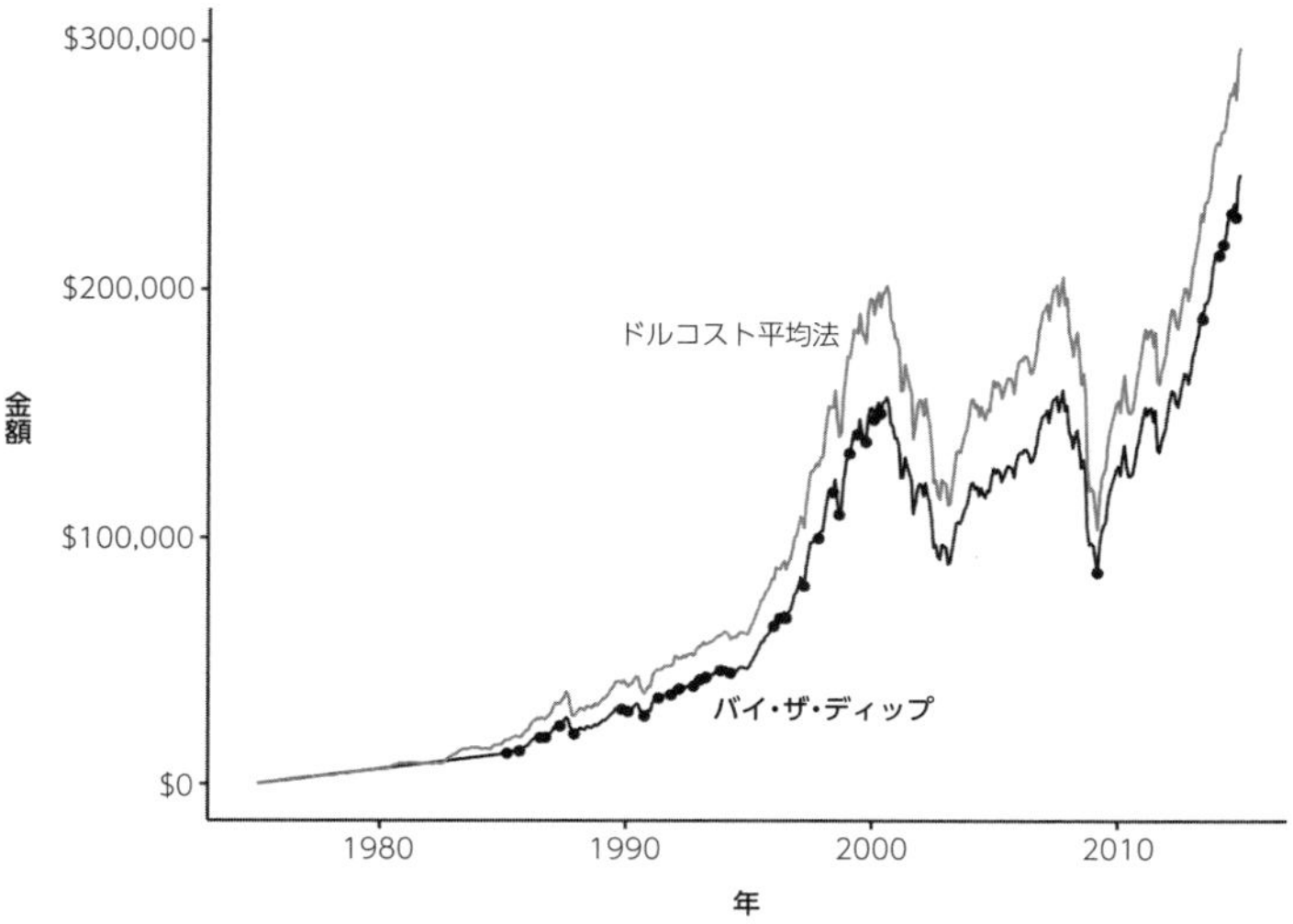

マンス（ドルコスト平均法との比較で）だったのは、1974年の弱気相場の直後だ（1975年以降に開始した投資）。

1975年から2014年（40年間）にかけては、バイ・ザ・ディップにとって特に悪い期間になる。

1974年の底値を逃すことになるからだ。次の史上最高値は1985年まで起きないため、それまでは投資するチャンスがない。

このように、バイ・ザ・ディップにとってタイミングが悪い期間では、ドルコスト平均法が簡単にパフォーマンスで上回る。

図表34は、1975年から始まる40年間のバイ・ザ・ディップとドルコスト平

図表35 「バイ・ザ・ディップ」の投資が最終的にどれだけ増加したか（100ドル当たり）

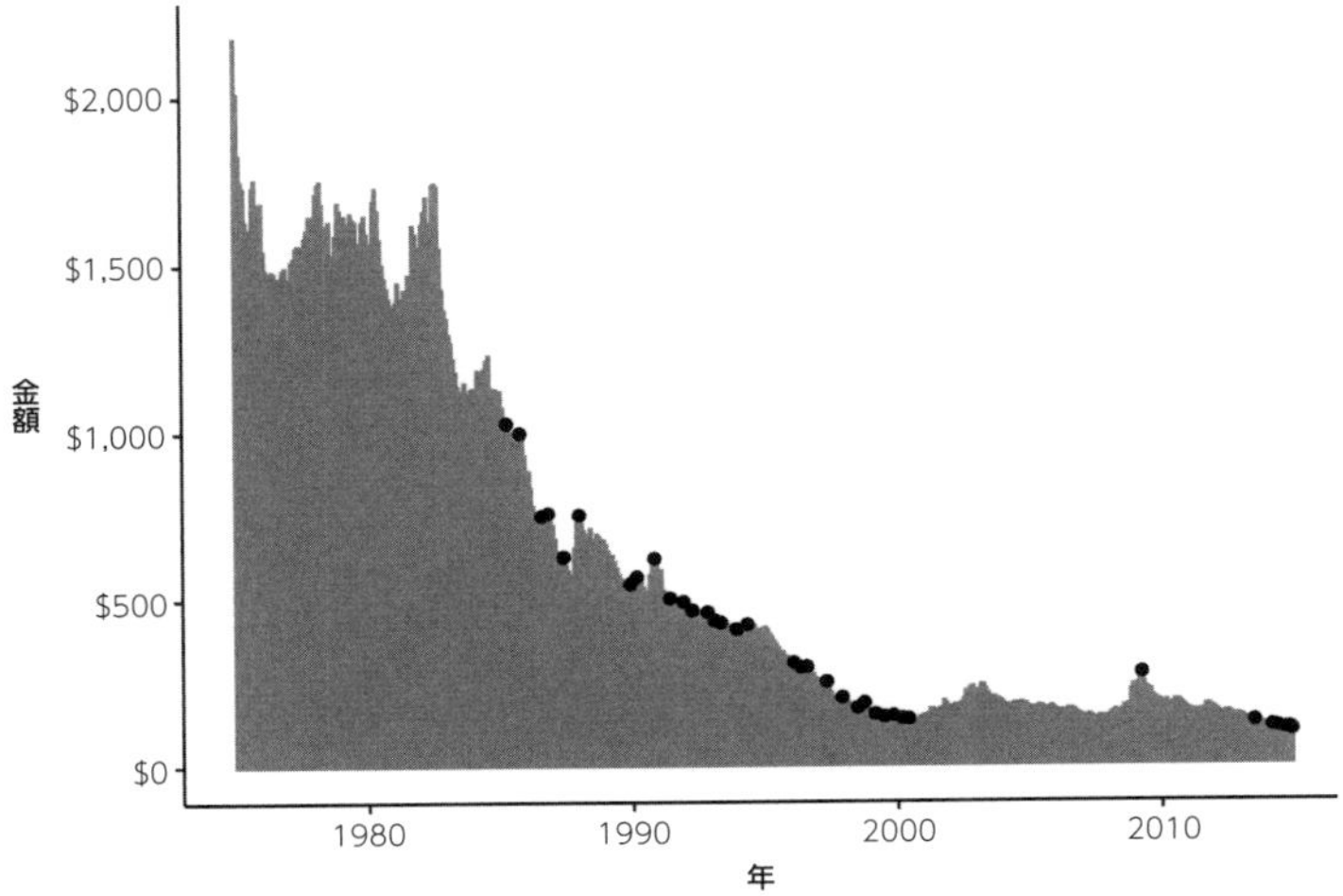

均法の比較を示している（ここでも、黒い点はバイ・ザ・ディップで投資したタイミング）。

ドルコスト平均法はバイ・ザ・ディップに対して早い段階でリードを広げ、そのまま一度も追いつかれていない。

この期間にバイ・ザ・ディップの投資のタイミングとなる大きな下落が何度かあったが、期間の後半に発生するため複利効果を生む時間は少ない。

さらに**図表35**で、この期間の投資がどれくらい増加したかを見ると、より鮮明になる。

1928〜1957年（30年間）、1996〜2019年（24年間）とは違い、1975〜2014年（40年間）では、バイ・ザ・ディップは前半に大きな底値で投資することができなかった。

2009年3月の下落時に投資できたが、この期間の終盤であるため、ドルコスト平均法を上回るほどのリターンは得られない。

つまり、底値がいつか、あらかじめわかるという完璧な情報を持っていたとしても、バイ・ザ・ディップは概してドルコスト平均法よりパフォーマンスが低いということだ。

次の底値を待って現金を貯めていても、できるだけ早く投資する場合に比べパフォーマンスが悪くなる可能性が高い。

なぜか？

いつまで経っても、のどから手が出るほどほしい底値がきてくれないかもしれないからだ。その結果、相場が上がり続ける中で指をくわえて見ていることしかできず、数か月（またはそれ以上）を無駄にして、複利で運用資産を増やすチャンスをみすみす逃してしまう。

そもそも、ここまでは、市場の底値を正確に把握できると想定してきた。

だが、実際には不可能だ。神でさえ、底値のタイミングを完全に予測することなどできない。

私は、底値と2か月ズレた地点で投資するという条件で、バイ・ザ・ディップのシミュレーションを続けてきた。

結果、実に**97%の確率で、バイ・ザ・ディップはドルコスト平均法のパフォーマンスを下回る**ことがわかった。

現実的には、底値を2か月以内の誤差で見極められる人は相当な投資の力量がある。その人でさえ、**長期的にはドルコスト平均法に勝てない**のだ。

まとめ——ジャスト・キープ・バイイングの核心

本章のおもな目的は、**底値を待って現金を貯めるのは意味がない**と繰り返し読者に伝えることにある。

「ジャスト・キープ・バイイング」（ドルコスト平均法）のほうがはるかに優れた投資法なのだ。

また、前章で触れたように、投資は早いほうがいい。

これらを合わせると、はっきりとした結論が導かれる。

できるだけ早く、頻繁に投資すべき——。

これが**ジャスト・キープ・バイイングの核心。**これは、**時間や場所を超える原則**である。

たとえば、1926年以降任意の月から、幅広い米国株を対象に10年間投資を続けた場合、現金で保持していた場合に比べ98％の確率で資産が増え、83％の確率で5年物米国債の運用実績を上回る。

なにより、その間に平均で10・5％も資産を増やせる。[87]

1970年以降の世界各国の株式に対して同様に分析した場合、現金保有を85％の確率で上回り、約8％の運用益を生み出すことがわかった。[88]

どちらの場合も、富を築く方法は同じである——そう、**ジャスト・キープ・バイイング**だ。

神でさえドルコスト平均法に勝てないのなら、私たちにチャンスはあるだろうか？

それでも、最後に笑うのは神

この章では、投資はタイミングと運に大きく左右されることを見てきた（これは正式には「シークエンス・オブ・リターン・リスク」と呼ばれている。詳しくは次章で）。

たとえば、この章で分析した期間のうち、最良の40年間と最悪の40年間を比較してみよう。最良の40年間は1922～1961年の期間になる。

この期間にドルコスト平均法で総額4万8000ドル（40年×12か月×100ドル）を投資すると、最終的には50万ドル以上（インフレ調整後）に膨れ上がる。

これを最悪期の40年間、1942～1981年と比べてみよう。

この期間では、ドルコスト平均法で総額4万8000ドル投資すると、最終的には15万3000ドルにしかならない。これは226％の差で、ドルコスト平均法とバイ・ザ・ディップのタイミング戦略の間で生じるどの差よりもはるかに大きい。

残念ながら、あなたの投資戦略によって生じる違いは、その時期の市場がもたらす違いより重要ではない。投資では運によって左右される要素が極めて大きいのだ。つまり、**最後に笑うのは神**ということだ。

次章では、「**投資が『運』に左右される理由**」について詳しく見ていこう。

第15章

投資が「運」に左右される理由

と、なぜ「運」を気にしすぎる必要がないのか？

成功における「運」の役割について

１９７０年代後半の米国の出版界には、作家は年に1冊以上本を出すべきではないという風潮があった。年に1冊以上出版すると、著者のブランド名が薄まってしまうと考えられていたのだ。

これは、年2冊ペースで書いていた多作のスティーヴン・キングにとって困った問題だった。そこでキングは執筆のペースを落とす代わりに、「リチャード・バックマン」というペンネームで作品を発表することにした。

その後数年間、キングが書いた本はすべてミリオンセラーになったが、リチャード・バックマン名義の本はそれほど売れなかった。キングは伝説的な有名作家で、バックマンは無名だったからだ。

しかし、ワシントンDCの書店員スティーブ・ブラウンが、キングとバックマンの文体が似ていることに気づくと、状況は一変した。

証拠を突きつけられたキングは、数週間後にブラウンのインタビューに応じ、自白した。

実業家のフランス・ヨハンソンは、著書『成功は〝ランダム〟にやってくる！――チャンスの瞬間「クリック・モーメント」のつかみ方』（池田紘子訳、CCCメディアハウス）で、その後の顚末を次のように述べている。

「1986年に秘密が明らかになると、キングはバックマンの作品をすべて本名で再出版した。キング名義になったこれらの作品は、たちまちベストセラーリストをかけのぼった。『痩せゆく男』（真野明裕訳、文藝春秋）の米国での初版は2万8000部だった――バックマン名義で書いた本の中で最も多い部数であり、一般的な著者の平均初版部数を大きく上回る。だがリチャード・バックマンがスティーヴン・キングであるとわかった瞬間、この本は瞬く間に300万部を売り上げた」

この現象はスティーヴン・キングに限ったことではない。「ハリー・ポッター」シリーズの著者、J・K・ローリングも、「ロバート・ガルブレイス」というペンネームで『カッコウの呼び声――私立探偵コーモラン・ストライク（上・下）』（池田真紀子訳、講談社）という本を書いたが、高度な文体分析を行う人物に見破られた。[89]

ガルブレイスがローリングであると世間に知られた直後、『カッコウの呼び声』の売上は前年比で1500倍に増え、アマゾンのベストセラーリストの順位も総合4709位から

3位に躍り出た[90]。

キングとローリングのエピソードは、成功における「運」の役割について厳しい真実を教えてくれる。

もちろん、キングとローリングの作家としての業績は偶然の産物ではない。

だが、バックマンとガルブレイス名義の作品が同等の質で書かれていたにもかかわらず、キングとローリングのいつもの作品のように数百万部の売上に届かなかった理由を説明するのは難しい。出版界では、有名作家の名前で書かれたものかどうかという運が、本が売れるか否かを大きく左右している。

残念ながら、私たちの人生を左右するこの摩訶不思議な運の力は、投資の結果にも大きな影響を与えうる。

生まれ年は投資結果に影響している!?

「生まれ年のようにランダムなものは、投資の力とは無関係なのでは？」と思うかもしれない。

だが、それは間違いだ。

図表36　S&P500投資の幸運／不運な10年

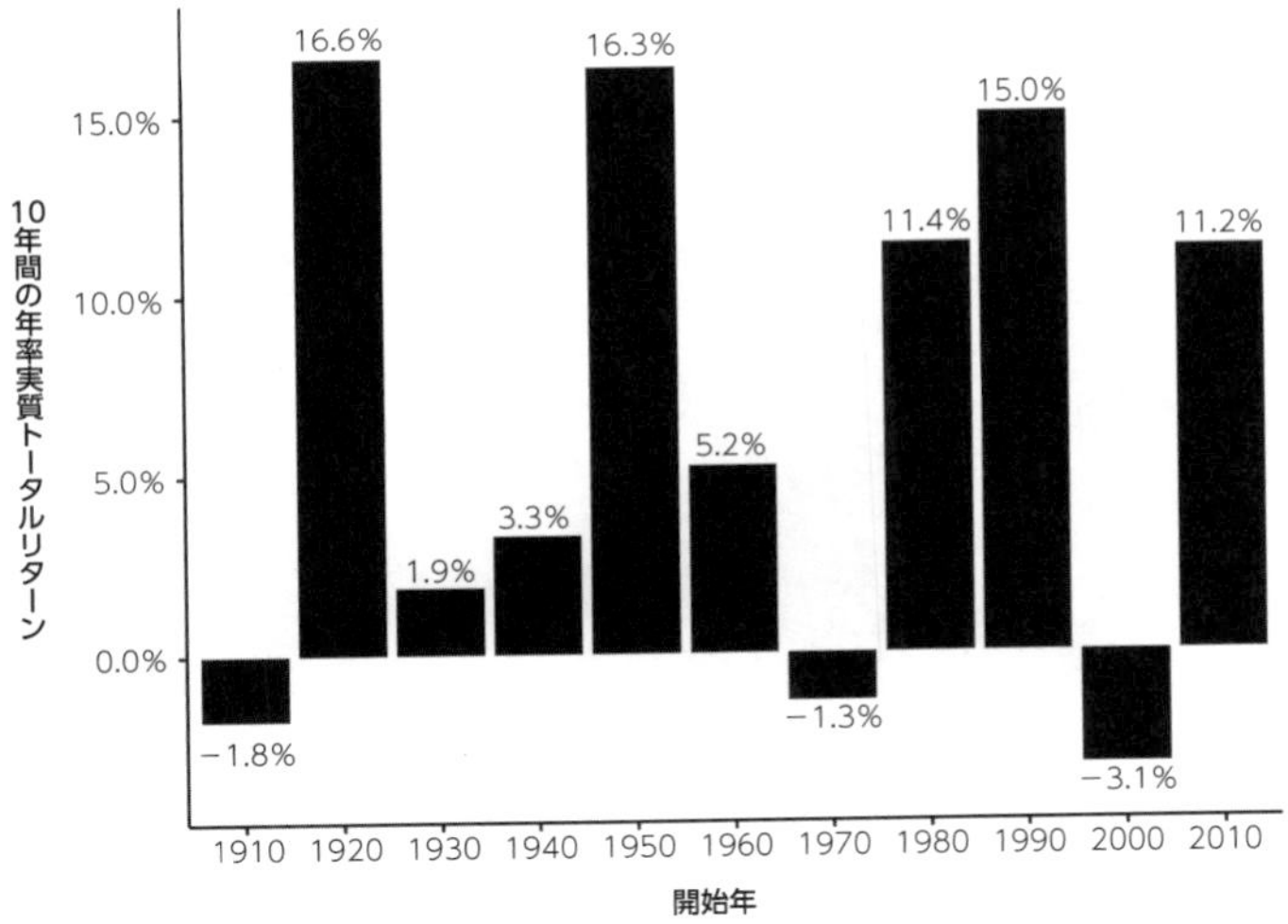

歴史を振り返ると、株式市場は大きな波があり、変動を予測するのは容易ではない。

ここで、1910年以降にS&P500に投資した場合の10年後の年率リターン（配当込、インフレ調整後）について考えてみよう（**図表36**）。

つまり、どの年代に投資していたかによって、10年間にわたって毎年のリターンが最高でプラス16・6%、最低でマイナス3・1%になることもある。この20ポイント近くの差は、投資家の力量とは関係なく、各年代の市場によって生み出されたものだ。

これだけではない。期間を20年に広げても、年率リターンの差は依然として大

図表37　**20年単位で見たS&P500の年率実質トータルリターン**

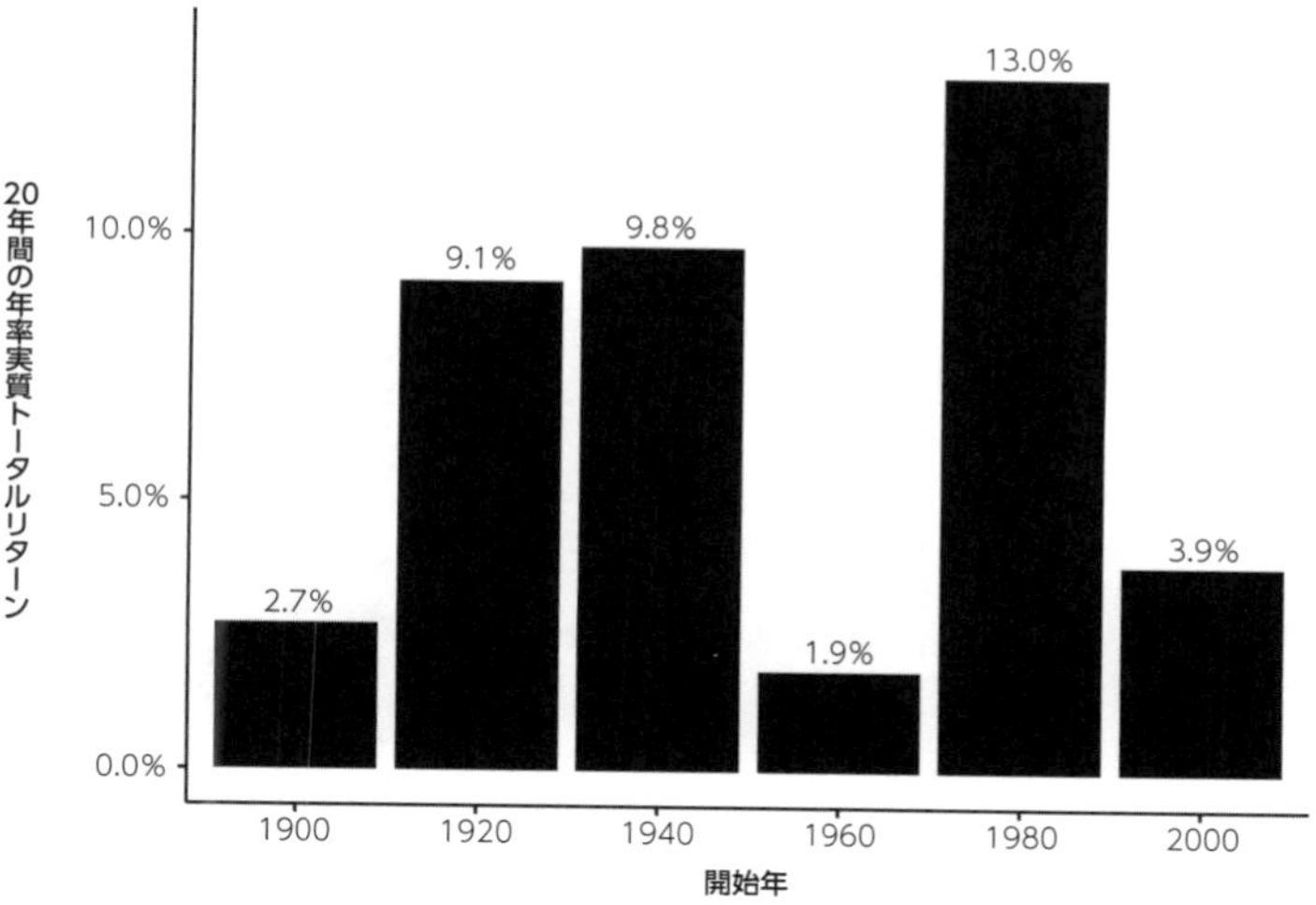

きい（**図表37**）。

図表37のとおり、投資していた期間によって、20年間で得られるリターンは最高で13・0%、最低で1・9%になる。

このように時期によってリターンが変動するため、有能な投資家のパフォーマンスが、単に幸運に恵まれただけの投資家に劣ることがある。

たとえば、1960〜1980年に毎年5%市場を上回る運用成績を残した人が得られるリターンは、1980〜2000年に毎年5%市場を下回る運用成績を残した人のリターンより少ないことになる。

前者の期間の年率実質トータルリターンが1・9%だったのに対し、後者は13・

図表38　30年単位で見たS&P500の年率実質トータルリターン

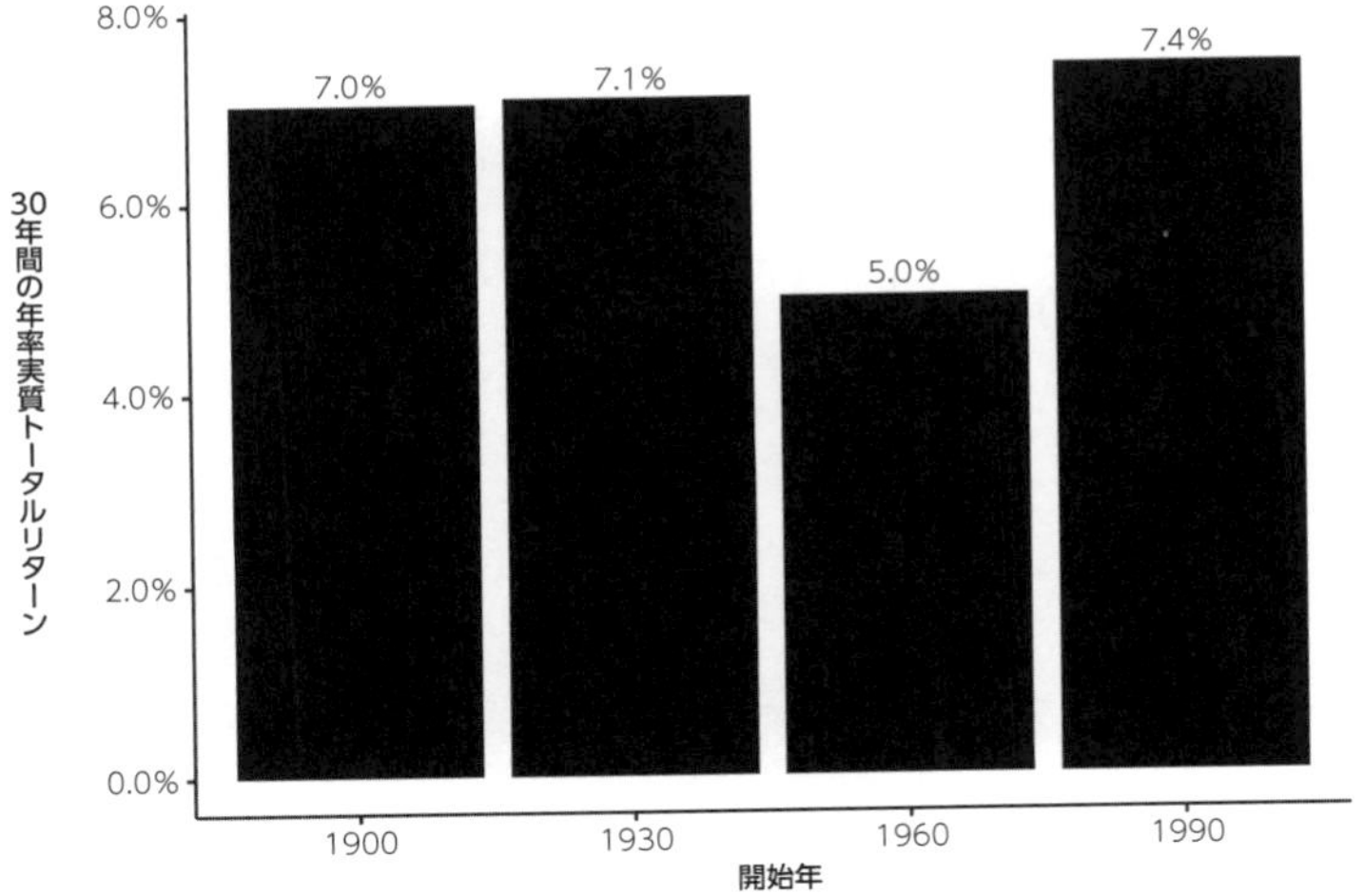

0%だったからだ（前者は1・9%＋5%＝6・9%、後者は13%－5%＝8%となり、後者のリターンが上回る）。

考えてみてほしい。単に投資を始めた時期が違うというだけで、凄腕の投資家（年率5%市場を上回る成績を残せる）が、お粗末な投資家（年率5%市場を下回る成績しか残せない）より得られるリターンが少ないのだ。これは極端な例かもしれないが、難しい市況で投資をしなければならない場合、熟練の投資家（アウトパフォーマー）が技量の低い投資家（アンダーパフォーマー）に負けることがあるのは事実だ。

だが朗報もある。期間を30年間に広げると、年率リターンの差は、はるかに小さくなる（**図表38**）。

重複しない4期間のデータのみを対象にしたものではあるが、このグラフは米国株に長期投資をすることで十分なリターンが得られることを示唆している。

これが将来的にも当てはまる確証はないが、過去のデータを見る限り、私はそうなると考えている。

運が投資収益全体にどんな影響を与えるかを考察したところで、次に投資収益の順序と重要性について見てみよう。

なぜ、リターンの「順番」が重要なのか？

1万ドルを投資し、その後4年間で次のようなリターンを得たとしよう。

- 1年目＝プラス25％
- 2年目＝プラス10％
- 3年目＝マイナス10％
- 4年目＝マイナス25％

もしこの順番が違っていたら、得られる額は違ってくるのだろうか？

たとえば、右と同じリターンを逆の順番で得たとする。

- **1年目＝マイナス25％**
- **2年目＝マイナス10％**
- **3年目＝プラス10％**
- **4年目＝プラス25％**

投資した1万ドルの最終的な価値は、リターンの順番によって変わるだろうか？

答えはＮＯだ。

その後の資金の増減をしない、一度きりの投資をする場合、リターンの順序は関係ない。

ウソだと思うなら、試しに「3×2×1」と「1×2×3」の答えが同じにならないことを証明してみてほしい。

だが、長期的に投資額を増やして（あるいは減らして）いく場合はどうだろう？

リターンの順序は問題になるだろうか。

答えはＹＥＳだ。

長期的に投資額をつぎ足していくと、次第に投資したお金の量が増えていくので、投資期間全体のうち**後半のリターンが重要**になってくる。

つまり、投資額を増やせば増やすほど、投資期間後半のリターンの重要性が増す。

また、投資期間の前半より後半のほうが投資額の絶対量が増えるため、マイナスのリターンによって被るダメージも大きい。

通常、個人投資家は、時間の経過とともに投資額を増やしていくため、**リターンの順序は他のどのリスクよりも大きいといえるほど重要**になる。

これは正式には、P290でも少し触れた「**シークエンス・オブ・リターン・リスク**（リターン順序のリスク）」として知られている。

投資では「終盤」がなにより大切な理由

この仕組みを、次のシミュレーションで確認してみよう。

次の2つのシナリオのもとで、20年間、毎年5000ドル投資するとしよう。

1．前半にリターンがマイナス――最初の10年間のリターンは毎年マイナス10％で、残

図表39　マイナスのリターンは「投資期間の後半」になるほど大きなダメージを与える

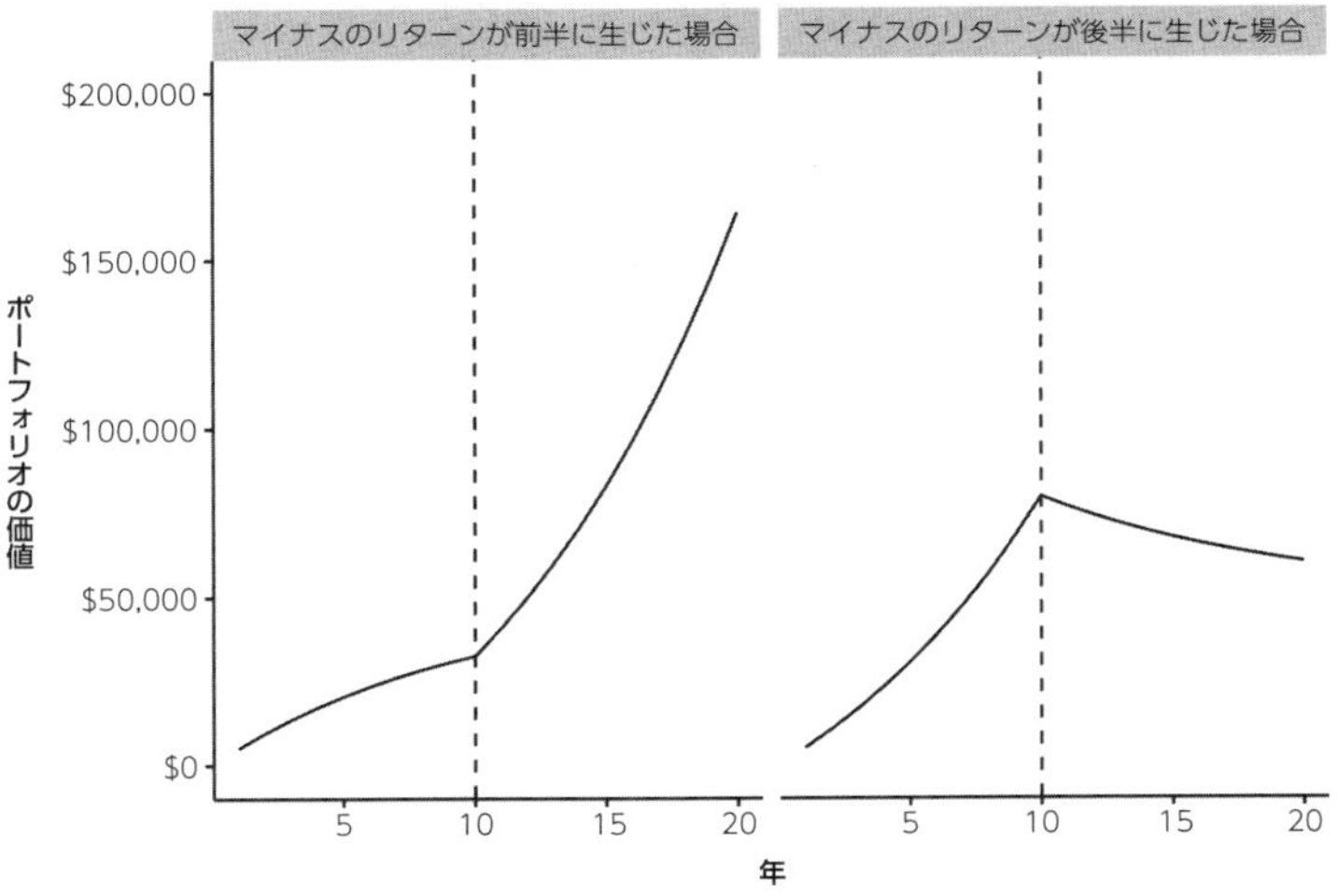

りの10年間はプラス10%になる

2. 後半にリターンがマイナス――最初の10年間のリターンは毎年プラス10%で、残りの10年間はマイナス10%になる

どちらのシナリオでも、リターンの割合と20年間の総投資額（5000ドル×20年＝10万ドル）は同じだが、リターンのタイミングだけが違う。

図表39で、各シナリオの最終的なポートフォリオの価値を見てみよう。

図の右半分と左半分のそれぞれ中央にある縦の破線は、20年の投資期間の折り返しであり、リターンがマイナスからプラス、プラスからマイナスへと切り替わる10年経過後の時点を表している。

ご覧のように、毎年の投資額は同じ5000ドルにもかかわらず、最終的なポートフォリオの評価額はリターンの順序によって大きく変わる。

マイナスのリターンが投資期間の前半に起きた場合は、マイナスのリターンが後半に起こった場合に比べ評価額は10万ドル以上も多くなるのだ。

投資期間の後半（投資額が最も多くなる時期）にリターンがマイナスになるのは、投資期間の前半にリターンがマイナスになるよりはるかに悪い。

つまり、**投資では終盤こそがなにより大切**なのである。

「リタイア後、最初の10年間の投資リターン」に注目せよ

あなたが（他の多くの投資家と同様）年齢を重ねるごとに資産を増やしていくとすると、最も重要なリターンは、**引退が近づき、老後生活に入る時期**に生じることになる。

この時期にリターンが大きくマイナスになると、**資産が大幅に減る**可能性がある。

そのとき、資産を再び大きく増やせるほど人生の残り時間は多くない。

そのうえ、老後生活に入ってからは、資産を取り崩していくことも考えられる。

その場合、さらに速いペースで資産が減っていくだろう。

幸い、この時期に1、2年市況が悪い年があっても、老後に大きな影響はないことがある研究によって示唆されている。

金融の専門家マイケル・キッツは、「データを詳しく見ると、リタイア後1、2年目のリターンとポートフォリオから安全に引き出せる額の割合の間には、ほとんど関係がない。（中略）老後生活が市場の暴落から始まったとしても、これは同じだ[91]」と述べている。

だが、キッツは**老後生活の最初の10年間**になると、リターン（インフレ調整後）に大きな影響が生じるという。

1、2年、悪い年があっても大したことはないが、10年続くと大きなダメージになる可能性がある。

つまり、**リタイア後の最初の10年間の投資リターンがとても重要**なのだ。

次に、生まれ年別の、投資リターンが最も重要になる10年間を見てみよう（65歳でリタイアすると仮定）。

- 1960年生まれ → 2025〜2035年
- 1970年生まれ → 2035〜2045年

・1980年生まれ ↓ 2045〜2055年
・1990年生まれ ↓ 2055〜2065年
・2000年生まれ ↓ 2065〜2075年

私は1989年生まれなので、2055〜2065年（最も多くの額を投資しているはずの時期）の投資リターンが重要になる。

だが、望むようなリターンが得られなかったとしても、自分のファイナンスに与える運の影響を極力減らす方法はある。

投資の「不運」を軽減する3つの方法

投資では運がカギを握っているのは事実だ。

だが、あなたが思っている以上に、自分の将来のファイナンスはコントロールできる。市況がどうあれ、どの程度貯蓄／投資するか、どの資産に投資するか、どのくらいの頻度で投資するかは自分で決められるからだ。

確かに、投資はあなたの人生に配られるカードの一つだ。だが、あなたはそのカードを使ってゲームをプレーできる。

私は投資でも人生でも、運が大きな役割を担っていることを認めている。だが、私は決してそれに対して無力ではない。あなたにとってもそうであるべきだ。不運が起こる前にも後にも、それに対処するためにできることは必ずある。

たとえば、あなたがリタイア間近で、今後の株式市場が悪い10年を迎えようとしていると不安になっているなら、次の3つの方法でマイナス面を回避できる。

・**低リスク資産（債券等）に分散投資する**——老後に備えて十分な債券を保有していれば、株価の下落時に資産を取り崩す際、株ではなく債券を売ることでマイナスの影響を抑えられる

・**市場の低迷時は、資産の取り崩し率を減らす**——年率4％で資産を取り崩そうとしていたときは、一時的にその率を下げることで市場の暴落による損失を軽減できる

・**パートタイムの仕事をして収入を補う**——リタイア生活のメリットは、自分の時間を使って何をするかを決められることだ。市場が低迷しているときは、資産を取り崩す代わりに、できる範囲で働き、収入を補うことを検討してみよう

リタイア間近ではない人にとっても、分散投資や、収入や支出の一時的な変更は、経済的に困難な時期を乗り越えるのに役立つ。

また、若い人にとって、不運を和らげる最善策は「**時間**」そのものだ。

第13章で見たように、**ほとんどの市場は、ほとんどの期間、上昇している。**

つまり、若い人が投資をするうえで、**時間ほど頼もしい味方はない。**

現在のあなたの経済状況がどうあれ、不運に対処する選択肢は必ずある。

そもそも、不運はあなたが思っているほど悪いものではない。それは、ゲームの一部なのだ。

次章では、「**相場の変動を恐れるな**」ということについて見ていこう。

第16章

相場の変動を恐れるな

投資で成功するための「入場料」

長期的に投資で成功し続ける人の共通点

フレッド・スミスは途方に暮れていた。

すでに資産の大半をフェデラル・エクスプレス（後のフェデックス）という宅配会社の設立のためにつぎ込み、出資パートナーであるジェネラル・ダイナミクス社から追加出資を断られたばかりだった。

ある金曜のことだった。翌週のジェット燃料の代金2万4000ドルを、次の月曜までに払わなければならない。

だが問題があった。フェデラル・エクスプレスの銀行口座には、5000ドルしかなかった。

スミスは自分が思いつく唯一の手段を実行に移した――ラスベガスに飛び、虎の子の5000ドルを賭け金にしてブラックジャックをしたのだ。

月曜の朝、フェデラル・エクスプレスのゼネラル・マネジャー兼オペレーション・チーフのロジャー・フロックは、会社の銀行口座を確認して驚き、すぐにスミスに何があったか尋ねた。

スミスは白状した。

「ジェネラル・ダイナミクスから出資をしてもらえなかった。月曜に金が要るのがわかっていたから、ラスベガスに飛んで、賭けをして勝ったのさ」

そう、スミスは会社の全資金を賭け金にして、ブラックジャックで大勝ちしたのだ。

あっけにとられたフロックは、なぜ虎の子のお金をギャンブルにつぎ込むような危険なまねをしたのか迫った。

スミスは答えた。

「どのみち危なかったんだ。月曜までに燃料会社に金を払えなければ、飛行機で荷物を運べなかったんだから」[92]

スミスのエピソードは、リスクと「何もしないことのコスト」についての重要な教訓を示している——**まったくリスクを取らないことが、最大のリスクになる**ときがある。

これは投資にも当てはまる。

金融メディアは、ヘッジファンドが大失敗したり、宝くじに当たった人が破産したりすると大きく取り上げる。

だが、何十年も現金で持ったまま富を築くチャンスを逃し続けている人については、記事にすらしない。

リスクを避け続けている人は、何年経ってもリターンを得ることはない。

だがそれは、**リスクを取りすぎたのと同じくらいダメージを被る可能性**があることなのだ。

市場のボラティリティを恐れる人ほど危ない。リスクばかりに目がいくと、プラス面を逃してしまうのだ。

もしあなたがプラス面（投資によって資産を増やす）を望むのなら、ボラティリティと周期的に訪れる資産の下落を受け入れなければならない。

これは、**長期的に投資で成功するための〝入場料〟**なのだ。

だが、ボラティリティはどのくらい許容できるものなのか？

この入場料はいくらなのか？

本章では、簡単なシミュレーションを通じてこの問題を考察していこう。

「下落回避戦略」か？　「バイ・アンド・ホールド」か？

ここで毎年12月1日に、翌年の米国株式市場について有益な情報を教えてくれる精霊がいたとしよう。

残念ながら、この精霊は「この株を買え」とか、「市場はこう動く」と教えてくれるわけではない。だが、今後1年間で株価が最悪時にどのくらい下落するか（年間最大下落率）は教えてくれる。

ここで質問がある。あなたは、翌年、株価がどれだけ下落すれば、株式投資をやめ、債券投資に切り替えるだろう？

もし精霊が来年のある時点で株価が40％下落すると教えてくれたら、あなたは株式投資を続けるか、それとも債券投資に切り替えるか？

下落率が20％の場合は？　あなたの限界値はどこだろう？

まずは、この問題をよく考えられるようにデータを提供したい。

１９５０年以来、Ｓ＆Ｐ５００の年間最大下落率は平均13・7％。中央値は10・6％だ。つまり、１９５０年以降、任意の年の1月2日にＳ＆Ｐ５００を買った場合、1年以内に市場が10・6％以上下落する確率と下落しない確率はそれぞれ50％ということだ。

また平均すると、株価はその年のある時点で13・7％下落する。

図表40は、１９５０年以降のＳ＆Ｐ５００の年間最大下落率を示している。

最も下落率が大きかったのは、２００８年（この年の11月下旬にＳ＆Ｐ５００は前年比48％下落）。では、このデータを見た後で、あなたはどの程度までの下落率を受け入れるか？

図表40　**年間最大下落率の推移**

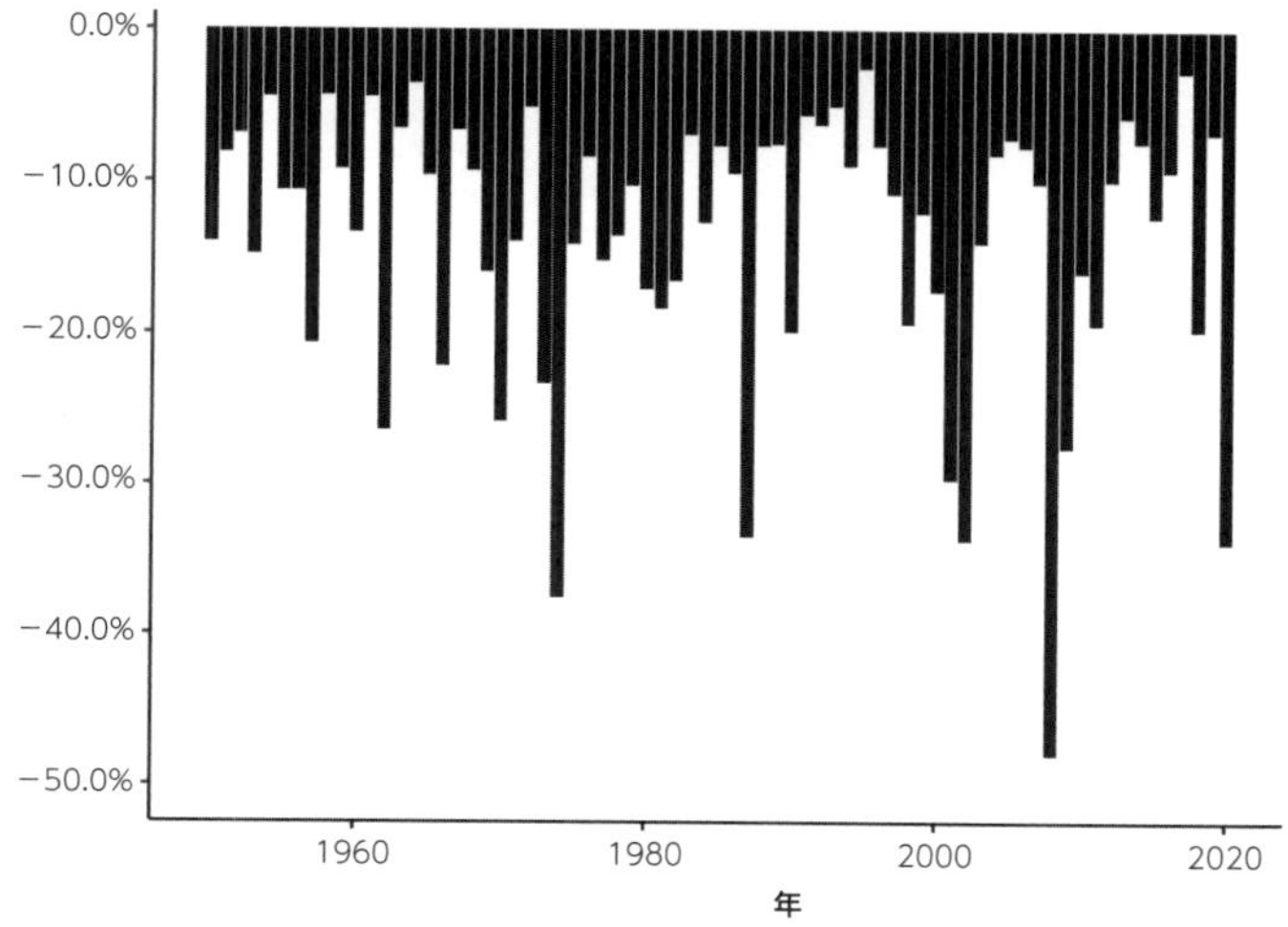

まず、あなたがお金に対して超保守的だと仮定してみよう。

あなたは「1年間の最大下落率が5％以上であれば株を避け、すべて債券に投資する」と精霊に告げる。

これを「**下落回避戦略**」と呼ぼう。

株の最大下落率が高すぎる年（この場合は5％以上とする）には、全資産を債券に移し、それ以外の年には全資産を株式に移す。毎年、全資産を債券で保有するか、株式で保有するかのいずれかになる。

1950年から2020年にかけ、下落回避戦略に基づき、毎年1ドル投資を続けた場合（最大下落率が5％以上の年は全資産を債券に移動）、得られたはずの収益を**大幅に取り逃す**ことになる。

図表41　「バイ・アンド・ホールド」と「下落回避戦略」の比較

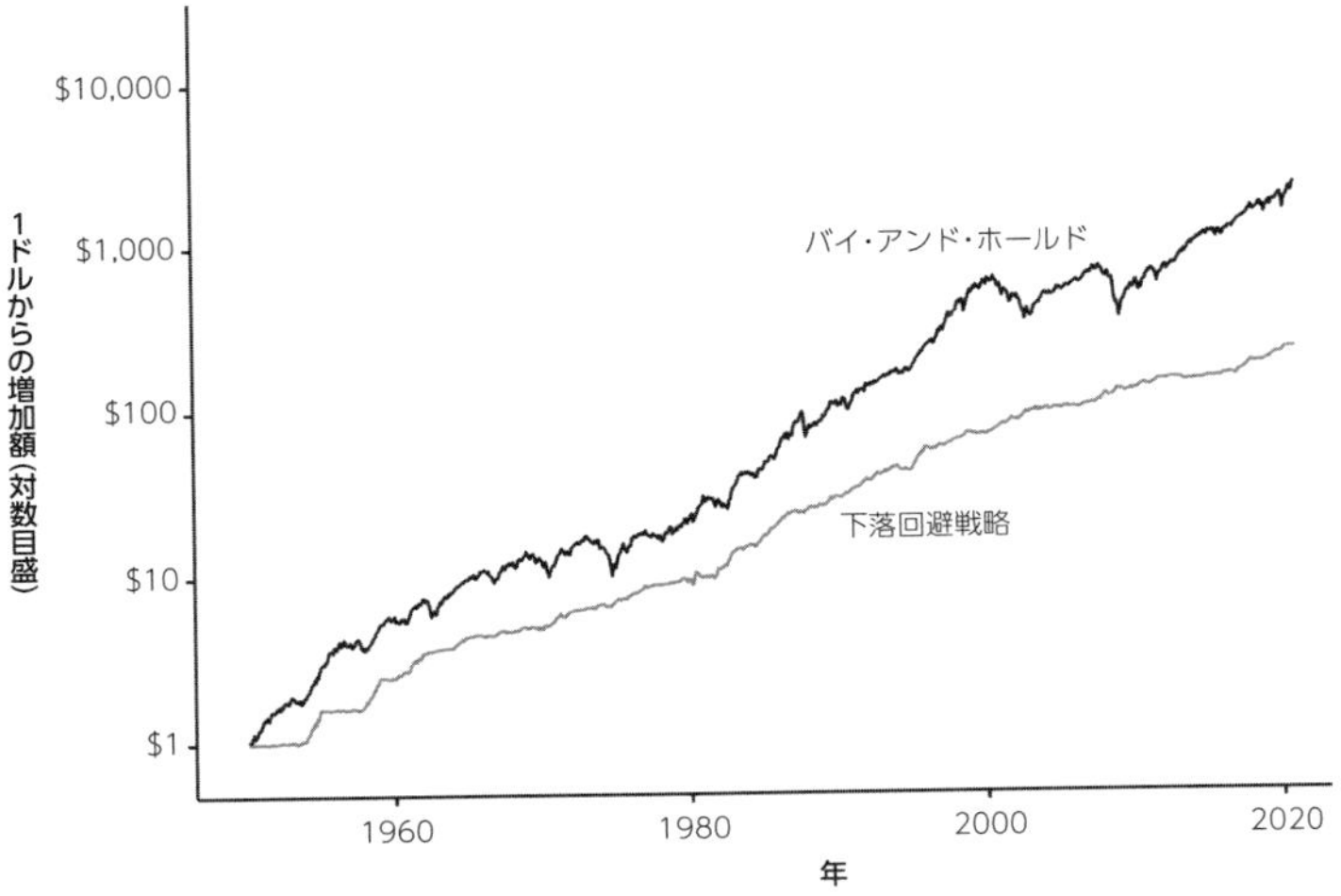

2018年時点で、毎年1ドルずつ投資を続けて一度も退場しなかった場合（一般的に「バイ・アンド・ホールド」と呼ばれる）に比べ、資産は**9割**も少なくなるのだ。

この状況を**図表41**に示そう（「バイ・アンド・ホールド」と「下落回避戦略」の差が大きいため、視覚的にわかりやすく表現されるよう、縦軸は対数目盛を用いている。よって、目盛ごとに桁数が一つ上がっていることに注意してほしい）。

全期間で下落回避戦略がバイ・アンド・ホールドのパフォーマンスを下回ったのは、**市場を退場している（投資をしていない）期間が長すぎるから**だ。

具体的には、この期間の9割（1950年以降の7年間を除く）を債券のみに投資し

図表42　下落回避戦略で債券に投資していた年（最大下落率５％以上）

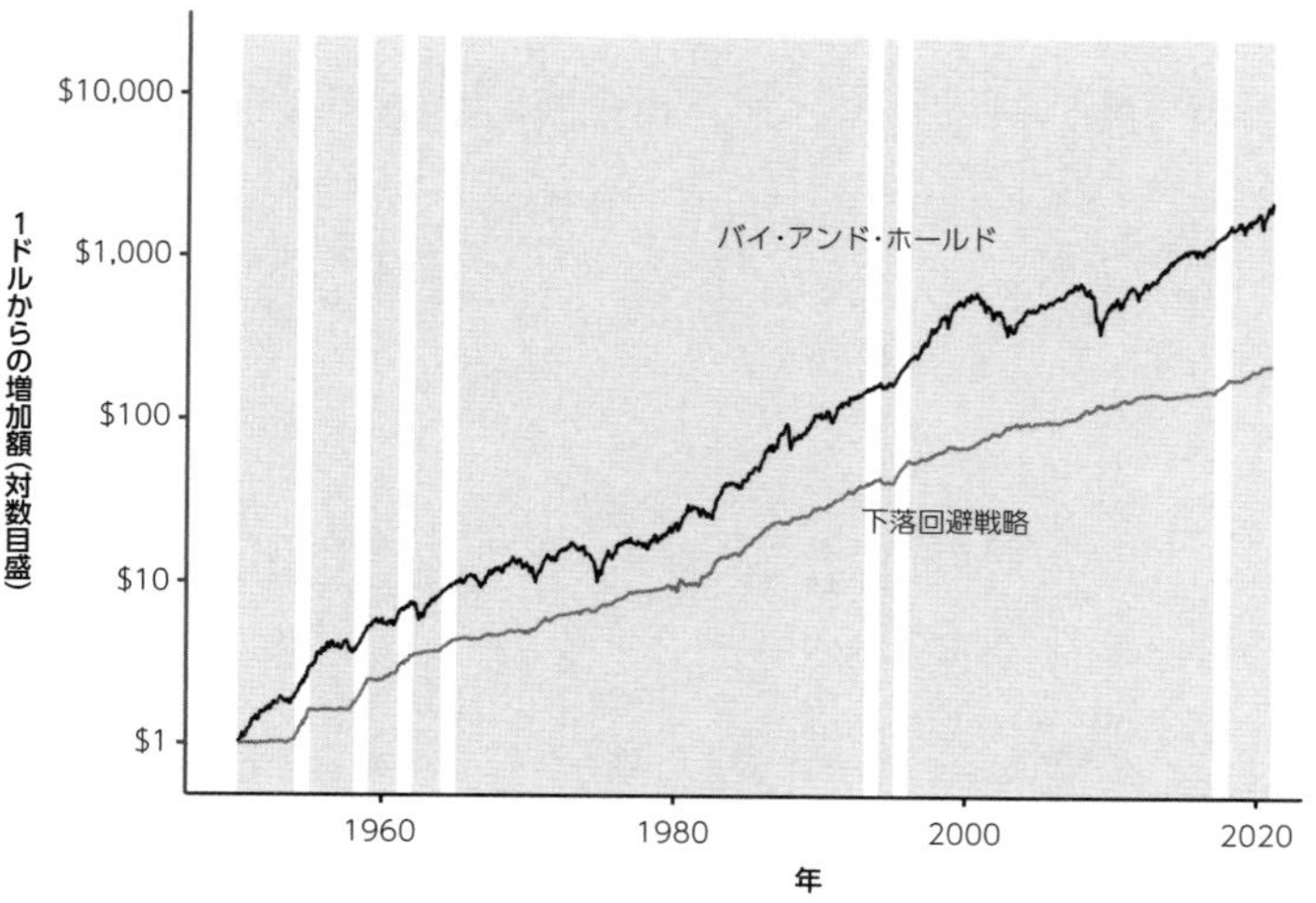

ていたことになる。

図表42でわかりやすく説明してみよう。この図では、下落回避戦略により債券に投資していた年がバックのグレーのアミかけ部分で示されている。それを除けば、前の図表41とまったく同じだ。

債券への投資が多すぎ、株式市場の成長に乗っかることができていない。

リスクを避けすぎたあまり、結果的にバイ・アンド・ホールドのパフォーマンスを大幅に下回っている。

ということは、5％以上の下落率を回避しようとするのは慎重すぎるということになる。

では、逆の極端な方法として、40％以上の下落率を回避する場合はどうだろう。

図表43　下落回避戦略で債券に投資していた年（最大下落率40％以上）

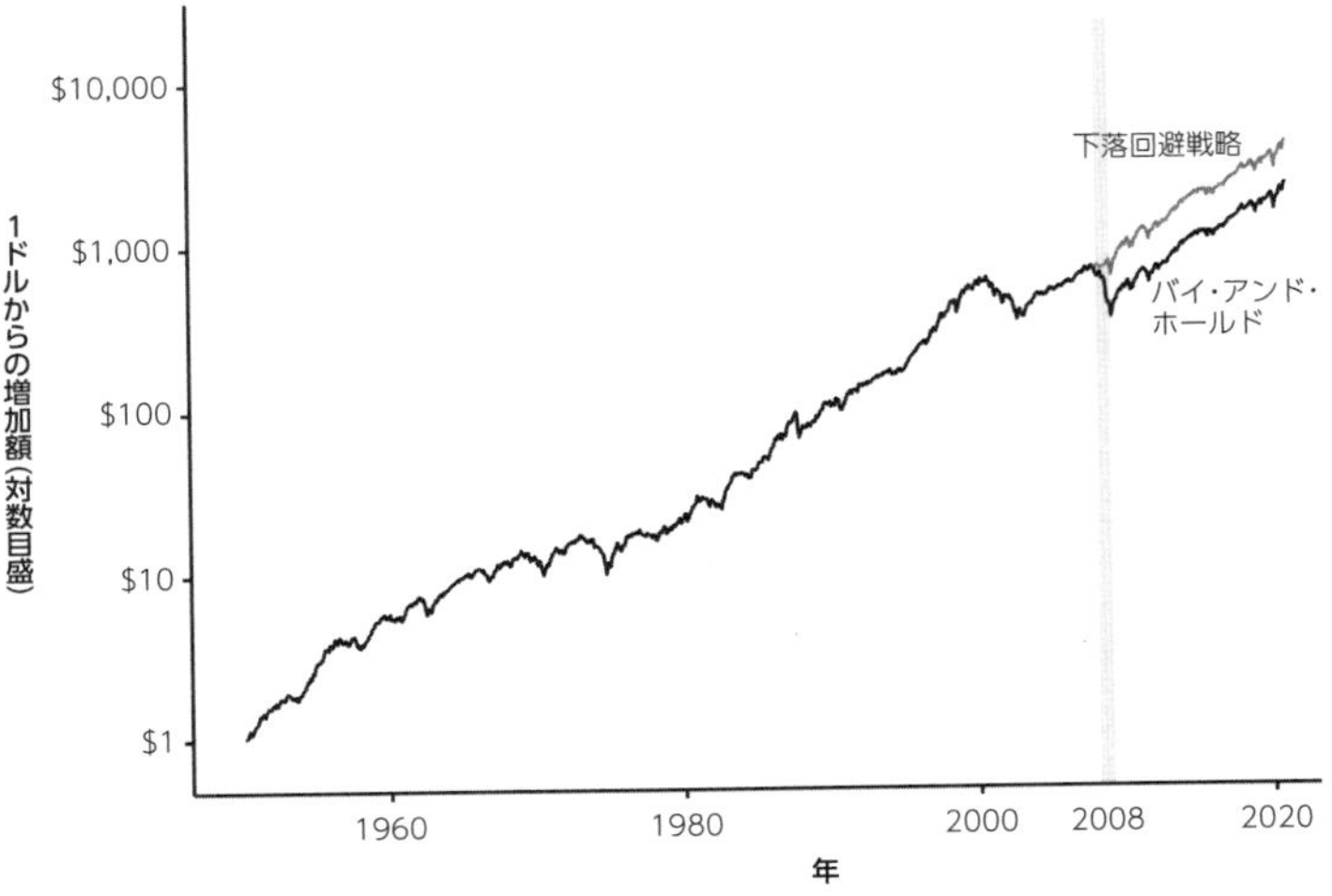

その場合、1950年以降で株式市場を退場するのは2008年のみとなる。

これは、**図表43**で下落回避戦略がバイ・アンド・ホールドと異なっている唯一のポイントだ。

「15％超」という黄金律

図表43で下落回避戦略（グレーの線）は最終的にバイ・アンド・ホールド（黒の線）を上回ってはいるが、その差はそれほど大きくない。もっと保守的になれば（リスク許容度を上げれば）、はるかによい結果を出せるはずだ。

では、どれだけ保守的になればいいのだろう？

図表44 「バイ・アンド・ホールド」と「下落回避戦略(最大下落率15％超)」の比較

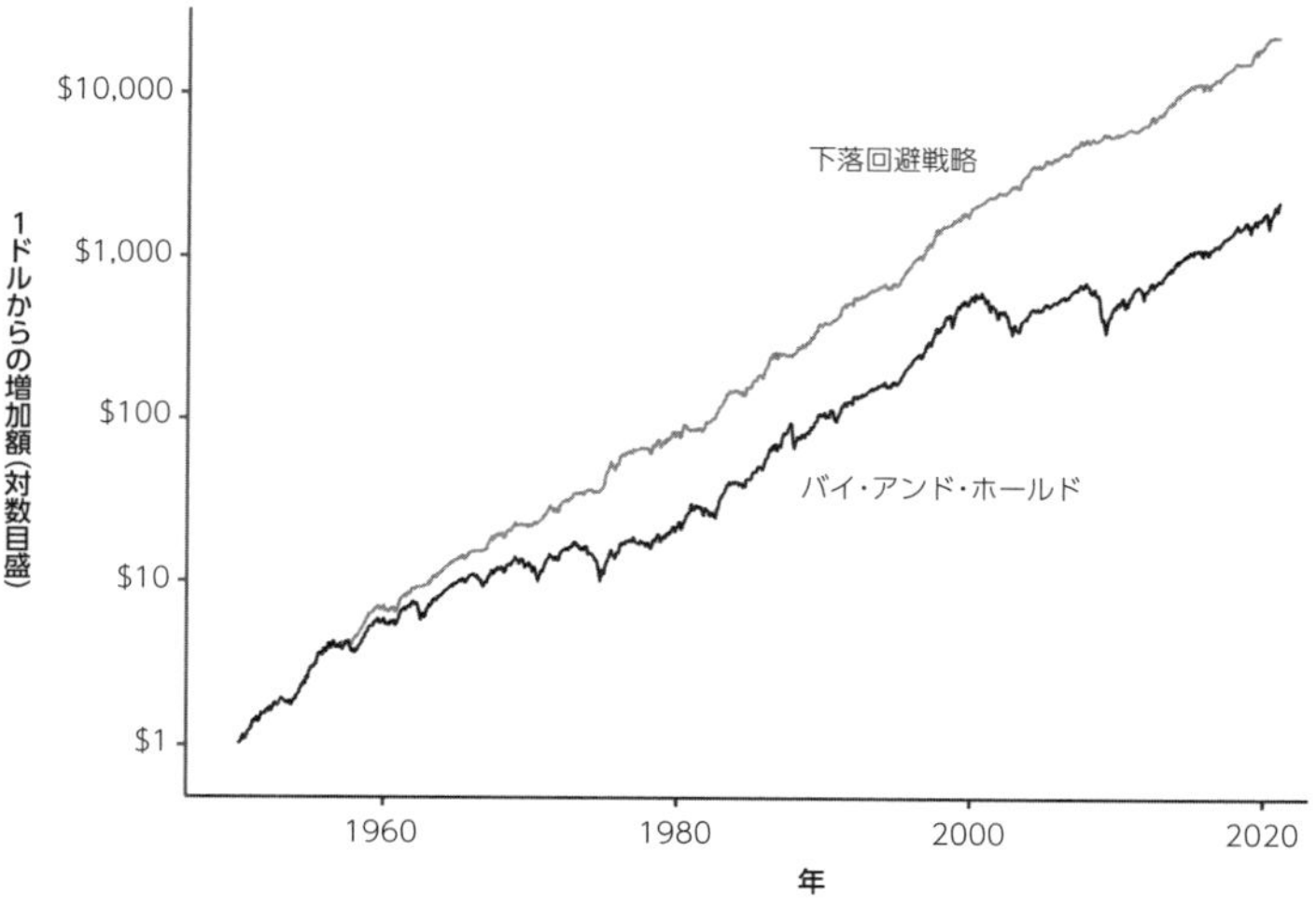

資産を最大化するには、どの程度の下落を避けるべきなのか？

答えは、**最大15％超**だ。

株価が最大15％超下落する年には債券に投資し、それ以外の年には株式に投資することで、資産を最大化できる。

このように投資すると、1950～2020年の期間のパフォーマンスはバイ・アンド・ホールドの**10倍**にもなる。**図表44**を見ると、最大15％超の下落率を回避する下落回避戦略とバイ・アンド・ホールドの違いがわかる。

これが下落回避戦略にとっての最適な領域、たとえるなら**宇宙で生命が存続できるゴルディロックスゾーンのような領**

図表45　下落回避戦略で債券に投資していた年（最大下落率15％超）

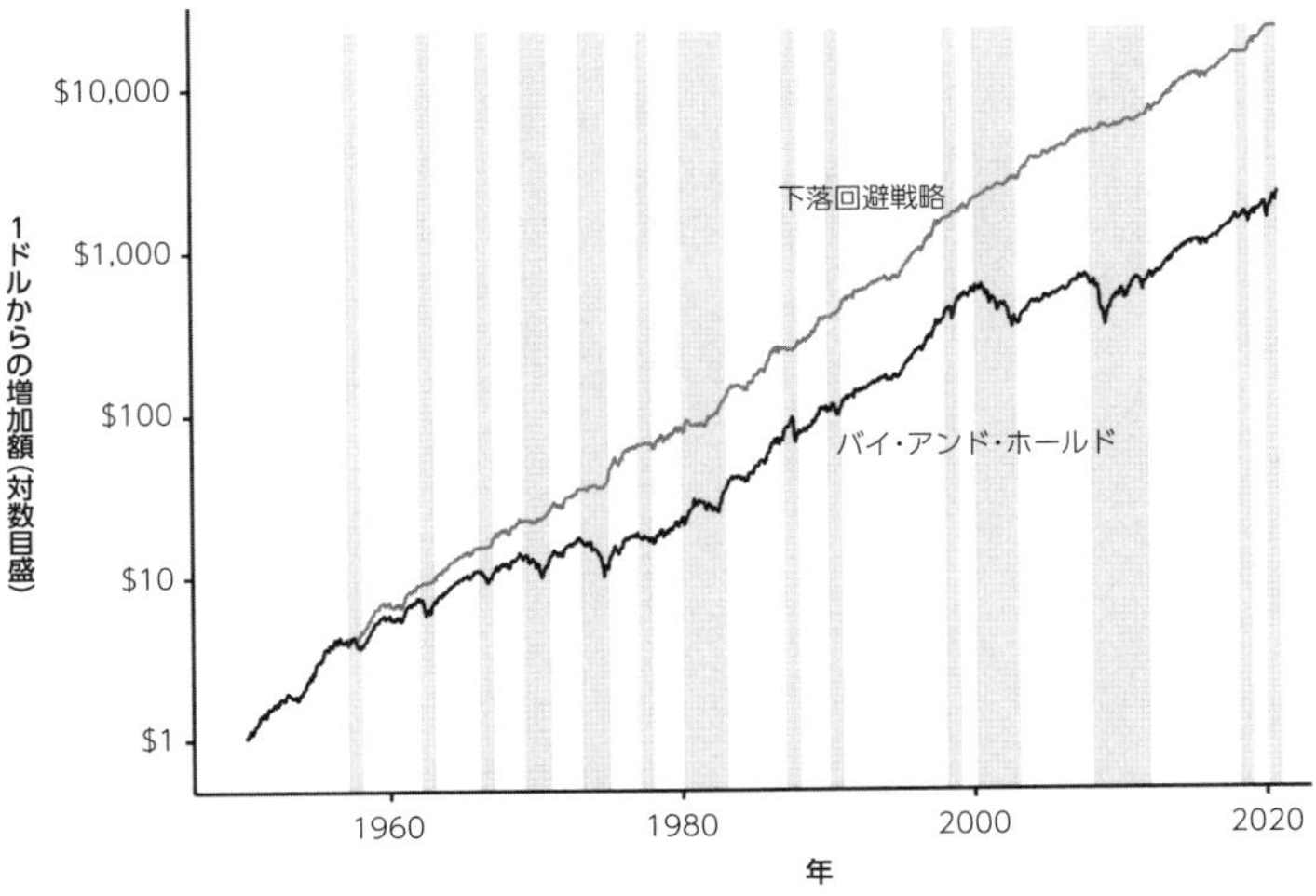

域である。

リスクはそれほど高くないが、臆病でもない。

この場合、期間内の約3分の1を債券に投資し、3分の2を株式に投資することになる。

図表45のバックのグレーのアミかけ部分が、債券に投資した年である。

最大下落率の基準を15％超（たとえば20％や30％）にすると、損失が発生しやすい時期の株式市場に投資する期間が長くなるため、パフォーマンスが低くなる。

なぜなら、一般的に、S&P500の年間最大下落率が上がると、年間リターンが悪化するという相関があるからだ。

図表46にある、S&P500の年間最

図表46　S&P500の年間最大下落率と年間リターンの関係(1950〜2020年)

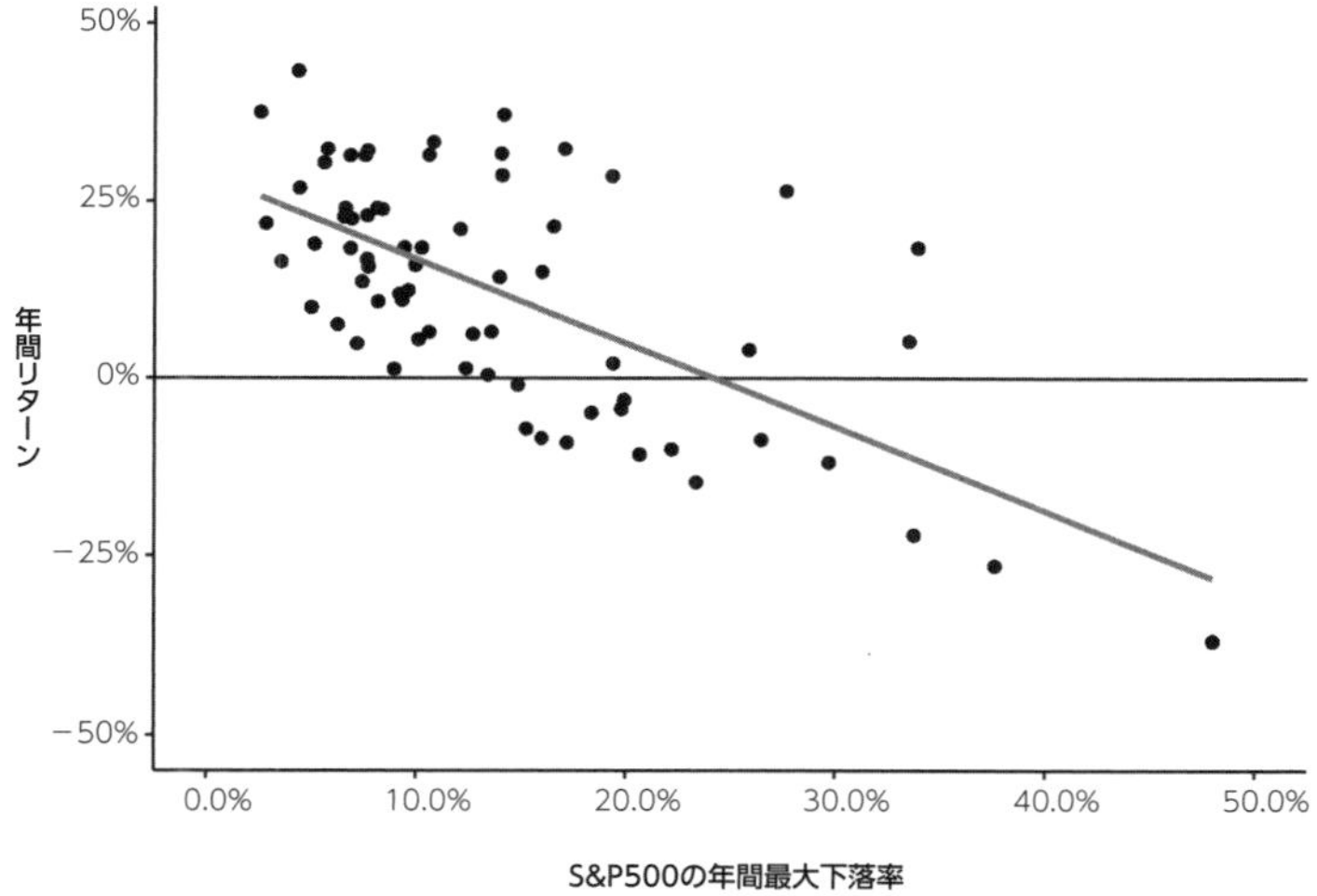

大下落率と年間リターンの関係を示したグラフを見ると、この事実がよくわかる。

ご覧のように、年間最大下落率と年間リターンには負の関係がある。概して、株価が大きく下落した年は、よいリターンが期待できない。

ただし、すべての下落が悪いわけではない。実際、1950年以来、**年間最大下落率が10%以下の場合はすべて、S&P500は年間リターンをプラス**で終えている。

魔法の精霊はいない

この分析により、私たちが受け入れられる年間最大下落率のレベル（0〜15%）

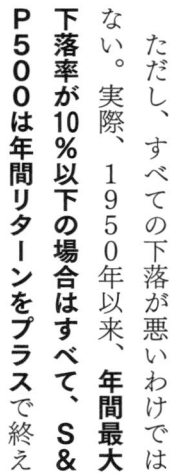

と、**避けるべきレベル（15％超）を区別**できるようになる。これは投資家にとって**市場への〝入場料〟**だ。

株式市場では、途中で困難を体験せずに無賃乗車することはできない。メリットを得るには、デメリットとも共存しなければならない。

本章で見てきた多くの図表が示すように、困難な時期を避けることでパフォーマンスは上げられる。

だが、それがいつ発生するか、正確に知るのは不可能だ。

残念ながら、魔法の精霊はいない。

では、その代わりに何をすればいいか？

そう、投資対象は株だけではない。私たちは分散投資ができる。どのような資産を保有するか、いつ資産を保有するか、いろいろな方法がある。

様々な収益資産に長期投資していけば、ボラティリティが激しい状況になってもしっかり対処できる。

バフェットのビジネスパートナーの金言

なにより、ボラティリティはこのゲームの一部に含まれていると考えるべきだ。

ボラティリティは、投資家の世界から取り除くことができない。これは、私だけが言っていることではない。ウォーレン・バフェットの長年のビジネスパートナーであるチャーリー・マンガー（1924〜）の含蓄のある言葉を紹介しよう。

「1世紀に2、3回の割合で起こると予想される50％の市場暴落に腹を据えて対応できなければ、一人前の投資家とはいえず、大したリターンも期待できないだろう」

マンガーは、他の多くの偉大な投資家と同様、市場のボラティリティに耐えようとしている。

あなたはどうだろう？

それでもボラティリティが怖いなら、市場の暴落に対する考え方を見直す必要があるかもしれない。

次章では「**暴落時の投資法**」について見ていこう。

第17章

暴落時の投資法

パニック時でも
平静さを保つメンタル

暴落時でも動じないメンタル

私は、2020年3月22日の朝に体験したことを生涯忘れないだろう。それは日曜だった。食料を買いに、マンハッタンの2番街、30丁目にある地元のスーパー「フェアウェイ」に向かった。

わずか2日前、S&P500は3・4%の下落でその週を終えていた。1か月前の高値から、すでに32%もの下落だ。私はパンデミックの影響で世界経済が停滞している中で市場がどうやって回復するのか、自分が納得できる答えを探しながら苦しんでいた。

ニューヨークではレストランの屋内営業が禁止され、NBAのシーズンは中断された。結婚式をキャンセルしたという知人からのメールが受信トレイに何通も届き始めていた。自分だけでなく、まわりの人もパニックになっているのがわかった。家族や友人からの不安げなメールが増えていたからだ。

今が株価の底なの?
株は売ったほうがいい?

どこまで悪くなると思う？

正直、どうなるかわからなかった。だが、自分自身（と私にアドバイスを求めてきた人たち）の正気を保つため、この危機について自分なりの考えを見つけなければならなかった。

エスカレーターで店のエントランスホールに降りると、そこにはたくさんの花が売られていた。

ここではいつも花が売られていたが、この日曜の朝、たまたま、男性店員が丁寧に花を並べている姿が目に入った。

その瞬間に思った――すべてはうまくいくだろう。

私のまわりの世界は、足元から崩れ落ちているように思えた。だが、花を売る人は、いつもの場所で、いつものように花を売ろうとしていた。

そのとき感じた何かは、いつまでも私の心に残っている。

それが場違いなことに見えたからかもしれない。なぜこんな非常時に花が要るんだろう？

当時の私に必要だったのは、缶詰やトイレットペーパーだったはずだ。

だが、それは場違いではなかった。普通の日常を感じさせてくれた瞬間だった。

花を売っている男性がまだ希望を持っているなら、なぜ私は希望を持とうとしないのか？

この体験は、誰にも話さなかった。それでも、混乱の中で、私を元気づけてくれた。それから間もなくして、金融恐慌が起こったときの新しい投資の枠組みを思いついた。それをこれから説明しよう。

これにより、**暴落時でも動じないメンタル**が育まれるだろう。

私は本章を、**金融界が不安定なときの拠り所となる指針**になるように書いた。

将来、再び最悪の事態が起こるときがくるだろう。**そのときは、この章をもう一度読んでほしい。**

内容を正しく理解でき、実行すれば、**本書に払った対価の何倍も取り戻してもらえる**はずだ。投資の神様があなたにご慈悲を賜りますように——。

なぜ、暴落時は買いのチャンスなのか？

18世紀の銀行家ロスチャイルド男爵は、「通りで血が流れているときが買い時」と言ったという。

彼はワーテルローの戦い（1815年）の後に起きた経済的な混乱の中でこのモットーに従い、一財産を築いた。

しかし、このロスチャイルドの考えは、どのくらい正しいのだろう？
第14章では、底値（つまり、通りで血が流れているとき）で買うことを期待し、現金で資産を保有するのは賢明ではないと口を酸っぱくして説明した。そんなチャンスはめったにこないから、長期的に見てよい戦略ではないからだ。

とはいえデータによると、底値のときに投資できる資金があれば、最高のチャンスになりうるという。

理由は単純。暴落中に投資した1ドルは、最終的に市場が回復すると仮定したとき、数か月前に投資した1ドルよりはるかに成長するからだ。

これを証明するため、1929年9月から1936年11月まで、毎月米国株に100ドル投資したとして計算してみよう。この期間には、暴落とその後の回復が含まれている。

図表47は、ある月に投資した100ドルが、1936年11月に米国株が回復した時点で毎月の投資がどれくらい増えていたかを示している（配当込、インフレ調整後）。

1932年の夏に近づくほど、投資のリターンが大きくなることがわかる。
暴落時に投資した100ドルは、1936年11月時点で440ドルにまで増加している。
これは1930年の投資のリターンの約3倍である（1936年11月までに150ドルに増加）。
暴落時に投資しても、3倍のリターンが得られるのは稀である。とはいえ、50〜100

図表47　米国株への毎月100ドル投資の最終リターン

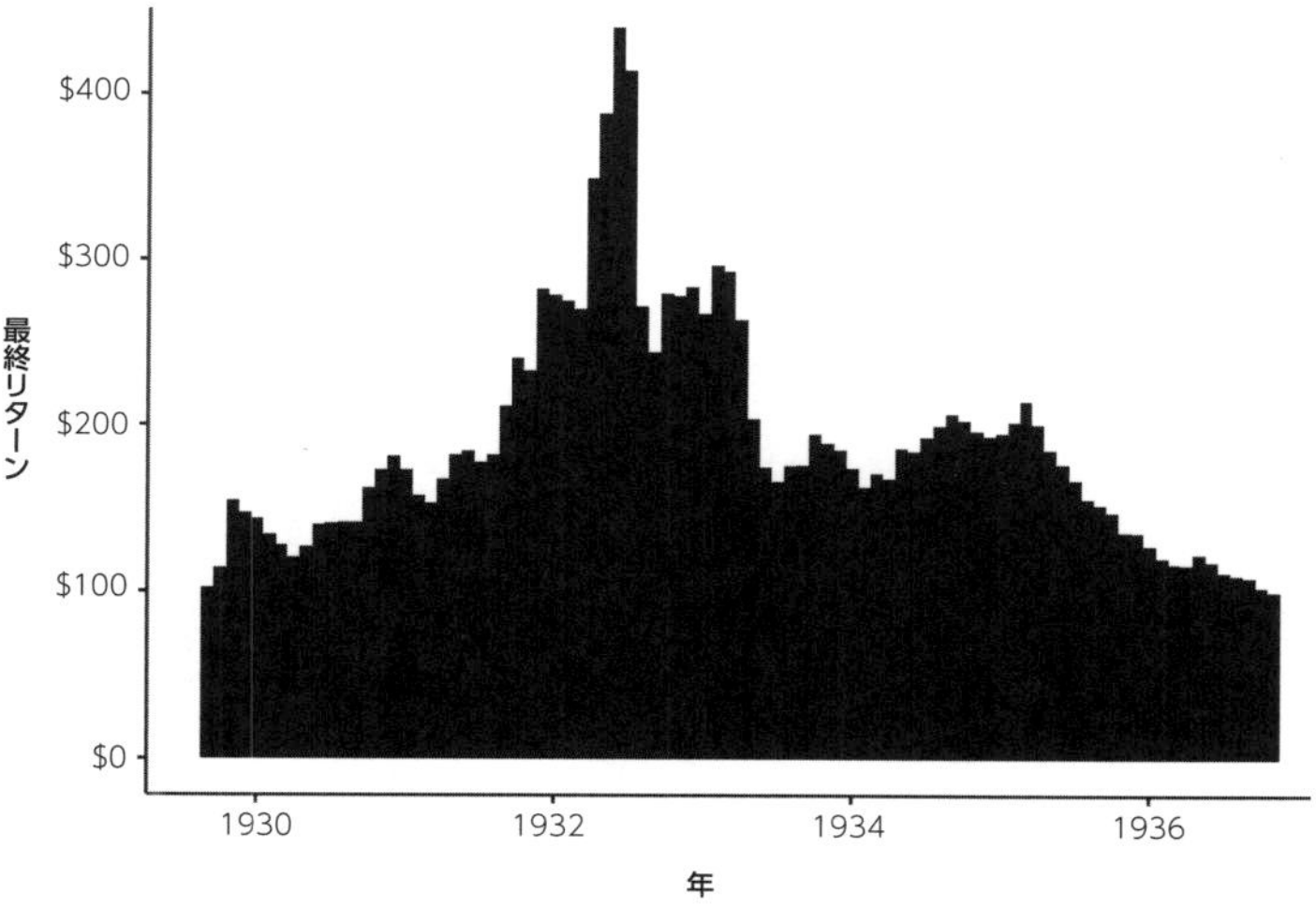

%の増加は期待できる。

これは、「ある割合の損失が発生すると、それを元に戻すには損失より大きな割合の増加が必要になる」という単純な数学的事実に由来している。

たとえば、10%の損失を回復させるには11・11%の増加が必要になる。20%の損失を回復させるには25%の増加が、50%の損失には100%の増加（倍増）がそれぞれ必要になる。**図表48**でこの指数関係を見てみよう。

2020年3月22日、花売り場の店員を見た私が、「世界は新型コロナウイルスのパンデミックを乗り切ることができる」と確信したとき、S&P500は約33%下落していた。

図表48　損失(%)を回復させるために必要な増加(%)

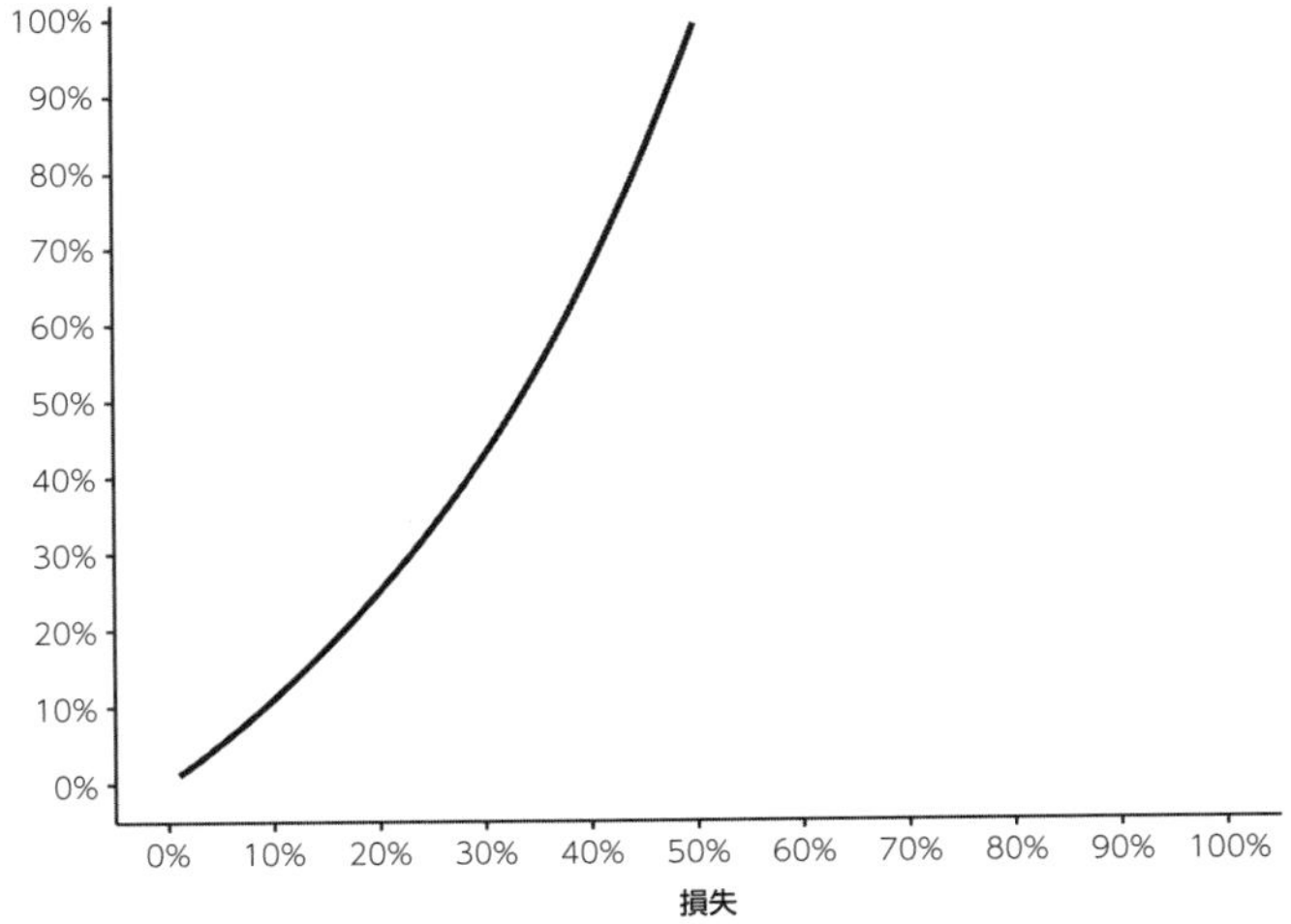

図表48にあるように、これは市場が元の状態に戻るには50%上昇しなければならないことを意味していた。

将来のある時点で市場が元の水準に回復すると仮定すれば、２０２０年３月23日（次の取引日）に投資した１ドルは最終的には１・５ドルに増えることになる。

幸い、市場は回復した――しかも、記録的な速さで。６か月も経たないうちに、Ｓ＆Ｐ５００は再び史上最高値を更新した。

３月23日に購入した株は、半年以内に50%上昇した。

回復に数年かかったとしても、３月23日に買いを入れたことは大きな価値のある決断だったといえるだろう。必要なのは、**暴落への見方を変えることだけ**だった。

将来のあらゆる危機に応用できる「予想年間リターン」とは？

2020年3月23日に投資するのは明らかに有利なように見えるが、多くの投資家は決断を恐れた。問題は、この問題に対する彼らの考え方にあった。

もし私がこの日、「市場がこの33%の損失を回復するのにどれくらいかかると思うか？」と尋ねたら、あなたはどう答えるだろう？

史上最高値を更新するまでに1か月はかかる？　それとも1年？　10年？

あなたの回答に基づき、今後の市場の年間リターンの期待値を割り出すことができる。

これを導く方法を説明しよう。

まず、33%の損失を回復するには、50%の増加が必要なことがわかっている。

そのため、回復にかかると予想される期間がわかれば、この50%をもとに逆算して年率換算値を算出できる。だから、この式は次のようになる（前述のように「^」は「大なり」「小なり」などの不等号記号ではなく、べき乗記号）。

予想年間リターン＝（1＋回復に必要な増加％）＾（1÷回復にかかる年数）－1

しかし、「回復に必要な増加（％）」は50％だとわかっているので、この値を挿入し、次のように単純化できる。

予想年間リターン＝（1・5）＾（1÷回復にかかる年数）－1

したがって、市場の回復には次のような時間がかかると考えられる。

- **1年の場合、予想年間リターン＝50％**
- **2年の場合、予想年間リターン＝22％**
- **3年の場合、予想年間リターン＝14％**
- **4年の場合、予想年間リターン＝11％**
- **5年の場合、予想年間リターン＝8％**

当時、私は市場が回復するには最低2年はかかるとにらんでいた。ということは、2020年3月23日に投資した1ドルが、その2年間で毎年22％（またはそれ以上）成長することになる。

市場が回復するまでに5年かかると予想していた人でさえ、この日に株を買えば、年率8％のリターンが得られることになる。８％のリターンは米国株の長期的な平均リターンとほぼ同等だ。

だからこそ、暴落時の買いは簡単なのだ。

市場の回復に5年かかるとしても、それを待つ間に８％のリターンが得られる。

このロジックは、将来のあらゆる市場危機に応用できる。

なぜなら、市場が30％以上下落しているときに投資すれば、将来的にかなりよい年間リターンが期待できるからだ。

図表49は、それをよく示している。

この図は、１９２０年から２０２０年の間、米国株が30％以上下落した月に投資した場合に、次の史上最高値になるまでの期間の平均年間リターンを示したものだ。

市場が30％以上下落したときに投資した場合、市場が元のレベルに回復するまでの平均年間リターン（配当込、インフレ調整後）が0～5％である確率は10％未満であることがわかる。

図表49　30%以上の下落時に投資した場合の平均年間リターン

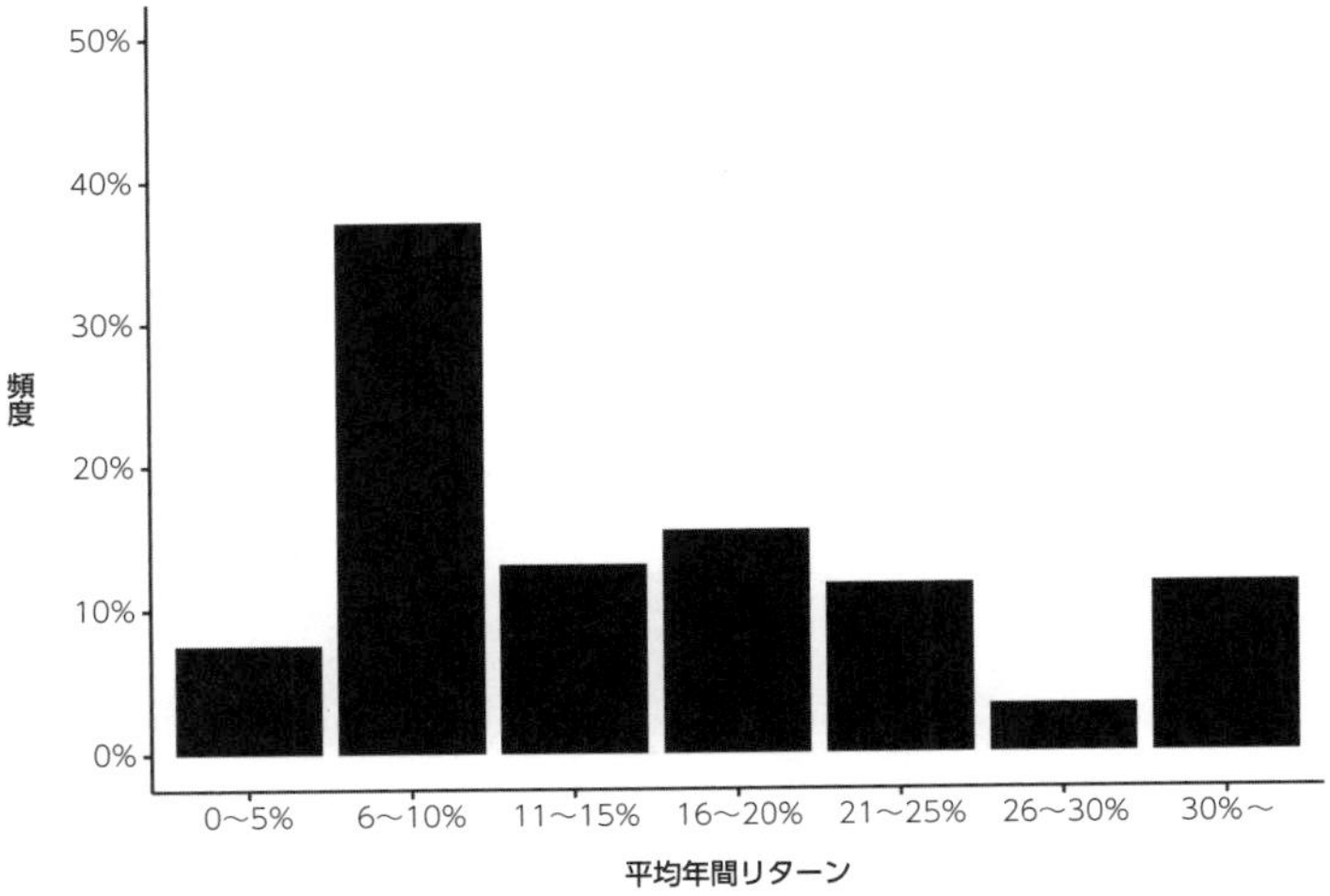

半分以上の確率で、平均年間リターンは10%を超えている（これは「0~5%」と「6~10%」の頻度を合計しても、50%に満たないことから確認できる）。

それだけではない。1920年から2020年にかけて市場が50%以上下落した期間のみを対象にすると、将来のリターンはさらに魅力的になる。

図表50からわかるように、米国株式市場の価値が半分以下に落ち込んだときに投資すると、その後の回復までの平均年間リターンは通常25%を超える。

市場が50%以上下落したときには、**できる限り投資すべき**ということだ。

もちろん、このような市場の大幅な下落時に投資できる資金を持っている人は

図表50　50%以上の下落時に投資した場合の平均年間リターン

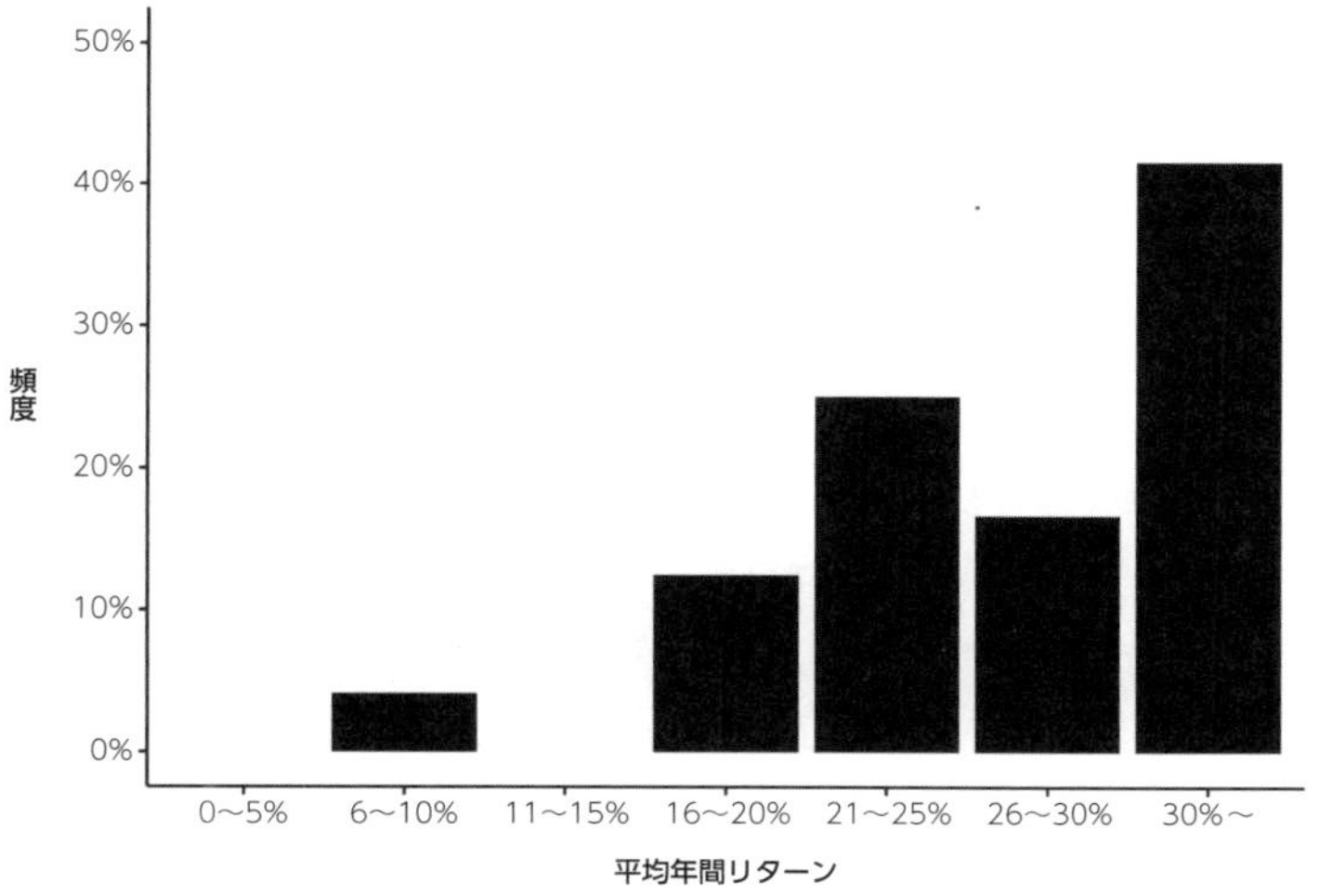

多くないだろう。そのような時期は経済が不安定になっている。

だが、もし運よく資金に余裕があるなら、**データはこの買いのチャンスを逃さないのが得策だとはっきり示しているの**だ。

30年以上最高値を更新していない「日本市場」の研究

本章では、株式市場は大暴落後、数年から10年以内に回復すると仮定して分析を行った。

これはほとんどの場合は事実だが、明らかな例外もある。

たとえば**図表51**のように、日本の株式

図表51　日本の株価は30年以上、史上最高値を更新していない

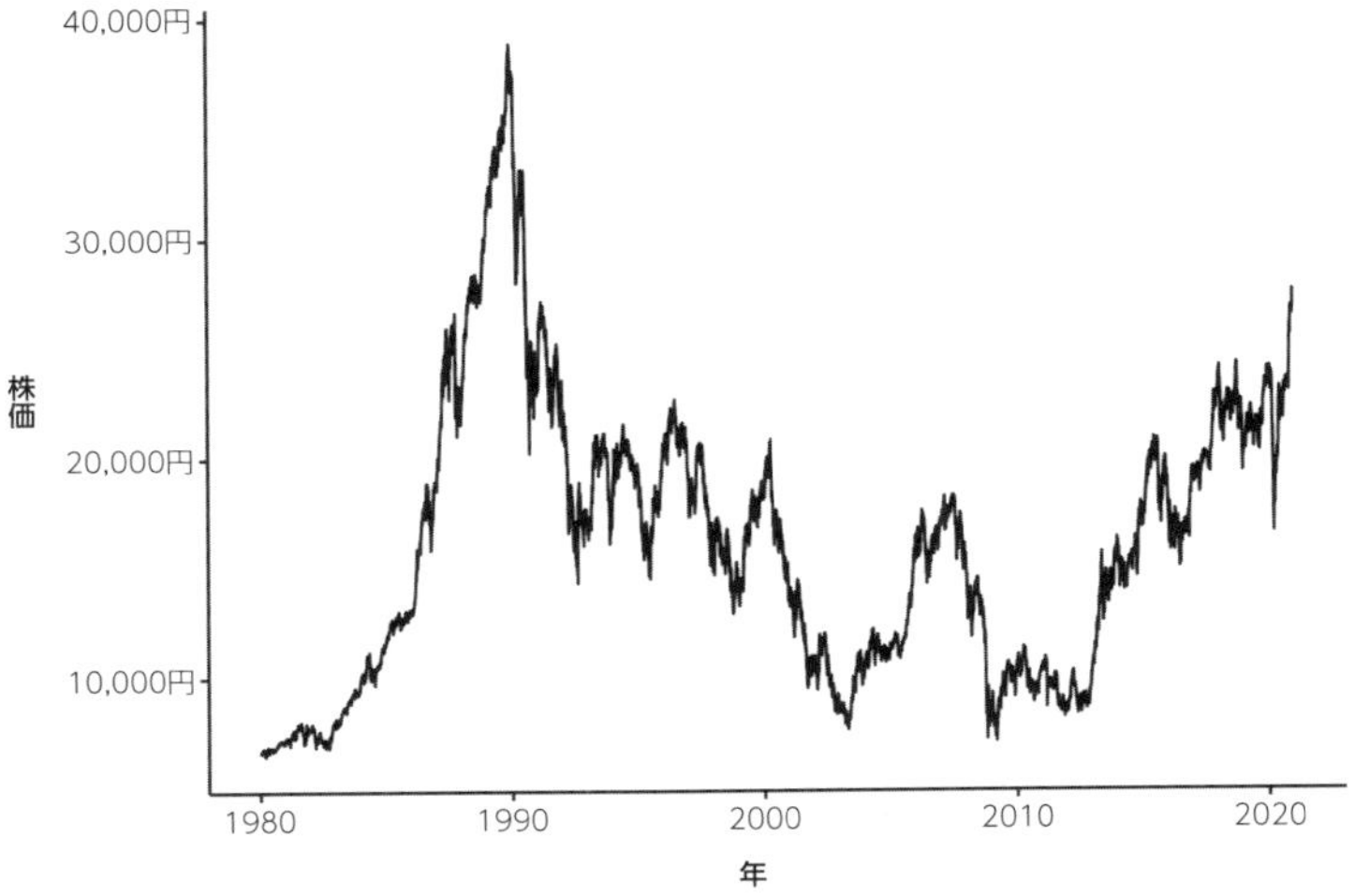

市場は1989年に記録した史上最高値を、30年経過した2020年末時点で一度も上回っていない。

私が長期投資の重要性を主張するとき、おもな反例となるのが日本株だ。

だが、他にも同じような市場はある。たとえば、2020年末時点で、2008年の高値から、ロシア株は50%、ギリシャ株は98%下落している。これらの市場はいつ回復するか？　誰もわからない。

とはいえ、例外によってルールを上書きすべきではない。

ほとんどの市場は、ほとんどの期間、上昇しているのだ。

確かに、長期間にわたって株式市場のパフォーマンスが低下する時期はある。米国株でさえ、２０００年から２０１０年にかけて〝失われた10年〟を体験した。

だが、数十年にわたって株式市場が損失を出す可能性はどの程度あるのだろう？１８４１年から２０１９年まで（１７９年間）の先進39か国の株式市場のリターンを分析した研究によれば、投資期間を30年とすると、損失を被る確率（インフレ調整後）は12％であると推定されている。[93]

つまり、ある株式市場に投資して30年経過したとき、その価値が投資額より下がっている可能性は約8回に1回あることになる。日本の株式市場もその一例だ。

恐ろしいことだと思う人もいるかもしれない。

だが、私はむしろこの調査結果を見て、世界の株式市場に対する信頼を深めた。なぜなら、株式市場に長期的に投資すれば、8回に7回はリターンが得られるからだ。この賭け率は悪くない。

なにより、この研究は定期的な投資ではなく、一度の投資を前提に計算されている。たとえば、日本市場が史上最高値を更新した１９８９年に全資金を投資したとすると、30年後にもプラスのリターンを得られないことになる。

だが、このように一度きりの投資をするケースはめったにない。ほとんどの人は、長い

図表52　日本の株式市場の取引日に１ドル投資を41年間続けた場合の「市場価値」と「投資元金」の比較

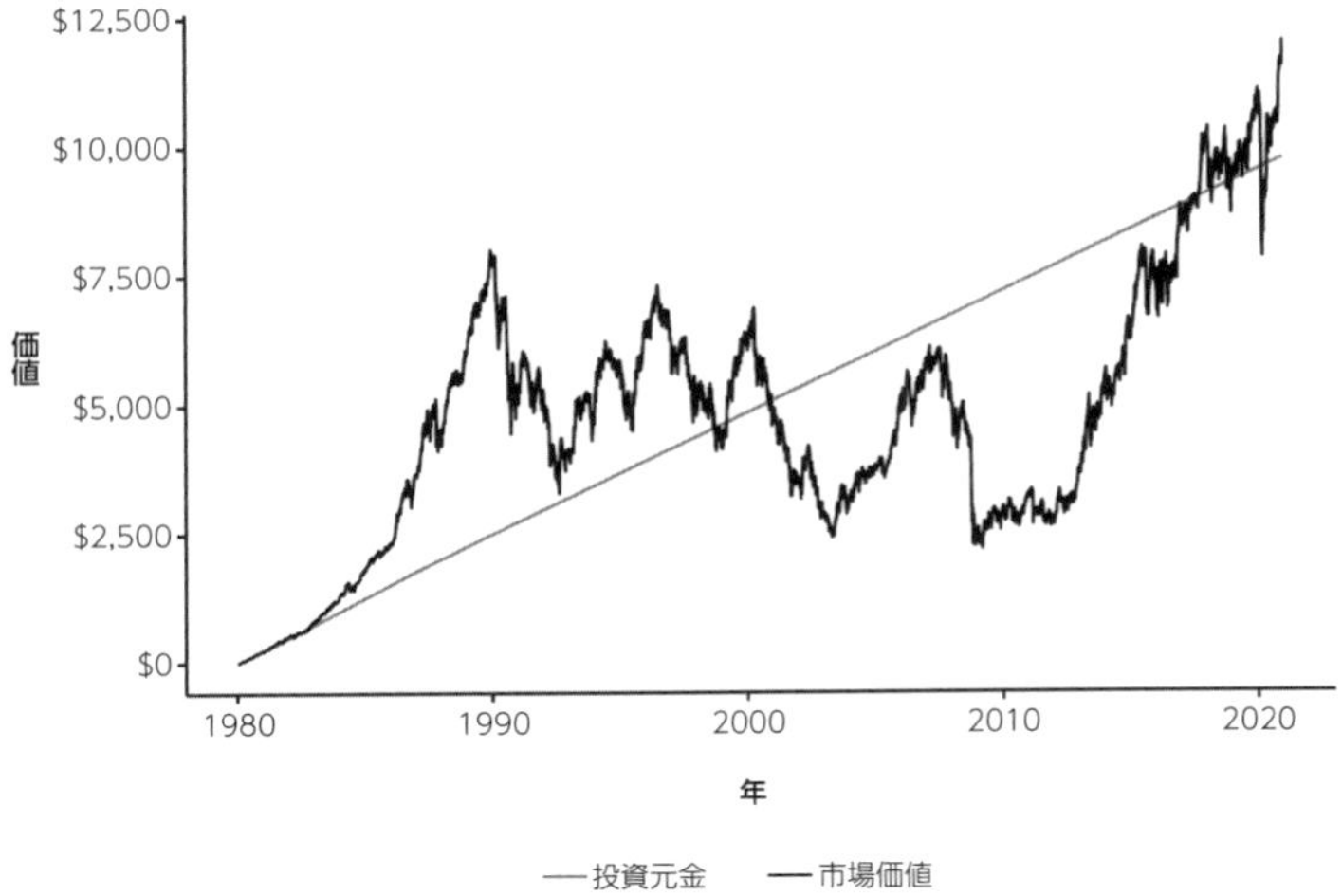

時間をかけて定期的に投資している。その場合、数十年後に損失を出す可能性は低くなる。

たとえば、１９８０年から２０２０年までの41年間、日本の株式市場の全取引日に１ドルを投資した場合、最終的にはわずかにプラスのリターンが得られることになる。

図表52のように、41年間を通じて市場価値が投資元金（通算の投資額）を超える時期もあれば、そうでない時期もある。

大好きな投資の格言

市場価値（黒い線）が投資元金（グレーの線）を上回っていれば、投資額に対してプラスのリターンが得られたことになる。

市場価値が投資元金を下回っているときは、リターンがマイナスになっている。図表52のように、2020年末までの41年間の総リターンは、わずかにプラスになっている。素晴らしい結果ではないが、過去30年間、日本の株式市場のパフォーマンスが全世界で最悪の部類であることを考えれば、悪くはない結果だ。

この日本の例は、株式市場によっては数十年にわたって損失を出す可能性があるが、長期的に投資し続けるなら（ほとんどの個人投資家がそうする）、その可能性は低くなることを示している。

にもかかわらず、日本などの例を口実にして、次の暴落のほとぼりが冷めるまで現金のまま資産を持ち続けようとする人もいる。

だが、ほとぼりが冷める頃には、すでに市場は上昇気流に乗っている。

怖くて飛び込めなかった臆病な人たちは、市場の成長に取り残されてしまうのだ。

私自身、2020年3月にそのような人たちを大勢目の当たりにした。今後も目にするだろう。それでも危機の最中には怖くて買えないという人を、責めたりはしない。

実際、後から考えれば危機のときに投資をすることが愚かだったという歴史上の例は簡単に見つかる。

だが、例外や起こりうる可能性のあることだけを気にしていては投資できない。もしそうなら、今後一切投資はできなくなる。

19世紀ドイツの思想家フリードリヒ・ニーチェは、「過去を無視すれば片目を失う。過去に生きれば両目を失う」と言った。

歴史を知ることは大切だが、それに執着すると道に迷いやすくなる。

だからこそ、**データに基づく投資**が重要なのだ。

高名な経済学者のジェレミー・シーゲルは次のように言っている。

「人は、大量かつ明確な歴史的なデータより、恐怖に突き動かされて投資をしている」

これは私が大好きな投資の格言であり、まさに本章の最後を締めくくるのにふさわしいものだ。

この格言が、次に「通りで血が流れているとき」に、あなたがジャスト・キープ・バイイングを続けるための心の支えになることを願っている。

本章では、市場が暴落しているときに株を買う方法について考察した。次章では、さらに難しい問題に目を向けてみよう――。それは、「**いつ売ればいいのか?**」だ。

第18章

いつ売ればいいのか？

リバランス、集中投資状態、投資の究極の目的について

売るべきは「この3つ」のときだけ！

本書では、ジャスト・キープ・バイイングという投資哲学を推奨してきた。とはいえ、投資の旅を続けていく中で、資産を売却することが必要になるときは必ず訪れる。そして、「いつ売るか」ほど、投資家の頭を悩ませる問題もない。

なぜなら、売りに際して、私たちは投資の世界で最も強力な〝2つの行動バイアス〟に直面するからだ。それが、

「上昇期を逃すことへの恐怖」と「下降期で損をすることへの恐怖」

である。

この2つは、投資のあらゆる決定に疑問を生じさせる不安心理となる。

こうした精神的混乱を避けるためには、不安に突き動かされて何かをする前に、売却条件をあらかじめ決めておくことだ。

自分で条件を決めておけば、プランに従って冷静に資産を売却できるようになる。

投資資産を売却する際には様々な理由があるが、お勧めできるものは次の3つしかない。

1　リバランスのため

2　集中投資（または損失）状態から抜け出すため

3　自分の経済的なニーズを満たすため

ポートフォリオのリバランス、集中投資（または損失）状態からの脱却、経済的ニーズを満たすという3つ以外に、私には投資資産を売却する理由は見当たらない。

なぜなら、株を売却すると税金を取られる場合があるからだ。それは極力避けたい。これらの売却条件を掘り下げて説明する前に、まずはその土台となる、「すぐ売るか、少しずつ売るか」という問題について原則的な考え方を見ていこう。

すぐ売るか？　少しずつ売るか？

第13章では、時間をかけて少しずつ投資するより、一度に今すぐ投資するのがセオリーだと説明した。

理由は単純。ほとんどの市場はほとんどの期間上昇しているため、買うのをためらっていると、その間の上昇分を取り逃してしまうからだ。

投資資産の売却についても同じ原理が当てはまる。だが、**結論は〝逆〟**になる。

ほとんどの市場は、ほとんどの期間上昇しているため、**「できるだけ遅く売る」**ことが最善策になる。つまり基本的に、**すぐ売るより、時間をかけて少しずつ（またはできるだけ遅らせて一度に）売る**ほうがよい。

もちろん、今すぐ売ったほうがいいときもある。だが、選択肢があるなら、できるだけ待ってから売るか、少しずつ売ることが得策になる。

つまり、**「早く買い、ゆっくり売る」**のだ。

これは投資の売買に関するあらゆるタイミングを判断する際の指針となる原則だ。

だが残念なことに、この原則を念頭に置いていても、リバランスのタイミングを決めるのは、投資においてこれ以上ないほど厄介な問題だ。

前述したように、リバランスは投資資産を売却してもよい3条件のうちの一つ。詳しく見ていこう。

リバランスの効用とは？

「完璧にバランスが取れている。すべてのものがそうであるべきだ」

これは『マーベル・シネマティック・ユニバース』を代表する悪役サノスの有名なセリフだが、投資の世界でポートフォリオを管理するための実用的なアドバイスにもなる。

第11章では、どのような資産の組合せに投資すべきかについて触れた。

だが、この資産構成が時間の経過とともにどう変化していくかについては論じなかった。

投資の世界では、この問題の解決策は「リバランス」と呼ばれている。

まず、ポートフォリオを組むときは、自分の目標配分（経済的目標に到達するために最適と思われる投資資産の組合せ）に従う。

たとえば、米国株60％、米国債40％を目標配分としたとする。1000ドル投資するなら、米国株に600ドル、米国債に400ドル投資することになる。

しかし、リバランスをしなければ、時間の経過とともに、リターンの高い投資資産の割合が増えていくために、ポートフォリオは目標配分からズレていくことになる（米国株はリターンが大きいのでポートフォリオに占める割合が60％超になっていき、リターンの小さい米国債は40％未満になっていく）。

たとえば、米国株60％／米国債40％のポートフォリオに一度だけ投資して30年間一度も

図表53　一度もリバランスをしないと、米国株60%／米国債40%のポートフォリオは、30年後にどうなる？

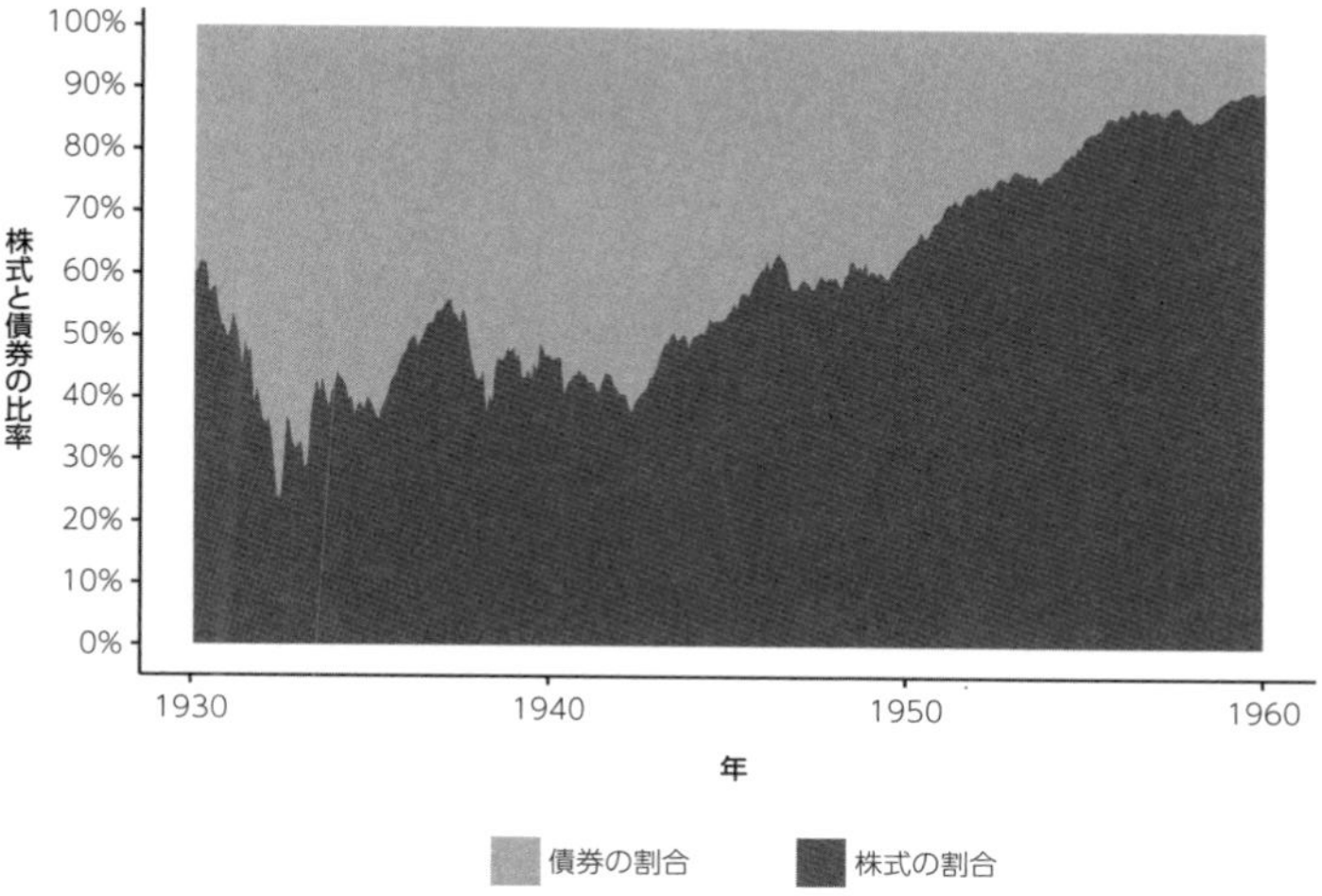

リバランスしなければ、期間の終わりにはポートフォリオのほとんどを株式が占めることになってしまう。

図表53は、1930年に米国株60%／米国債40%の割合で一度だけ投資し、30年後の1960年まで一度もリバランスせずに保有し続けた場合のポートフォリオの事例である。

株式のリターンの割合が大きいため、ポートフォリオに占める割合が徐々に債券より大きくなっていくのがわかる。最終的に、株式の割合は90%に達している。

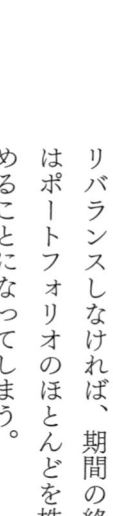

これが当てはまるのは、この期間だけではない。

同じ分析を図表53の期間よりもさらに広げて、1926～2020年としてみ

図表54　米国株60%/米国債40%のポートフォリオで最終的に株式が占める割合
（1926〜2020年の95年間で、30年間単位を対象）

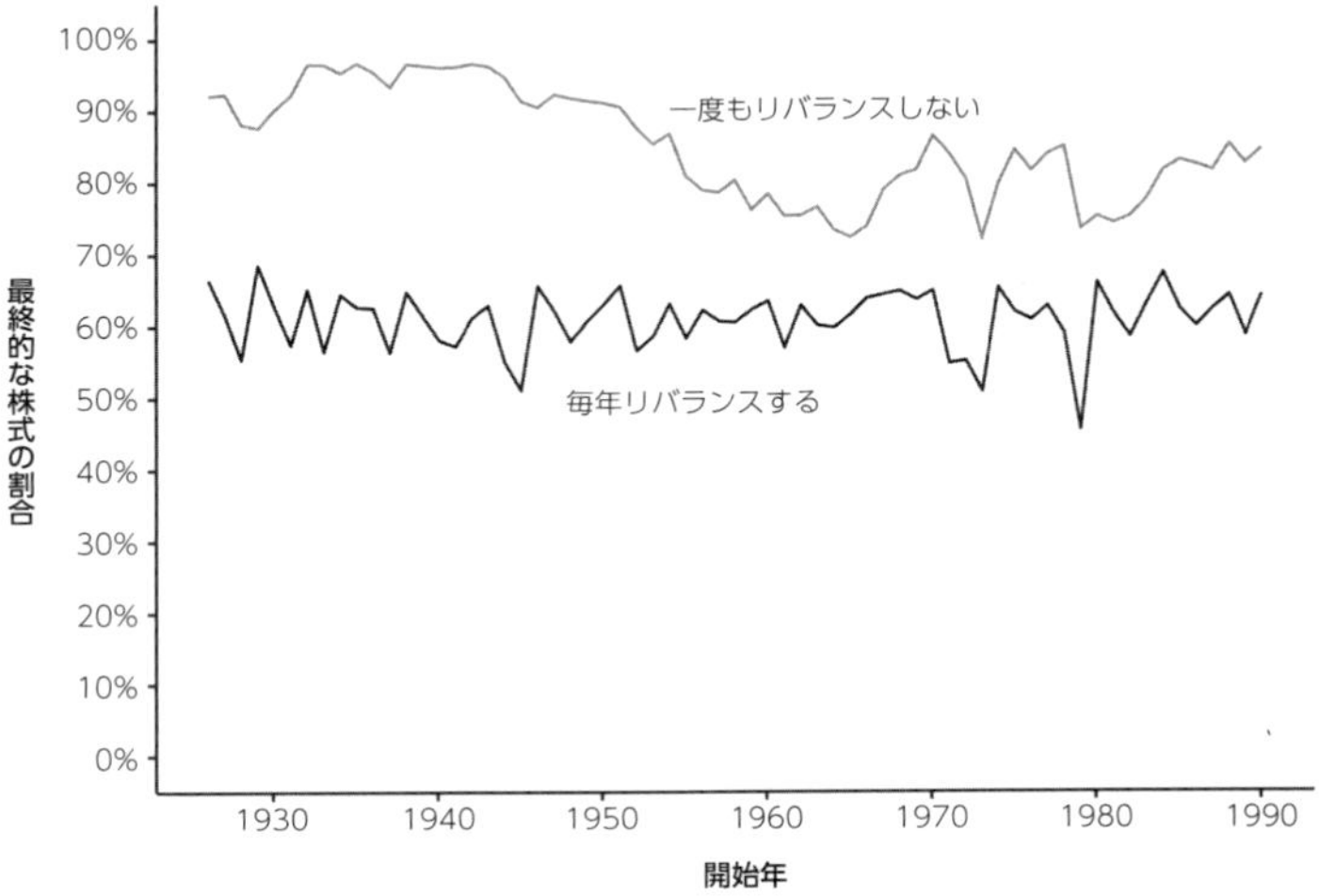

よう。

この95年間中、任意の年から始まる30年間を対象としたとき、すべての30年間にこの分析を適用した場合でも、同様の結果が見られる。

図表54は、「毎年リバランスする」「一度もリバランスしない」という2つのリバランス戦略を取った場合、米国株60%／米国債40%のポートフォリオで最終的に株式が占める割合を示したものだ。

毎年リバランスする戦略では、各30年間（図表54の各開始年から始まる30年間）の最後にポートフォリオの約60%を株式が占めている。

この戦略では、毎年、株式の割合を60%に戻すリバランスをしているので、こ

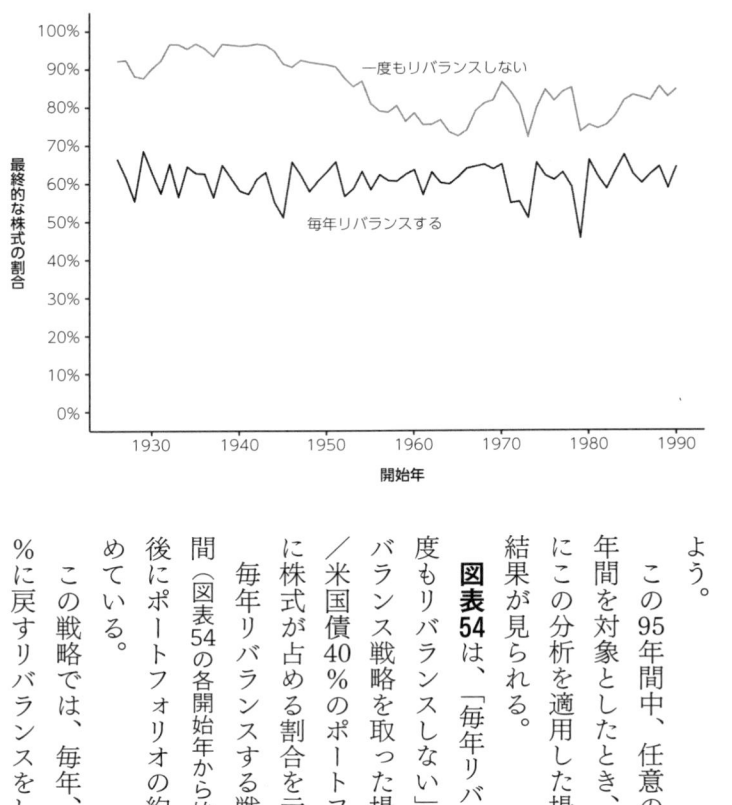

の結果は当然だといえる。

一方、一度もリバランスしない戦略では、各30年間の最後にポートフォリオに占める株式の割合が、最終的に75～95％程度になっている。

その理由は、長期的に見て米国株のパフォーマンスが米国債を上回る傾向があるからだ。結果、株式がポートフォリオの大部分を占めるようになってくる。

この単純な事実から、一度もリバランスしないポートフォリオのほうが、毎年リバランスするポートフォリオよりも概してパフォーマンスが高いことが推測できる。

なぜなら、リバランスするたびに、高成長の資産（株式）を売って低成長の資産（債券）を買うことになるからだ。

これを長期間続けていくと、必然的にトータルリターンは少なくなっていく。

図表55は、2つのリバランス戦略に100ドルを投資した場合の、30年後のリターンを比較したものだ。

図表55は、ポートフォリオ内の高成長率資産と低成長率資産をリバランスすると、全体的なパフォーマンスが低下する傾向があることを示している。

おもな例外は1980年から始まる30年間。この期間は米国債が好調で、最後の10年間（2000～2009年末）は米国株がかなり低調だった。

図表55　2つのリバランス戦略が米国株60％／米国債40％のポートフォリオに30年後にもたらすリターン

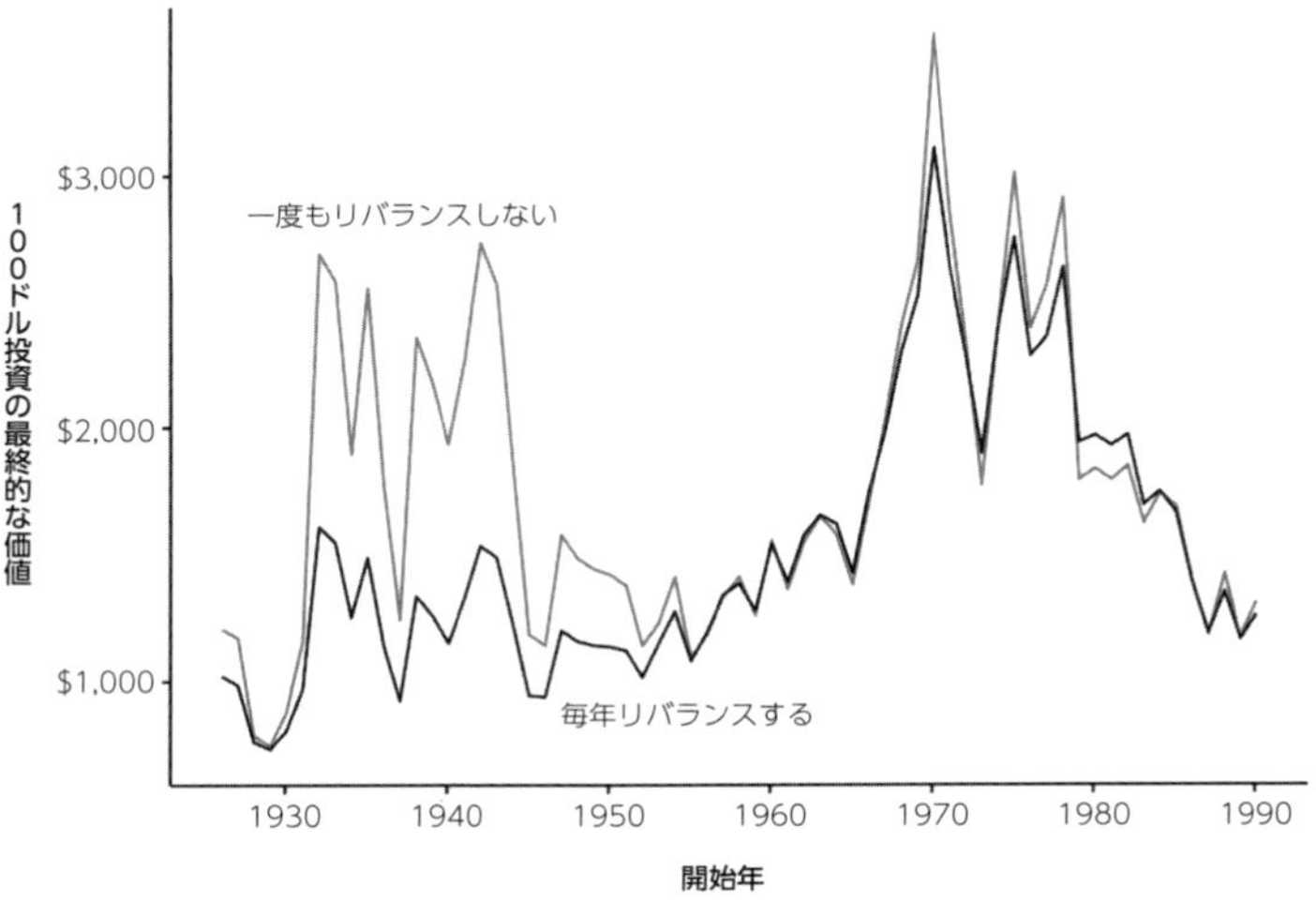

このように、リバランスは概してリターンを向上させない。なのになぜ、人はリバランスをするのだろうか？

リスクを減らすためだ。

リバランスとは、リスクコントロールである。

目標のポートフォリオが米国株60％／米国債40％のポートフォリオの場合、リバランスしなければ数十年以内には米国株75％／米国債25％、さらには米国株95％／米国債5％のポートフォリオになってしまいかねない。その結果、当初の想定よりはるかに高リスクのポートフォリオになってしまう。

これを簡単に説明できるのが、30年間における各戦略の最大下落率に注目する

図表56　米国株60％／米国債40％のポートフォリオの30年間の最大下落率

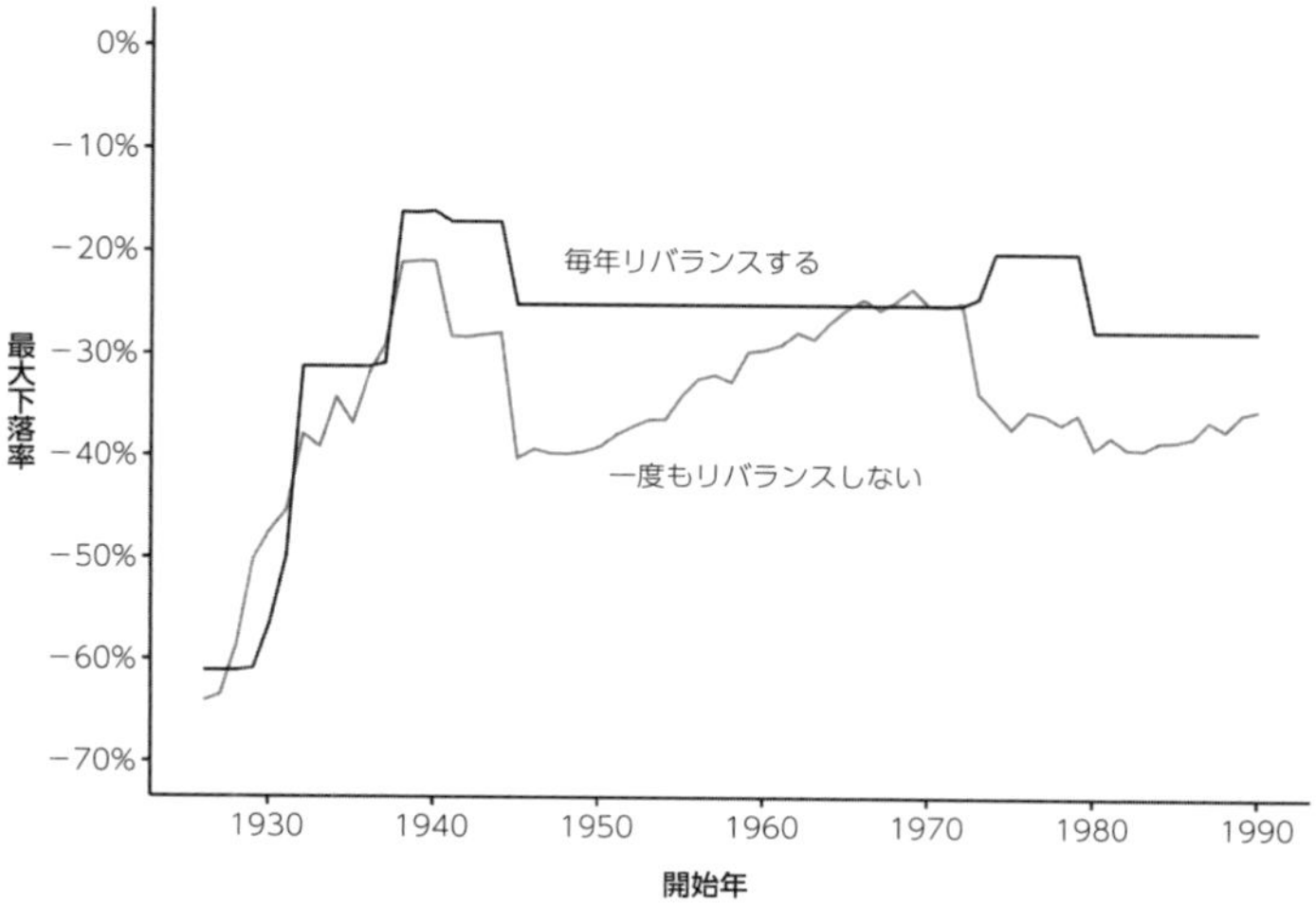

ことだ。

前にも触れたとおり、最大下落率とは一定期間内にポートフォリオが最も下落した割合を指す。100ドルを投資して最悪時に価値が30ドルまで下がった場合、最大下落率は70％となる。

図表56のように、ほとんどの期間を通じて、リバランスしないと、毎年リバランスする場合より最大下落率が大きくなる。

たとえば、1960年に米国株60％／米国債40％のポートフォリオに100ドル投資し、30年間一度もリバランスしなかった場合、最悪の時点でポートフォリオは最高値から約30％下落する。

これが30年という期間での最大下落率

であり、図表56の「1960」の目盛りの上のグレーの線で表されている。

一方、毎年ポートフォリオをリバランスして目標配分に戻していた場合、最大下落率は25%にとどまる（図表56の「1960」の目盛りの上の黒色の線で表されている）。

図表56は、リバランスによってボラティリティの高い資産（株式）からボラティリティの低い資産（債券）に資産を移動させることで、リスクを減らせることを示している。

ただし、株式が長期的な下落傾向にあるとき（1930年代前半や1970年代前半）は、**逆の現象**が起こる。

つまり、リバランスしようとすると、債券を売って下落を続ける株式を買うことになるため、ボラティリティが高くなるのだ。

このような状況は稀ではあるものの、定期的なリバランスがリスク管理の解決策として不完全であることを示している。にもかかわらず、私は個人投資家に「なんらかのスケジュールに基づいてリバランスすること」を推奨している。とはいえ、正しいスケジュールを見極めるのはとても難しい。

どのくらいの頻度でリバランスすべき？

どのくらいの頻度でポートフォリオをリバランスすべきか？

残念ながら、これについて、はっきりとした答えはわかっていない。

私も最適なリバランスの頻度を探るため、月1回から年1回まで様々なシミュレーションをしてみた。だが、他より特別に優れたリバランスの頻度は見当たらなかった。

資産運用会社「バンガード」も、グローバルな株式50％／債券50％のポートフォリオの最適なリバランス頻度を分析したが、同様の結論に達している。

その論文には、「ポートフォリオのリバランスの頻度が毎月、四半期、毎年であるかは、リスク調整後のリターンに有意な違いをもたらさない。ただし、リバランスの頻度が多いと、結果として生じるコストは大幅に増加する」と記されている。[94]

また、同社の分析では、リスク特性の異なる資産（株式と債券など）間のリバランスが検討されているが、同様のリスク特性を持つ資産間のリバランスでも同じロジックが成り立つ。

著名な金融ライターであるウィリアム・バーンスタインも、グローバル株式のリバランス頻度を比較した結果、「突出して優れたリバランス頻度はない」と結論づけている。[95]

このように、リバランスの頻度についての正解は見つかっていない。

だが私は、次の2つの理由から、**年に一度のリバランスを推奨**する。

1　時間がかからない

2　毎年の税金を計算する時期と合わせて行える

どちらにも重要な理由がある。

まず、運用資産を監視する時間を減らせるので、他のことに時間を使えるようになる。

私は「許容値に基づいたリバランス」を好まない。その理由は次のとおりだ。

許容値に基づいたリバランスとは、目標配分が許容値を超えた場合にポートフォリオをリバランスする方法だ。

たとえば、目標配分が株式60％で、許容値を10％に設定した場合、ポートフォリオに株式が占める割合が70％を超えるか50％を下回るたびに、リバランスして60％に戻すことになる。この方法は効果的だが、定期的なリバランスよりポートフォリオを監視する手間が増える。

第2に、年1回のリバランスは、年1回の税金関連の処理をする際に合わせて行える利点がある。

たとえば、キャピタルゲイン税を課されている投資資産を売却する場合、ポートフォリオ全体を年1回まとめてリバランスすれば余分な労力を省ける。

リバランスの頻度にかかわらず、不要な税の支払いは避けるべきだ。

課税対象の資産に対して頻繁にリバランスするのはお勧めしない。だから、課税口座（証券口座）を頻繁にリバランスすることも推奨しない。そのたびに税金を払わなければならないからだ。

では、税金を払わずにリバランスできる方法はあるのか？

つまり、資産を売るよりもよい方法はあるのだろうか？

税金がまったくかからないリバランス法

リバランスのために資産を売却するのは、特別に悪いことではない。

だが、**税金がまったくかからないリバランスの方法**もある。

それは、**ジャスト・キープ・バイイング**だ。

そう、投資資産を買い増すことでポートフォリオをリバランスできるのだ。

私はこれを「**買い増しリバランス**」と呼んでいる。

これは時間の経過とともに、目標配分から割合が減ってしまった資産を買うことでリバランスする方法だ。

たとえば、現在のポートフォリオが米国株70％／米国債30％で、これを米国株60％／米国債40％にしたいとする。このとき、株を10％売って債券を10％買うのではなく、米国株60％／米国債40％になるように債券を買い続けるのだ。

ただし、この方法はまだ資産を増やし続ける段階にある人にしか使えない。リタイアするなど、投資に回す収入がない人がリバランスするには、資産を売る必要がある。

買い増しリバランスには、市場の暴落時にポートフォリオへの悪影響を軽減できるメリットがある。時間の経過とともに、ポートフォリオの割合が変化することで生じうる損失は、定期的な買い増しによって食い止めやすくなる。

たとえば、米国株60％／米国債40％のポートフォリオの場合、長期的に買い増しリバランス戦略を続けた場合、ほとんどの期間で、そうしなかった場合と比べて最大下落率が小さくなる。

図表57　**毎年リバランスをした場合の米国株60％／米国債40％のポートフォリオの30年間の最大下落率**

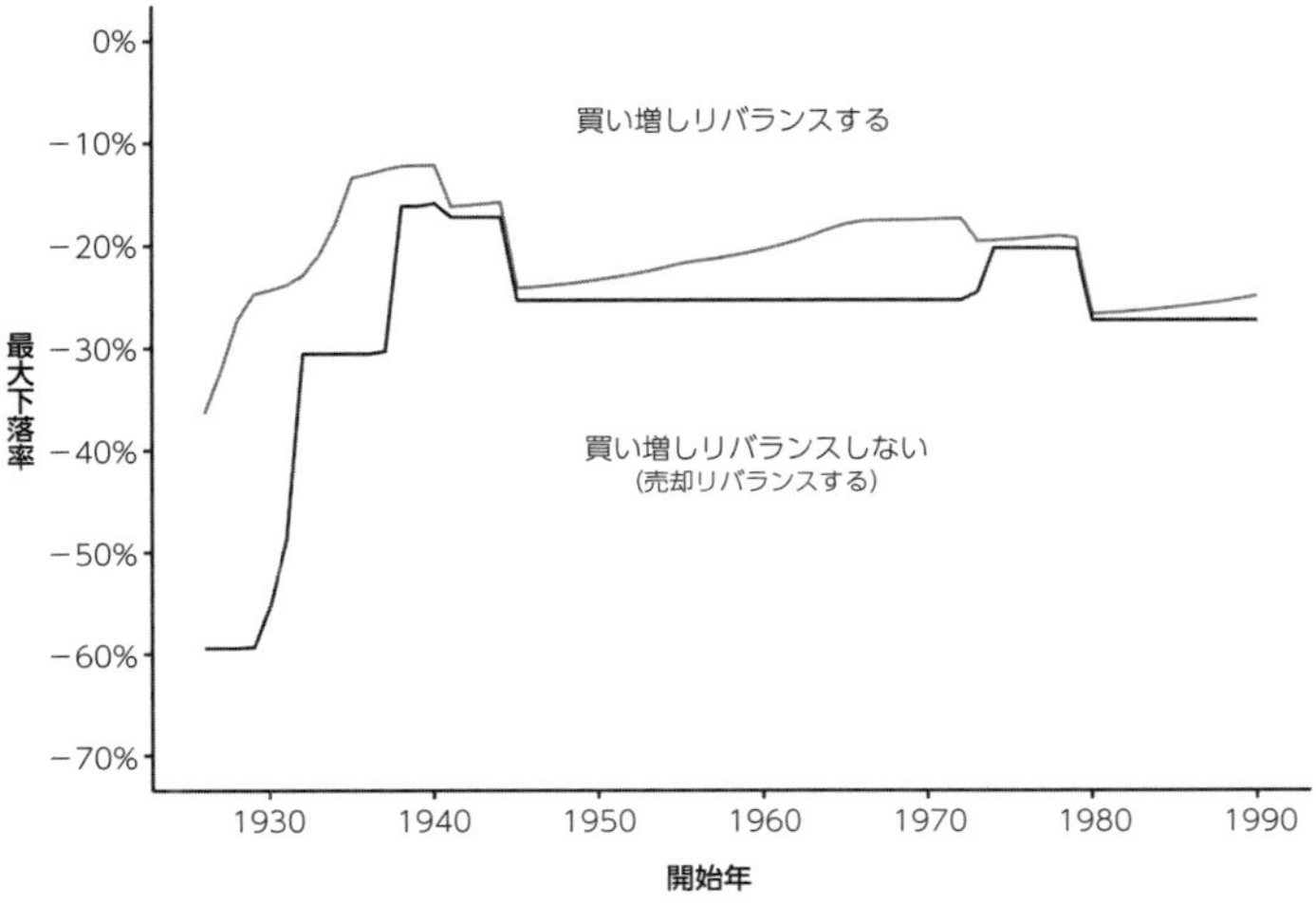

図表57のように、毎年買い増しリバランスを行うと、最大下落率が半分になる場合もある。

図表56と同じように、図表57も30年間におけるポートフォリオの最大下落率を示している。ただし今回は、**買い増しリバランスと売却によるリバランスを比較**している。

どちらのシミュレーションでも毎年リバランスを行っているが、買い増しリバランスのほうがポートフォリオの最大下落率が低いことがわかる。

買い増しリバランス戦略で唯一難しいのは、ポートフォリオの規模が大きくなるにつれ、リバランスするために必要な買い増し額も増えていくことだ。

ポートフォリオが小さいときは、リバランスのための買い増し額も少なくてすむが、規模が大きくなるにつれ、必要額も大きくなる。

このような場合、税金を支払わなくてはならなくなるが、資産の売却を検討してもいいだろう。ただし、あまり頻繁に売却しないように気をつけよう。

集中投資状態から抜け出す資産の売り方

次に、集中投資（または損失）状態から抜け出すための資産の売り方を見てみよう。

第12章で触れたように、私は少数の個別株を中心としたポートフォリオを組むのはあまり好きではない。だが、そうせざるをえない人もいるだろう。

たとえば、株式報酬のある会社で働いている（または経営している）場合、個人資産の大部分が自社株というケースは珍しくない。それで十分なリターンが得られているなら、素晴らしいことだ。

だが、長期で考えると、この株式の一部を売りたいと思うときも出てくるだろう。

その場合、どれくらいの割合を売るべきか？

それは、あなたの目標次第だ。

たとえば、住宅ローンの負債があり、資産の大部分を1銘柄の株式で持っているとしよう。

この場合、住宅ローン返済のために株式を売るのはよい選択肢になりうる。

だが、おそらくリターンの観点からすれば、最善の選択ではない。一般的に株式価値の上昇率は、住宅ローン金利より高いことが予想されるからだ。

だがリスクの観点からは、これは理にかなっている。

なぜなら、この株式から将来的にどれくらいのリターンが得られるかはわからないが、住宅ローンは確実に払わなければならないからだ。多くのリターンを得る可能性は減ってしまうかもしれないが、確実に払わなければならないローンは減らせる。これは、リスク管理の面からはよい選択だといえるだろう。

具体的にはどうすればいいのか？

自分なりの売却時のルールを設け、それを守ることだ。

毎月（または四半期ごとに）10％ずつ売ってもいい。また、半分を売って残りを保有し続けるのもいいし、一部を残して大半を売るのもいい。

いずれにしても、**安心して眠れそうなルール**を定めるのがいい。

事前に決めていた価格（上値・下値）に達したら売る、というようにしてもいいだろう。あらかじめルールを決めておくことで、売却に際して不安や動揺を減らすことができる。

ただし、**一度にすべてを売るのはお勧めしない**。額が多くなると税金も高くなるし、その後、価格が急騰したときに後悔するからだ。

一度にすべて売却してしまったら、その後、価格が値上がりしてしまったとき、ひどく後悔することになる。わずかでもいいから、手元に残しておくようにしよう。たとえその株価が落ちてしまっても、まだ納得できるはずだ。

このように、集中投資型のポートフォリオを売る場合は、なるべく後悔しないルールを定めるべきだ。

とはいえ、少数の銘柄のみで構成される集中投資型のポートフォリオは、インデックスファンドなどを購入して株式市場全体に投資した場合と比べるとパフォーマンスで下回る可能性が高い。

具体的に説明しよう。1963年以降の米国の個別銘柄の歴史を遡ってみると、1年後のリターンの中央値は6・6%(配当込)。おおまかにいえば、この年以降の任意の時点でランダムに個別株を買った場合、翌年には6・6%のリターンが得られることになる。

だが、インデックスファンドのS&P500で同じことをすれば、得られるリターンは9・9%になる。

これが、少数の銘柄に集中したポートフォリオを組んでいる場合の真のリスクだ。

このリスクを許容する人もいれば、許容しない人もいるだろう。自分がどれくらいのリスクを受け入れられるかを見極め、それに応じた売却ルールを決めておこう。

他にも、将来的に値下がりが予想される資産を売らなければならないこともある。

どのような資産クラスを保有するかについての考えが変わった場合や、集中投資している銘柄の価格が下がった場合などだ。

私自身も、（感情に基づいた判断ではなく）ファンダメンタルズ分析をした結果、資産としての金《きん》に対する考えが変わり、保有していた金を売ったことがある。

当時、金の価値は上昇していたが、このまま保有し続けることは自分にとって損になると判断したのだ。

基本的には、資産を保有することでマイナスのリターンが続くことはあまりない。特に、長期的に保有した場合はそうだ。

また、一時的なパフォーマンスの低下を、永続的なものとみなさないよう注意することも大切だ。どんな資産にもパフォーマンスが低迷する時期はある。少し下がったからといって、容易に売るべきではない。

たとえば、２０１０年から２０１９年にかけて米国株のトータルリターンは２５７％だったが、新興国株はわずか41％だった。

だが、２０００年から２００９年にかけてのトータルリターンは新興国株が84％だったのに対し、米国株はわずか３％未満。パフォーマンスが低迷する時期は不可避であり、売却の正当な理由にはならない。

投資の究極の目的とは？

では、投資資産を売るべき３つの理由の最後を見てみよう。

投資資産の売却を検討すべき最後の理由はとても明白だ――それは、**自分が生きたい人生を生きるため**だ。

リタイア後の資金をつくる、大きな買い物のための現金を用意するといった目的がある場合は、資産を売却すべきだ。

お金を増やした成果を生きているうちに楽しめないなら、何のために投資をしているのだろう？

これは、資産の大部分を少数の個別銘柄で保有し、大きなリターンを得ている人たちに特に当てはまる。投資のゲームに勝ったが、まだプレーをやめたくないと思っている人たちだ。

だが、これ以上リスクを負う必要はあるのか？

資産を取り崩したり、分散させたりしながら、安心して生活できるスタイルをつくったほうがいいのでは？

自分や大切な人の経済的セーフティネットをつくるのも、子どもの学資を手堅く運用するのも、住宅ローンを完済するのもいい。思い切って以前からほしかった夢の車を買ってもいい。

あなたのお金の使い方に私がとやかくいう筋合いはない。

だが、これだけはいわせてほしい――**過度に贅沢な暮らしをしようとして大きなリスクを背負うのではなく、十分な暮らしができるお金を確実に得ることを重視**しよう。

この考え方は、人間心理に即している。

第3章で触れたように、豊かな生活がある程度まで実現されると、それ以上はあまり幸福度が上がらなくなる。資産を増やす場合も同様だ。

資産ゼロの状態から100万ドルに増えるときは、100万ドルから200万ドルに増えるときよりはるかに大きな幸福感が得られる。同じ額が増えているが、ゼロから100万ドルになったときのほうが大きな人生の変化を経験することになるからだ。

資産が一定額を超えると幸福度があまり上がらなくなっていくという事実は、時には資産を売るべきだという考えに説得力を与えてくれるものになる。

本章では、資産の売却を検討すべき時期について議論した。

次章では、「**資産が増えてもお金持ちと感じられない理由**」について考察しよう。これは極めて深い問題だ。

第19章

資産が増えても お金持ちと 感じられない理由

なぜ、あなたはすでに 豊かなのか？

米国史上最高額の宝くじに当選した男の末路

2002年のクリスマス。ウェストバージニア州全域で、人々は取りつかれたようにお金を使っていた。

だが、買っていたのは、贈り物でもエッグノッグ（牛乳ベースの甘い飲み物）でもなかった。それは宝くじだった。

午後3時26分、この熱狂はピークに達した。1秒に15人が宝くじを購入した。チク、タク、タク――たった3秒で、45人が希望に胸を膨らませ、宝くじを手にした計算だ。

ジャック・ウィテカーもその一人だった。

いつもは買わないが、賞金額が1億ドル以上という今回は話が別だった。このチャンスを逃す手はない。宝くじを買ったジャックは、何年も連れ添った妻・ジュエルが待つ家に向かった。

夜11時、数字選択式の宝くじ「パワーボール」の当選番号が発表された。ジュエルは眠っていたジャックを叩き起こした。すると奇跡が起きた。

5つの数字のうち4つが当たっていたのだ。1等ではなかったが、6桁の賞金が得られる。２人は大喜びして眠りについた。

翌朝、ジャックは出勤前にテレビをつけ、驚愕の事実を知った。昨夜の数字の一つが、誤って発表されていたのだ。正しい番号と自分の宝くじを照らし合わせて、思わず息をのんだ。

1等に当選——そう、単一の宝くじとしては米国史上最高額（当時）となる3億１４００万ドルを引き当てたのだ。ジャックはすぐに、税引後の賞金1億１３００万ドルを受け取った。[96]

だが、その後のジャックの人生がうまくいかなかったのはもうおわかりだろう。賞金を手にしてから2年も経たないうちに、ジャックの孫娘が死んでいるのが発見された（薬物の過剰摂取によるものと見られている）。

妻とは疎遠になり、ジャックはギャンブルや娼婦に湯水のごとく金を使った。酒に酔って車を運転するのも当たり前になった。結局、賞金はすべてなくなった。

「なんだ、宝くじの当選者が道を踏み外したというよくある話か」と思ったかもしれない。だが、ジャック・ウィテカーのケースは少しばかり話が違う——彼は、すでに金持ちだったのだ。

そう、人生を変える宝くじを買う前から、ジャックには１７００万ドル以上の資産があった。ウェストバージニア州の請負会社「ディバーシファイド・エンタープライズ・コンストラクション」社長として事業で大きな成功を収め、すでに多額の報酬を得ていた。

このエピソードを紹介したのは、十分な良心、経歴、分別のある人でさえ、お金で人生を破綻させることがあると伝えたかったからだ。

ジャック・ウィテカーは悪い人間ではなかった。妻と孫娘を愛していたし、教会にも通っていた。宝くじに当選した直後に、非営利財団の設立資金として数千万ドルも寄付していたくらいだ。

それでも、誘惑には勝てなかった。お金にはこれほどまでに、人を変えてしまう魔力がある。

皮肉にも、ジャックがすでに自分が十分に裕福だと気づいていたら、こんなことにはならなかっただろう。

ジャックは自分のことを金持ちではないと思っていた。なぜそれがわかるか？

1700万ドルもの資産を持っていたのに、宝くじを買っていたからだ。

ジャックは人一倍貪欲な男だったといえるのかもしれない。だが私は自身の経験から、人は自分の豊かさに気づくのが困難なことを知っている。

金持ちと貧しい人を隔てる壁

2010年代の中頃、私はジョン（仮名）という友人と、米国で金持ちである意味について議論したことがある。

ジョンは、サンフランシスコのベイエリアでも特に裕福な地区で育った。両親はそれぞれ医学と教育の分野で優れたキャリアを築いていた。

だが、ジョンは「自分は大して金持ちではない」と言い、その理由を教えてくれた。16歳の誕生日、父親がジョンに証券口座と1000ドルをプレゼントしてくれた。株式市場のことを学んでほしかったからだ。その夜遅く、ジョンは親友のマークにこの誕生日プレゼントのことを話した。

マークとは、誕生日がほぼ同じだった。何をプレゼントしてもらったのかと尋ねると、マークは「僕も、父さんからまったく同じ贈り物をもらったよ」と言った。

ジョンは驚いた。自分の父とマークの父が親友であるのを知っていたので、2人は息子たちに同じものを贈ることを計画していたのだろうと思った。

だが、マークの家のほうが自分の家よりはるかに金持ちであることも知っていた。実際、そのとおりだった。

マークの祖父は有名な投資会社の創設者で、マークの父は大手テクノロジー企業の役員だった。マークの家は、億万長者だった。だから、マークが自分と同じプレゼントをされたと聞いて、ジョンは困惑した。

ジョンはマークに「1000ドルもらったということか？」と尋ねると、マークは「いや、10万ドルだ。でも、基本的には同じプレゼントだろ」とためらいながら答えた。

つまり2人の家は、金持ちと、金持ちの中の金持ちだったわけだ。

実は私自身も、2002年から2007年にかけて、自分の家が金持ちだと思っていた——正確には、金持ちの部類に入ると思っていた。

私の家には超大画面のテレビがあった。乗用車の他に、バギーカーとスポーツカーもあった。柵でまわりを囲われたゲートコミュニティにある3階建ての家に住んでいた（コミュニティの入口にあるゲートを、地域の学校に通う子どもたちは「ゲート」と呼んでいた）。

ただ、この贅沢な生活が一時的なものにすぎないことを、当時の私は知る由もなかった。

2002年、私の母と継父は、この3階建ての家を27万1000ドルで買った。すぐに家の資産価値は上がり、最終的には62万5000ドルに達した。

その過程で、両親は何度も住宅ローンを借り換えることでその差額から利益を得ていた。

住宅価格が上昇し続ける限り、贅沢な暮らしを続けられるはずだった。

しかし、残念ながら、そうはならなかった。2007年後半、住宅価格が暴落し始め、すべては水の泡になった。私たちの家族は家を失った。バギーカーも、スポーツカーも、超大型テレビも売らざるをえなくなった。かつてその先に私たちが暮らす家があったゲートは、**私たちと金持ちを隔てる壁**になった。実際のところ、私たちは金持ちではなかったのだ。

しかし、私が自分の家が金持ちではなかったことに本当の意味で気づいたのは、大学に入ってからだった。

大学に入った最初の週、寮にいた20人の新入生のうちヨーロッパ旅行をしたことがないのが自分以外に一人しかいないと知ったときの衝撃を、私は決して忘れないだろう。

それまで地元のカリフォルニアを離れて一番遠くまで行ったのは、科学助成金を使って飛行機で訪れたニューメキシコだった。

振り返ると、なぜゲートコミュニティ時代の自分の家が金持ちだと思っていたのかがよくわかる。それ以前は、劣悪な環境で生活していたからだ。

ゲートコミュニティに住む直前、私の家族はオーブンの下にゴキブリがうようよいるマンションに住んでいた。

オーブンを使うたび、太陽の下で日光浴を楽しむトカゲの群れのように、ゴキブリがコントロールパネルのまわりに姿を現した。パントリーの中もゴキブリだらけで、そこら中に小さな茶色の糞が転がっていた。とにかく気持ち悪かった。私は今でもゴキブリが大嫌いだ。だが、いいこともたくさんあった。

ひもじい思いをすることはなかったし、家族はみんな温かかった。自分のコンピュータまで買い与えられていた（2001年当時としてはかなり珍しいことだった）。だけど、自分が知っていることしか知らなかったので、自分がどれだけ恵まれているかわからなかった。

これは、高校時代にまわりの友人の家が自分の家より金持ちだったために、裕福な家で育ちながらそれに気づけなかった私の友人のジョンの場合と同じだった。

残念ながら、この感覚は私たちが経済的に豊かになっても消えてはくれないようだ。

億万長者でも「自分は金持ち」と実感できない理由

「億万長者になったら、自分は金持ちだと実感できるはずだ」と考えている人は多いかもしれない。

だが、現実には必ずしもそうではない。

たとえば、ゴールドマン・サックス元CEOで億万長者のロイド・ブランクファインは、2020年2月のインタビューで、莫大な資産を持っているにもかかわらず、「自分は金持ちではない」と語っている。

「ブランクファインは、〝自分は金持ちではなく、暮らし向きがいいだけだ〟と言う。〝金持ちとはいえない〟と彼は主張する。〝自分が金持ちだという気がしないんだ。そんなふうに行動もしていないし〟」

「ニューヨークだけでなくマイアミにもマンションを持っているというが、富裕層が陥りそうな罠にはハマっていない。〝もしフェラーリを買ったら、こすってしまわないかと気になって落ち着かないだろう〟と冗談を言う[97]」

意外な発言に驚くかもしれないが、私にはブランクファインがなぜそう考えるかわかる。ジェフ・ベゾスやデヴィッド・ゲフィン（米国のレコード会社経営者、映画プロデューサー）のような大富豪と接する機会が多く、レイ・ダリオやケネス・グリフィンといった金融界の大物と同じ世界に生きていると、10億ドルは大した資産に思えないはずだ。

だが客観的に見れば、ブランクファインは米国のトップ0・01％の金持ち、つまりトップ1％の中のさらにトップ1％の金持ちである。

経済学者のサエズとズックマンによれば、2012年の米国のトップ0・01％の世帯（米国全体で1万6000世帯以下）は、1億1100万ドル以上の純資産を保有していた。[98] それ以降の資産価格の上昇分を調整しても、ブランクファインは優にトップ0・01％に入るだろう。

だが、このように「実際は裕福なのにそうだとは思えないという問題」を抱えているのはブランクファインだけではない。

所得層の上位に位置する人の大半は、実際より自分は金持ちではないと考えている。たとえば、『ザ・レビュー・オブ・エコノミクス・アンド・スタティスティックス』誌に掲載された研究によると、所得が全体の上位半分の世帯のほとんどは、自分が全体の中でどれくらい裕福かを認識していない。[99] 以下に、同誌に掲載された**図表58**を紹介する。

この図からわかるように、実際の所得が上位10％の世帯（図表58の横軸の90〜100に該当する部分）でも、「自分は全体の60〜80位程度だ」という自己認識を持っている。

この結果は一見すると驚くべきものに思えるかもしれないが、豊かさの認識をネットワークの問題と考えれば理解しやすい。

図表58　所得分布における相対所得の実際および認識

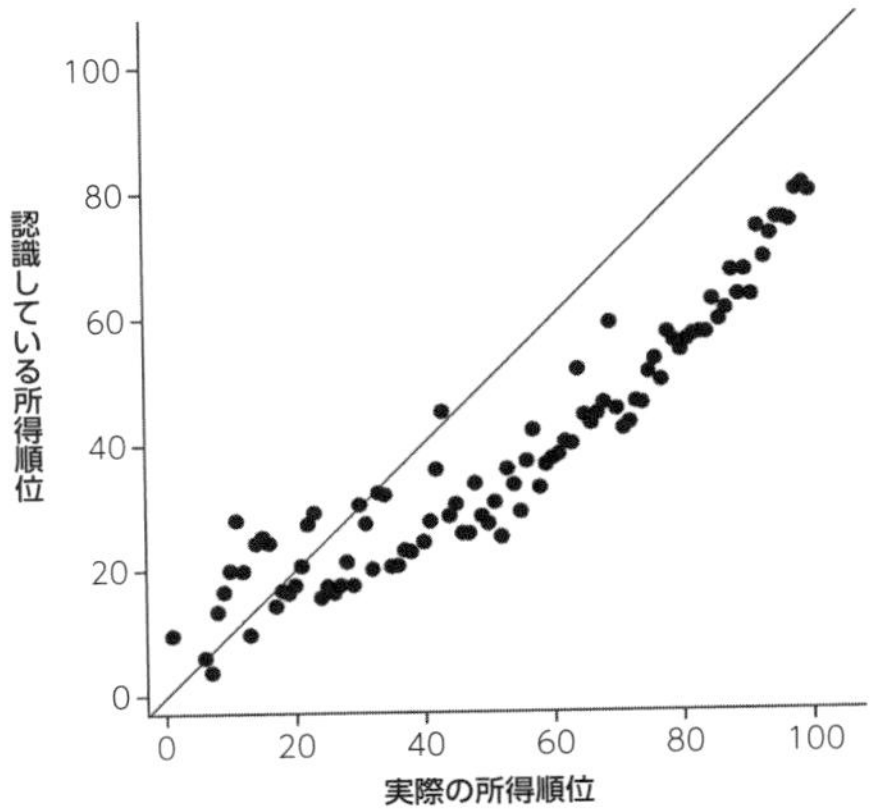

この図は、1回目の回答者の認識および実際の相対所得の関係を表したものである。同サイズの100個の点で、実際の相対所得と回答者が認識している相対所得を表している。45度の斜線は、バイアスのない位置を示している。サンプル数は1242件である

マシュー・O・ジャクソンは著書『ヒューマン・ネットワーク――人づきあいの経済学』（依田光江訳、早川書房）の中で、なぜほとんどの人が自分は友人より人気がないと感じているのかという問題を取り上げ、この概念をうまく説明している。

「他人のほうが自分より友人が多いと思ったことはないだろうか？　もしあるなら、それはあなた一人ではない。実際、私たちの友人は、平均的な人より友人が多い。これは友情のパラドックスだ。（中略）これは簡単に理解できる。友人の多い人は、多くの人の友人リストに含まれている。友人が少ない人は、少数の人の友人リストにしか含まれていない。つま

り友人が多い人は人口比以上に、私たちの友人リストに入りやすく、友人が少ない人は人口比以上に、私たちの友人リストに含まれにくい[100]」

自分より裕福な人が気にならなくなる秘訣

これと同じ考え方を自分の人間関係に当てはめれば、なぜほとんどの人が実際より裕福でないと感じるのか説明できる。

たとえば、あなたは自分より裕福な人を少なくとも一人は思い浮かべることができるだろう。その裕福な人には裕福な友人がいる可能性が高いので、その人も自分より裕福な人を思い浮かべることができる。もしできなければ、大金持ちの有名人（ビル・ゲイツやジェフ・ベゾス等）を思い浮かべられるだろう。

つまり誰もが（世界一の大富豪を除けば）他の誰かを指差し、「私は金持ちではない。金持ちなのはあの人だ」と言えるということだ。

ブランクファインのような億万長者が、自分のことを「暮らし向きがいいだけ」と感じるのもそのためだ。

あなたも、ブランクファインと似たようなことを考えているはずだ。なぜなら、自分で思っているより、はるかに裕福である可能性が高いからだ。

たとえば、スイスの銀行クレディ・スイスによる2018年版の「グローバル・ウェルス・レポート」によると、純資産が4210ドル以上ある人は、裕福さで世界の上位半分に位置する。[101]

純資産が米国人の純資産の中央値である9万3170ドル以上ある人は、世界の上位10%に入ることになる。世界で上位10%の金持ちだという読者は、意外と多いのではないだろうか。

ただ、世界全体を比較対象にするのはおかしい、と思った人は多いはずだ。発展途上国の農業従事者のような経済的に恵まれない人たちと比べて自分は金持ちだと考えるのは公平ではない、と。

だがブランクファインもおそらく、あなたや私のような人と自分を比較するのは公平ではないと思っているはずだ。

確かに、彼の「自分は金持ちではない」という主張は、私たちが世界の上位10%に入っていても「自分は金持ちではない」と主張するより、客観的に見て突飛なものである。

しかし、これは根本的には同じ主張であり、程度の差があるにすぎない。

上位10%なら金持ちなのか？　上位1%、あるいは0・01%なら？　また、その基準

図表59　**学歴・年齢別の純資産上位１％の資産額**

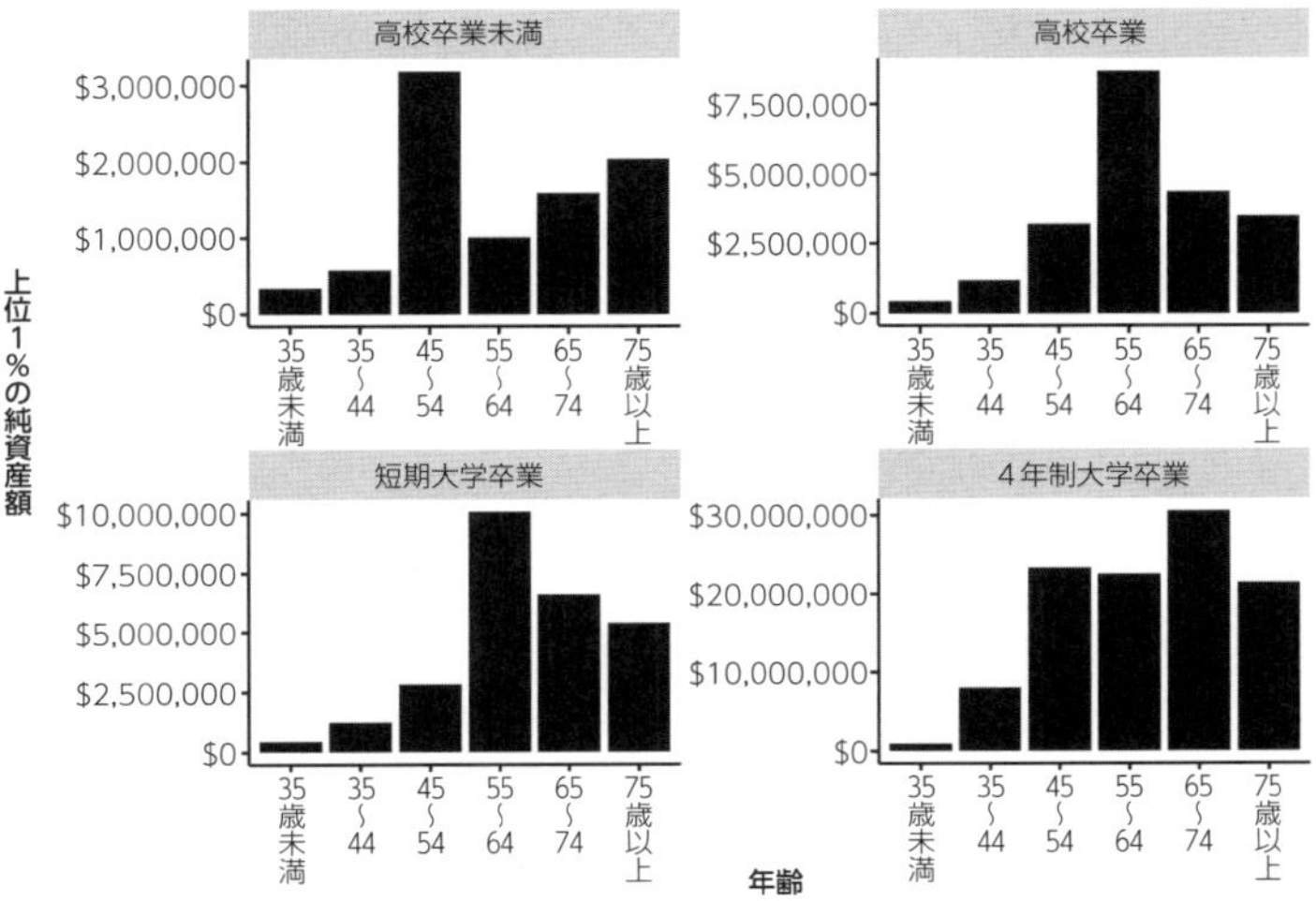

は？　世界？　国？　都市？

正解はない。金持ちというのは相対的な概念だからだ。

たとえば、２０１９年の米国で上位１％の金持ちでいるためには、１１１０万ドルの純資産が必要になる。だが、年齢や学歴を基準にすると、上位１％の純資産額には大きな幅が出てくる。34万１０００ドルから３３００万ドルまで幅が広がるのだ。

上位１％に入るための純資産額は、「35歳未満の高校中退者」という条件にすると34万１０００ドルだが、「65〜74歳の大卒者」という条件にすると３０５０万ドルになる。

図表59は、米国の世帯上位１％の純資

産を学歴と年齢の条件別に示したものである。

これが、誰も「自分は金持ちだ」と考えない理由だ。もっと裕福な人の存在は、いくらでも目に入ってくるからだ。

これを避ける秘訣は、自分よりも裕福な人のことばかり見ず、**自分がいかに恵まれているか**を考えることだ。

いよいよ次の最終章では、「**一番重要な資産**」について考えてみよう。

第20章

一番重要な資産

なぜそれはこれ以上
増やすことができないのか

お金か？　それとも時間か？

医師で長寿の専門家であるピーター・アッティアは、2017年、寿命をのばす方法をテーマにした講演で、聴衆に次のように問いかけた。

「この中で、ウォーレン・バフェットと自分の人生を今すぐ交換してもいいという人はいないはずです――たとえ、それによって彼の全財産が手に入るとしても。バフェットも、全財産を失うことと引き替えに20歳に戻るかと尋ねられたら、すぐに『ぜひそうしたい』と言うでしょう[102]」

この交換条件について考えてみよう。

バフェットになれたら、その富や名声、地球上で最も偉大な投資家としての地位が得られる。好きなところに行き、好きな人に会い、金で買えるものならなんでも手に入れられる。

だが、あなたはもう87歳（当時のバフェットの年齢）だ。あなたはこの取引をするだろうか？

突拍子もない質問だと思うかもしれないが、それでもあなたはYESと言わないだろう。

この質問について考えたとき、お金より時間のほうがはるかに価値があると直感的に理解できるのではなかろうか。時間があれば、お金では絶対にできないこともできる。時間さえたっぷりあれば、山を動かすことだってできる。

人類史上屈指の忍耐力の物語「マウンテン・マン」の教え

あまり知られていない、人類史上屈指の忍耐力の物語がある。

この物語はインド北東部のジェラー村から始まる。この村は隣村から遠く離れ、孤立した場所にあった。物資や治療が必要なとき、村人は山の尾根を迂回する危険な道を50キロメートルも歩かなければならなかった。

ある日、村の女性が尾根沿いの道を歩いている最中に転び、ケガをした。

彼女のケガを知った夫のダシュラート・マンジーは、その夜、「これ以上、この危険な山道を歩かせるべきではない。山を削って道を切り開く」と決意した。

翌日、マンジーは槌《つち》とノミだけで尾根を削り始めた。地元の村人たちからは、「そんなことは無理だ」と嘲笑された。だが、決してあきらめなかった。

それから22年、マンジーは一人で、昼夜問わず山を切り崩し続け、最終的に、長さ11

0メートル、幅9・1メートル、深さ7・6メートルの道を切り開いた。

1980年代前半に道を完成させるまでに、約765万リットルの岩を移動させたことになる。マンジーは、「マウンテン・マン」と呼ばれるようになっていた。

この道をつくったことで、隣村への移動距離は55キロメートルから15キロメートルに短縮された。グーグルマップで「Dashrath Manjhi Passthrough」と検索すると、20年以上に及ぶマンジーの労力の結晶をストリートビューで見ることができる。ただし残念ながら、このミッションの発端となった妻は、この道が完成する数年前に亡くなってしまった。

マンジーの物語は、**驚異的な「目に見えない時間の価値」**を示している。

マンジーには、山を切り開くために建設作業員に払う金はなかった。

だが、時間だけはあった。

時間は、私たちにとってなによりも重要な資産である。

20代、30代、40代で時間をどう使うかは、50代、60代、70代の人生に大きく影響する。残念ながら、この大事なことに気づくまでに多くの時間がかかる。私の場合もまさにそうだった。

本書の冒頭で、私が大学を卒業したばかりの頃、お金の問題で悩んでいたことを告白した。

本書の最後では、当時、私が定めた経済的な目標について紹介し、本書を締めくくりたい。

ポイントは目標を定めたことではなく、目標を追求する中で、**時間の価値や人生をどう考えるか**について学べたことだ。

世の中で唯一、絶対に取り戻せないもの

23歳のとき、私は30歳になるまでに50万ドルの資産をつくると決心した。

その時点の資産は、2000ドルしかなかった。

なぜこんな無謀な目標を立てたかというと、ウォーレン・バフェットは30歳のときに100万ドルの資産があったという記事を読んだからだ。

バフェットが30歳で資産100万ドルを手にしたのは1960年のことで、現在のお金に換算すると900万ドルになる。だが私はバフェットではないので、目標を半分にした。インフレ調整もしなかった。

2020年11月、私は31歳になっていたが、資産は50万ドルに達していなかった。ただし、目標まであと少しのところまではきていた。

だが、わずかな差で目標を逃したことは言い訳にはならなかった。

映画『ワイルド・スピード』シリーズでヴィン・ディーゼルが演じたキャラクター、ドミニク・トレットに、「1インチ差でも1マイル差でも、勝ちは勝ちだ」というセリフがある。

私の場合も同じだった。

1ドル差でも10万ドル差でも、負けは負けだ。しかも、特に残念なのは、これがかなりの強気相場の最中での出来事だったことだ。だから、目標を達成できなかったことをS&P500のせいにはできない。すべて私の行動のせいだ。

ただし、努力が足りなかったわけではない。

私は8年以上フルタイムで働き、4年間、ブログの執筆に週10時間を費やしてきた（ただし、ブログの収益化が軌道に乗ったのは2020年だ。もっとも、それ以前に収益化できていたとしても、目標の50万ドルには届かなかっただろう）。

支出についても責められないはずだ。旅行や外食（どちらも私がとても好きなことだ）を減らせたかもしれないが、それによって目標を達成できたとは思えない。

大きな要因は他にあった。それは、キャリアの早い段階でよい決断をすることだ――私にとって、一番重視すべきはお金ではなく、**時間**だった。

友人の多くは大手IT企業（フェイスブック、アマゾン、ウーバー等）に行き、株式報酬で多額の資産を手にしていたのに対し、私は同じコンサルティング会社で6年間働き続けた。給料は悪くなかったが、株式報酬はなかった。手遅れになるまで、自分が何を逃したのかに気づけなかった。

大手IT企業に勤めていた友人たちは、自社株が高騰したタイミングでストックオプションを行使し、百万長者（少なくとも50万ドル）になった。

こうした友人たちのことを「ラッキーだ」とみなすのは簡単だし、それも部分的には事実だ。だがそれは言い訳にすぎない。なぜなら、こうしたIT企業に転職するチャンスは私にも何度もあったからだ。だが、私はチャンスをすべて見送った。

特に大手IT企業で働きたかったわけではない。問題は、27歳になるまで自分のキャリアについて真剣に考えてこなかったことだ。

ニューヨークの連邦準備銀行の研究によれば、個人の収入が最も急速に増加するのは、仕事を始めてから**最初の10年間**である（25〜35歳）[103]。23歳の私は、投資ポートフォリオではなくキャリアのことを重視すべきだったのだ。

私の失敗の原因は、お金は時間より重要な資産だと信じていたことだ。それが誤りだと、後になってようやく気づいた。

お金は後からでも稼げる。だが、**時間は取り戻せない**。

だが私は、それほど厳しく自分を責めてはいない。現在の私は、生まれ育った環境を考えれば十分によい生活を送っているし、そもそも大手IT企業に転職していたら、この本を書く機会もなかったと思う。

なにより、たとえ50万ドルの目標を達成していたとしても、人生に有意義な形の変化は生じなかっただろう。資産が約10倍程度増えなければ、生活レベルに劇的な変化は生じないともいえるからだ。

たとえば、資産が1万ドルから10万ドルに増えたときのほうが、20万ドルから30万ドルに増えたときより人生に大きな影響が生じる。だから、私が30歳で50万ドルの資産を手にしていても、人生が劇的に変わったりはしなかっただろう。

家計のやりくりに苦労している家庭が多い中で、法外な経済的目標を達成できないことに不満をいうのがどれほど無神経なことかはわかっている。だが、前章で触れたように、富は絶対的なゲームではなく、相対的なゲームである。

よくも悪くも、私はあなたと同じように、理想と現実、自分と他人を比較している。残念ながら、人は常にこのような比較をしながら生きているのだ。

図表60　**5年後に期待する生活満足度と現在の生活満足度**

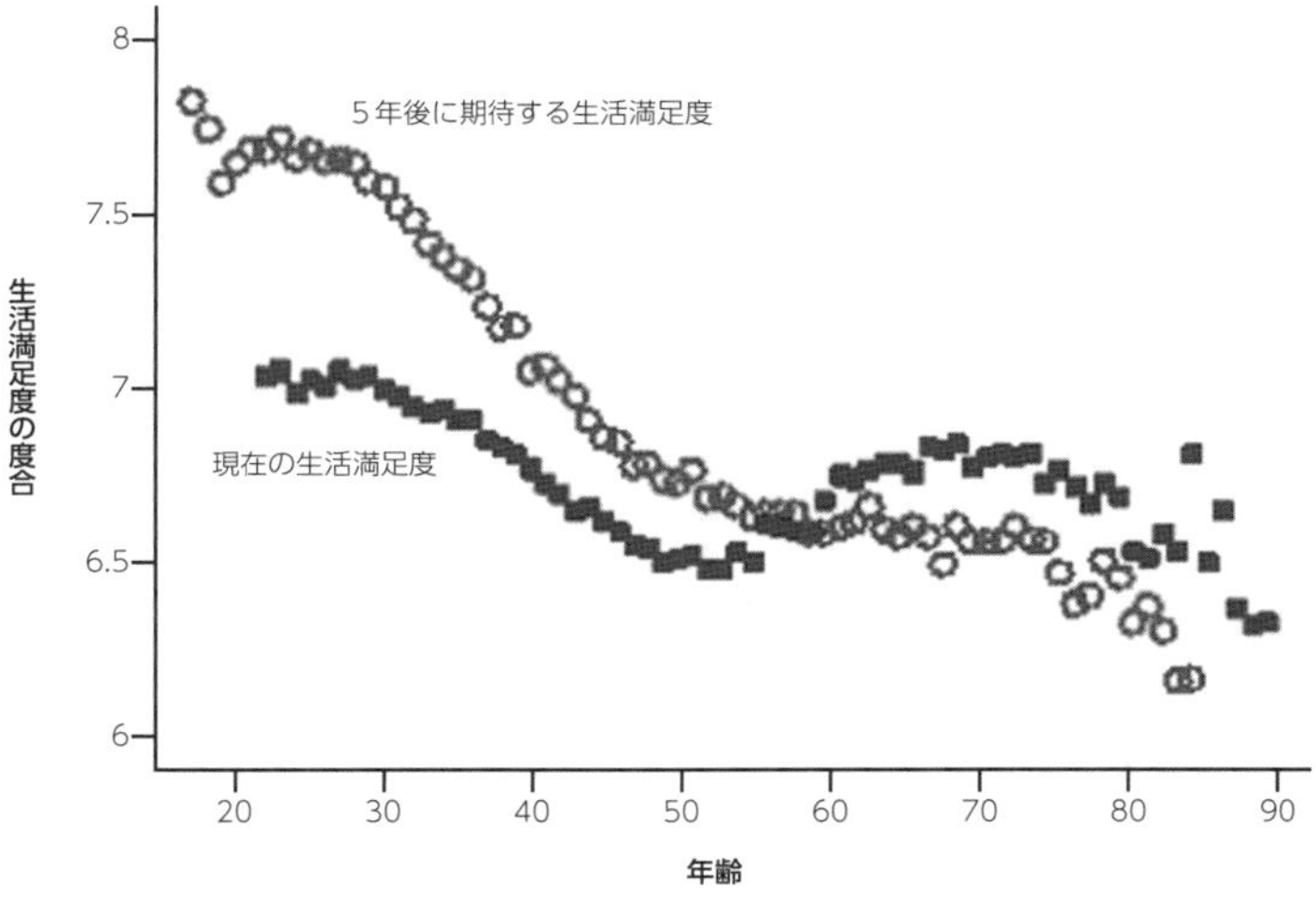

なぜ、50代で人生が好転するのか？

研究結果もそのことをはっきりと裏づけている。

たとえば、ジャーナリストのジョナサン・ラウシュは、著書『ハピネス・カーブ――人生は50代で必ず好転する』（田所昌幸解説、多賀谷正子訳、CCCメディアハウス）の中で、ほとんどの人の幸福度は**20代後半で低下し始め、50歳のときに底を打ち、その後増加する**と述べている。**図表60**のように、生涯の幸福度はU字カーブ（または「スマイルマーク」）のようになる。

これは、ノースウェスタン大学助教授の経済学者ハンネス・シュワントが、5

年後に期待する生活満足度と実際の生活満足度を比較した研究を表したグラフからも見て取れる。[104]

たとえば、30歳の人の現在の生活満足度は7（10段階）で、5年後の35歳になったときの生活満足感が7・7になることを期待している。

だが実際には、35歳の人の生活満足度は30歳のときよりも低い6・8になっている。つまり、30歳の人は5年後に生活満足度が0・7ポイント上がることを予測していたが、実際には35歳時点で0・2ポイント下がることになる。

現在の生活満足度を表す点だけを見れば、25歳から70歳にかけて、有名な幸福度のU字曲線が描かれているのがわかる。

だが、なぜ20代後半から幸福度は下がり始めるのだろう？

年を取るにつれて、人生が高い期待に応えにくくなっていくからだ。ラウシュは同書で次のように述べている。

「若者は常に将来の生活満足度を過大評価している。これはとてつもなく大きな誤差になりうる。近い将来、シアトルに住み、毎日日光浴をして暮らしているような未来を期待している。20代の若者は、将来の生活満足度を平均して約10％過大評価している。だが、時間の経過とともに、この過度の楽観主義は薄れていく。ただし、人は落ち込むわけではない。現実的になっていくのだ」[105]

人生の満足度は年齢とともに上がっていく

この研究は、私が23歳のときに定めた「30歳までに50万ドル」という大胆な経済的目標を達成できなかったことに対し、落胆した理由を見事に説明している。

また、そもそもなぜこの目標を達成できなかったのか（つまり、おそらくは楽観的すぎた）についても説明がつく。

あなたの人生にも同じパターンが見られないだろうか。

若い頃は近い将来の自分に期待しているのに、実際にその年になったら失望してしまう。だが研究が示しているように、これはまったく普通のことである。

また、時間の経過とともに人生への期待値を下げていくのも普通のことである。

やがて過度に期待値を下げていくようになるが、年を取っていくにしたがって（先のデータでは50歳前後を境に）、今度は期待しているよりも実際の生活満足度が高いという**嬉しい驚きの時期**がやってくる。つまり年齢が上がるとともに、私たちは自分が思っている以上に人生が豊かなものであることに気づいていくのだ（その意味で、人生は額面より実際の価値が高い「バリュー株」にたとえられるかもしれない）。

成長株は、私たちが若い頃に自分自身のことをどう考えるかと同じように値づけされる。この時期は、将来への期待と希望が大きい。だが、人生は成長株と同じく、最終的に高い期待を満たすのは難しい。

私たちは時間の経過とともに自らの期待値を下げていき、「この先も状況は改善されないかもしれない」という疑問すら持ってしまうようになる。これは、投資家が株式を評価するときの心境と似ている。

しかし、物事はたいてい予想よりよい方向に進むようになるものだ。そして私たちはバリュー株投資家のように、嬉しい驚きを感じることができる。

もちろん、これは平均的な傾向にすぎない。人生は人それぞれだ。

私たちはみんな、その時点で知っていることに基づいて物事を決断しなければならない。私たちにできることはそれだけだ。

最終章では、ポートフォリオの中で最も重要な資産について説明した。

最後に、本書で学んできたことをまとめてみよう。

【巻末プレミアム】

「ジャスト・キープ・バイイング」21の黄金ルール
――タイムトラベラーのゲームに勝つ方法

金持ちになる方法を知りたがっているタイムトラベラーから、次のようなゲームをしないかと提案されたとしよう。

明日、あなたは過去100年間のある時点にタイムスリップし、現在の人生についての記憶はなく、未来がどうなるかも知らない状態で目を覚ます。ただし、従うべき経済的ルールを自分に課すことはできる。

資産を最大限に増やすために、あなたは自分に何を伝えるだろうか？

「アップルの株を買うこと」「1929年9月～1932年6月の株式市場は避けること」といった具体的な指示を出したくなるかもしれないが、このゲームでは歴史が同じように繰り返されないと仮定しよう。1929年に大恐慌は起こらないし、1976年にアップル社がガレージから誕生したりもしない。

この限られた情報の中で、今日あなたが過去に持っていくべき指示は何だろう？

このタイムトラベラーのゲームに勝つにはどうすればいいのか？

本書は、この質問に対する私の答えだ。

あなたの個別の事情については何もわからない。だから私の目標は、あなたの事情に関係なく、**経済的に成功する確率を最大限に高める**ことだった。

これを念頭に置き、タイムトラベラーのゲームに勝つために、私が自分に言い聞かせる具体的な経済的指示を確認してみよう。

これが、**「ジャスト・キープ・バイイング」21の黄金ルール**だ。

1　お金がない人は「貯金」を、お金がある人は「投資」を重視すべき

今、自分がお金の問題に関してどのような段階にあるかを把握してから、時間と労力をどこに集中させるかを決めよう。

予想される貯蓄が予想される投資収益を上回る場合は**貯蓄**に重点を置き、そうでなければ**投資**に集中する。同じくらいの場合は、**両方**にバランスよく取り組もう（第1章）。

2　できる範囲で貯金する

収入と支出は変化する。だから、貯蓄率もそれに応じて変えていくべきだ。節約ばかりに意識が向きすぎてストレスにならないよう、**できる範囲で貯金**しよう（第2章）。

3　節約よりも収入アップ

支出を減らすことには限界があるが、収入を増やすことには限界はない。**わずかでもいいので、収入を増やすための方法**をすぐにでも見つけよう。それが将来の大きな収入アップにつながるかもしれない（第3章）。

4　「2倍ルール」で罪悪感を減らす

「2倍ルール」とは、贅沢品にお金を使ったら、それと同じ額を投資するか、**チャリティに寄付**するというものだ。贅沢なお金の使い方をすることに罪悪感を覚えるなら、このルールに従ってみよう。これは安心してお金を使えるようになる簡単な方法だ（第4章）。

5　収入アップ分の50%以上を貯蓄する

収入アップに合わせて生活レベルを上げる「ライフスタイル・クリープ」は、ある程度は問題ない。ただし、将来のお金の計画を狂わせたくないなら、**支出は収入アップ分の50%未満**に抑え、50%以上を貯蓄しよう（第5章）。

6　借金は使い方次第

負債は悪い場合もあれば、役に立つ場合もある。**自分にとってメリットが得られる場合のみ**お金を借りよう（第6章）。

7　家は適切な場合のみ購入する

家は人生最大の買い物。**自分の経済状況と現在のライフスタイルに適している場合にのみ**購入すべきだ（第7章）。

8　頭金は、まず現金で貯めることを検討する

債券や株式で貯めるほうがリターンが得られるかもしれないが、結婚式や自宅などの大きな買い物の頭金をつくるには、**現金が最適**だ（第8章）。

9　リタイアで大切なのはお金だけではない

どうすればリタイアできるかを考える前に、まず、**リタイアして何がしたいのか**を考えよう（第9章）。

10　減り続ける「人的資本」を「金融資本」に置き換えるために投資する

人はいつまでも働けるわけではない。**手遅れになる前に**「人的資本」を「金融資本」に置き換えること。投資はそのための最善策だ（第10章）。

11　オーナーのように考え、収益資産を買う

収入を増やすためには、オーナーのように考え、**収入を生む資産を買う**ためにお金を使おう（第11章）。

12　個別株は買わない

個別株投資をしてインデックス投資を上回るリターンを得ようとするのは至難の業だ。仮にうまくいっても運の要素が大きく、自分の実力によるものなのかどうかわかりにくい（第12章）。

13　早く買ってゆっくり売る

ほとんどの市場は時間の経過とともに上昇していくことが予想されるため、**早く買ってゆっくり売る**ことが資産を増やすセオリーになる。不安を感じるなら、売買しているものがあなたにとってリスクが高すぎる可能性がある（第13章）。

14　できるだけ頻繁に投資する

現金を貯めてタイミングのいいところで投資できると考えているなら、考え直したほうがいい。**神でさえドルコスト平均法には勝てない**のだから（第14章）。

15　投資とは配られたカードではなく、そのカードを使ってプレーすること

投資家は長い期間の中で、幸運と不運の時期を経験する。だが、なにより大切なのは、**長期的にどう振る舞うか**である（第15章）。

16　相場の変動は必然的に発生するが、恐れてはいけない

市場には無賃乗車はできない。メリットを享受したければ、「**相場の変動に耐えるという手数料**」を払わなければならない（第16章）。

17 暴落は(通常は)買いのチャンス

将来のリターンは通常、大規模なクラッシュ後に最も高くなる。暴落は周期的に発生する。**恐れずにチャンス**とみなそう（第17章）。

18 過度に贅沢な暮らしをしようとして大きなリスクを背負うのではなく、十分な暮らしができるお金を確実に得ることを重視する

本書のテーマは「ジャスト・キープ・バイイング」だが、投資資産を売ってもいい場合もある。**何もしないで資産を築いても意味はない**からだ（第18章）。

19 どれだけ資産が増えても、金持ちになったとは感じないが、それは問題ない

どれだけお金が増えても、それ以上のお金を持っている人は必ずいる。パーソナルファイナンスのゲームでは、**自分を失わない**ように気をつけよう（第19章）。

20 時間ほど重要な資産はない

お金はいつでも稼げるが、**時間は増やせない**（第20章）。

21 私たちはすでにこのゲームをプレーしている

幸い、タイムトラベラーのゲームをプレーするためにタイムマシンは必要ない。私たちは大人になってからずっと、このゲームをプレーしているのだ。

私たちは毎日、将来がどうなるかを知らずに、お金に関する決断をしなければならない。未来の自分から与えてもらった指示はないとしても、常に最善の情報を探している。

あなたが本書を読んだという事実が、そのなによりの証拠だ。

本書の内容が、あなたがこのゲームをプレーするうえで従うべき指示のリストに加わることを願っている。

最後まで読んでいただいたことに心から感謝する。

謝辞

私の人生は幸運な出来事の連続だった。本書の執筆も例外ではない。

本書は、長年にわたって私に様々なことを教えてくれた数えきれない人たちの存在なしには書けなかった。

なかでも、特に大きな支えを与えてくれた人たちに感謝したい。

ガーティ・ギャレスは、何年も前にこの本を書く気にさせてくれた。

マイケル・バトニックは、誰よりも先に私を信じてくれた。

モーガン・ハウセルは、何も言わずに私に道を教えてくれた。

クレイグ・ピアースは、肝心なときに明確な指針と自信を与えてくれた。

ベン・カールソン、ジェームズ・クリアー、カール・ジョセフ・ブラック、ジム・オショーネシーは、この本の編集時に貴重な意見を述べてくれた。

素晴らしい友人たち、特にボストンの仲間たち（ジャスティン、タイラー、サム）のいつも変わらぬ励ましにも感謝を。

マジューリ家とモンテネグロ家の家族にも感謝を。

子どもを育てるには村が必要だというが、私の村人、つまり両家の家族がいなければ私はここにいない。みんなを愛している。

最後に、長年にわたって私の仕事をシェアし、サポートしてくれたすべての人に感謝を。心の底からお礼を述べたい。どれだけありがたく思っているか、言い尽くすことはできない。

訳者おわりに

「将来のお金の問題が不安だ」
「投資が大切だと漠然とはわかっているが、なかなか行動に踏み切れない」
「貯金や投資を始めてはみたものの、自分の方法が正しいかどうか確信が持てない」

あなたはこのような悩みを抱えてはいないだろうか？
私たちがこうした問題で頭を悩ませているのは、情報が足りないからではない。むしろ、最近ではお金に関する情報は大量にあふれている。その結果、人々は逆に情報に振り回され、戸惑い、重い腰を上げられずにいる。

私たちが必要としているのは、**「一度理解すれば一生忘れることなく、すぐに行動したくなり、安心して自分のお金の管理方法の指針にできる、貯金や投資に関するシンプルな原則」**なのだ。

つまり、「そもそも、なぜ投資をする必要があるのか?」という、人々を行動から思いとどまらせている根本的な疑問への答えが求められているのだ。

あなたが今手に取っているのは、まさにその答えを知るためにうってつけの一冊だ。

本書は、2022年4月に米国で刊行され、たちまちベストセラーとなった『JUST KEEP BUYING——Proven ways to save money and build your wealth』の待望の邦訳である。

著者ニック・マジューリは、金融系企業で最高執行責任者兼データサイエンティストを務める傍ら、パーソナルファイナンス関連のブログを執筆。ウォール・ストリート・ジャーナルをはじめとする大手メディアに記事を寄稿する気鋭の金融系ライターとしても活躍中だ。

本書の特色は、データサイエンティストである著者が、**過去100年以上にも及ぶ金融データを縦横無尽に駆使し、これ以上ないほどシンプルな、誰にでもわかる「お金の原則」に落とし込んでいる点**にある。

その中には、これまでの常識の正しさを腑に落ちる形で説明するものもあれば、世間の通説に潜むウソをあざやかに暴くものもある。

お金にまつわる根本的な真理を人間心理の側面から解き明かした世界的ベストセラー『サ

イコロジー・オブ・マネー――一生お金に困らない「富」のマインドセット』（ダイヤモンド社）の著者モーガン・ハウセルが本書を絶賛したのは、まさにこの「**誰もが知りたいお金に関する根本的な疑問に、確かなデータに基づいた、思わず膝を打つような説得力のある答えを示している**」点にあるといえるだろう。

また、本書には、初心者だけではなく、すでに投資を始めている読者にとっても、知っているか否かで今後の資産運用に大きな違いをもたらしうる有益な情報が満載である。冒頭の「本書の使い方」（P5）にもあるように、「巻末プレミアム」（P393以降）には本書のポイントがまとめられているので、ぜひ目を通していただきたい。きっと詳しくその内容を知りたいと思っていただけるはずだ。

日本人が投資にあまり積極的でないのは、「難しそう」「面倒くさそう」「損するのが怖い」といった理由がおもなものだとされている。

だが、本書を読み終えた読者なら、これらが**大きな誤解**であることがわかるはずだ。投資は決して難しくもないし、面倒でもない。至極簡単な原理に従い、ほぼ**自動的**に行うことができる。

そして長い目で見ると、現金で資産を持っているほうが投資をしたときより大きく損する可能性が大幅に高いことは、**歴史的なデータが証明**しているのだ。

幸い、日本では2024年からNISA（少額投資非課税制度）が改正され、投資枠が1800万円に広がるなど大幅な拡充がなされる。少子高齢化が進み、右肩上がりの経済成長が期待しにくい現状において、こうした制度を利用して投資するかどうかは、若い人はもちろん、中高年にとっても人生を大きく左右するものになる。

本書が推奨しているように、**無理なく節約をして迷わず投資**をしていけば（著者は特にインデックス投資を推奨）、まさに**自動的に富は増え続けていく。**高収入でなくても、極端な節約をしなくても、安心して未来に目を向けられるようになる。

また本書が教えてくれるのは、お金についての真実だけではない。

著者は、一番大切な資産は、お金ではなく「**時間**」だと述べている。

私たちは、90歳近くの大富豪が全財産と引き換えにしても得たいと思っている「時間」という資産をすでに持っている。

ベストセラー『DIE WITH ZERO 人生が豊かになりすぎる究極のルール』（ビル・パーキンス著、ダイヤモンド社）にもあるように、お金はあくまでもよりよく生きるための道具にすぎない。だからこそ私たちは、その道具に振り回され、なによりも価値のある時間という資産を無駄にすべきではないのだ。

本書の内容を理解し、一歩、前に踏み出してＮＩＳＡなどの制度を利用して資産形成を始めれば、私たちは将来の不安を必要以上に抱えることなく、今この瞬間を楽しみながら、一度きりの人生を豊かなものとして生きていけるようになる。

本書が、読者のみなさんがお金の悩みから解放され、安心して日々をすごしていくための拠り所となる、確かな情報源になることを心より願っている。

翻訳に当たってはダイヤモンド社書籍編集局第三編集部編集長の寺田庸二氏に、大変情熱的なサポートをいただいた。読者に百年残る価値のある本を届けたいという氏のとてつもない熱意のおかげで、この日本語版はオリジナルである英語版以上に読み手への配慮に満ちた読みやすい一冊になったのではないかと自負している。厚くお礼申し上げる。

児島　修

参考文献

第3章

『[新版]となりの億万長者——成功を生む7つの法則』(トマス・J・スタンリー+ウィリアム・D・ダンコ著、斎藤聖美訳、早川書房)
Stanley, Thomas J., *The Millionaire Next Door: The Surprising Secrets of America's Wealthy* (Lanham, MD: Taylor Trade Publishing, 1996).

第4章

『「幸せをお金で買う」5つの授業』(エリザベス・ダン+マイケル・ノートン著、古川奈々子訳、KADOKAWA)
Dunn, Elizabeth, and Michael I. Norton, *Happy Money: The Science of Happier Spending* (New York, NY: Simon & Schuster Paperbacks, 2014).

『モチベーション3.0——持続する「やる気!」をいかに引き出すか』(ダニエル・H・ピンク著、大前研一訳、講談社)
Pink, Daniel H, *Drive: The Surprising Truth about What Motivates Us* (New York, NY: Riverhead Books, 2011).

第6章

『最底辺のポートフォリオ——1日2ドルで暮らすということ』(J・モーダック+S・ラザフォード+D・コリンズ+O・ラトフェン著、野上裕生監修、大川修二訳、みすず書房)
Collins, Daryl, Jonathan Morduch, Stuart Rutherford, and Orlanda Ruthven, *Portfolios of the Poor: How the World's Poor Live On $2 a Day* (Princeton, NJ: Princeton University Press, 2009).

第9章

『お金か人生か——給料がなくても豊かになれる9ステップ』(ヴィッキー・ロビン+ジョー・ドミンゲス著、岩本正明訳、ダイヤモンド社)
Robin, Vicki, Joe Dominguez, and Monique Tilford, *Your Money or Your Life: 9 Steps to Transforming Your*

Relationship with Money and Achieving Financial Independence (Harmondsworth: Penguin, 2008).

『退職して幸せになるためのコツ』(アーニー・J・ゼリンスキー著、小川彩子訳、オープンナレッジ)
Zelinski, Ernie J., *How to Retire Happy, Wild, and Free: Retirement Wisdom That You Won't* (Visions International Publishing, 2004).

第10章

『ハイパーインフレの悪夢――ドイツ「国家破綻の歴史」は警告する』(アダム・ファーガソン著、黒輪篤嗣＋桐谷知未訳、池上彰解説、新潮社)
Fergusson, Adam, *When Money Dies: The Nightmare of Deficit Spending, Devaluation, and Hyperinflation in Weimar, Germany* (PublicAffairs, 2010).

第11章

『株式投資――長期投資で成功するための完全ガイド』(ジェレミー・シーゲル著、林康史＋藤野隆太監訳、石川由美子＋鍋井里依＋宮川修子訳、日経BP)
Seigel, Jeremy J., *Stocks for the Long Run* (New York, NY: McGraw-Hill, 2020).

『証券市場の真実――101年間の目撃録』(エルロイ・ディムソン＋ポール・マーシュ＋マイク・ストーントン著、山田香織＋小澤光浩＋田口智也訳、東洋経済新報社)
Dimson, Elroy, Paul Marsh, and Mike Staunton, *Triumph of the Optimists: 101 Years of Global Investment Returns* (Princeton, NJ: Princeton University Press, 2009).

『富・戦争・叡知――株の先見力に学べ』(バートン・ビッグス著、望月衛訳、日本経済新聞出版)
Biggs, Barton, *Wealth, War and Wisdom* (Oxford: John Wiley & Sons, 2009).

第13章

『誰もが嘘をついている――ビッグデータ分析が暴く人間のヤバい本性』(セス・スティーヴンズ＝ダヴィドウィッツ著、酒井泰介訳、光文社)
Stephens-Davidowitz, Seth, *Everybody Lies: Big Data, New Data, and What the Internet Can Tell Us About Who We*

Really Are (New York, NY: HarperCollins, 2017).

『FACTFULNESS（ファクトフルネス）――10の思い込みを乗り越え、データを基に世界を正しく見る習慣』（ハンス・ロスリング＋オーラ・ロスリング＋アンナ・ロスリング・ロンランド著、上杉周作＋関美和訳、日経BP）
Rosling, Hans, *Factfulness* (Paris: Flammarion, 2019).

第15章

『成功は"ランダム"にやってくる！――チャンスの瞬間「クリック・モーメント」のつかみ方』（フランス・ヨハンソン著、池田紘子訳、CCCメディアハウス）
Johnson, Frans, *The Click Moment: Seizing Opportunity in an Unpredictable World* (Portfolio, 2012).

『痩せゆく男』（スティーヴン・キング〈リチャード・バックマン〉著、真野明裕訳、文藝春秋）
King,Stephen (as Bachman,Richard), *Thinner* (NAL, 1984).

『カッコウの呼び声――私立探偵コーモラン・ストライク（上・下）』（ロバート・ガルブレイス〈J・K・ローリング〉著、池田真紀子訳、講談社）
Galbraith, Robert (as Rowling, J. K.), *The Cuckoo's Calling* (Sphere Books, 2013).

第19章

『ヒューマン・ネットワーク――人づきあいの経済学』（マシュー・O・ジャクソン著、依田光江訳、早川書房）
Jackson, Matthew O., *The Human Network: How Your Social Position Determines Your Power, Beliefs, and Behaviors* (New York, NY: Vintage, 2019).

第20章

『ハピネス・カーブ――人生は50代で必ず好転する』（ジョナサン・ラウシュ著、田所昌幸解説、多賀谷正子訳、CCCメディアハウス）
Rauch, Jonathan, *The Happiness Curve: Why Life Gets Better After 50* (New York, NY: Thomas Dunne Books, 2018).

[89] Zax, David, "How Did Computers Uncover J.K. Rowling's Pseudonym?" Smithsonian Institution, Smithsonian. com (March 1, 2014).

[90] Hern, Alex, "Sales of 'The Cuckoo's Calling' surge by 150,000% after JK Rowling revealed as author," *New Statesman* (July 14, 2013).

[91] Kitces, Michael, "Understanding Sequence of Return Risk & Safe Withdrawal Rates," Kitces. com (October 1, 2014).

[92] Frock, Roger, *Changing How the World Does Business: FedEx's Incredible Journey to Success – The Inside Story* (Oakland, CA: Berrett-Koehler Publishers, 2006).

[93] Anarkulova, Aizhan, Scott Cederburg, and Michael S. O'Doherty, "Stocks for the Long Run? Evidence from a Broad Sample of Developed Markets," ssrn.com (May 6, 2020).

[94] Zilbering, Yan, Colleen M. Jaconetti, and Francis M. Kinniry Jr., "Best Practices for Portfolio Rebalancing," Valley Forge, PA: The Vanguard Group.

[95] Bernstein, William J., "The Rebalancing Bonus," www. efficientfrontier.com.

[96] Witt, April, "He Won Powerball's $314 Million Jackpot. It Ruined His Life," *The Washington Post* (October 23, 2018).

[97] Luce, Edward, "Lloyd Blankfien: 'I Might Find It Harder to Vote for Bernie than for Trump'," *Financial Times* (February 21, 2020).

[98] Saez, Emmanuel, and Gabriel Zucman, "Wealth Inequality in the United States Since 1913: Evidence from Capitalized Income Tax Data," *The Quarterly Journal of Economics* 131:2 (2016), 519–578.

[99] Karadja, Mounir, Johanna Mollerstrom, and David Seim, "Richer (and Holier) Than Thou? The Effect of Relative Income Improvements on Demand for Redistribution," *Review of Economics and Statistics* 99:2 (2017), 201–212.

[100] Jackson, Matthew O., *The Human Network: How Your Social Position Determines Your Power, Beliefs, and Behaviors* (New York, NY: Vintage, 2019).

[101] "Global Wealth Report 2018," Credit Suisse (October 18, 2018).

[102] Petter Attia, "Reverse Engineered Approach to Human Longevity," YouTube video, 1:15:37 (November 25, 2017).

[103] Guvenen, Fatih, Fatih Karahan, Serdar Ozkan, and Jae Song, "What Do Data on Millions of US Workers Reveal About Life-cycle Earnings Dynamics?" FRB of New York Staff Report 710 (2015).

[104] Schwandt, Hannes, "Human Wellbeing Follows a U-Shape over Age, and Unmet Aspirations Are the Cause," British Politics and Policy at LSE (August 7, 2013).

[105] Rauch, Jonathan, *The Happiness Curve: Why Life Gets Better After 50* (New York, NY: Thomas Dunne Books, 2018).

[63] Colberg, Fran, "The Making of a Champion," Black Belt (April 1975).

[64] Seigel, Jeremy J., *Stocks for the Long Run* (New York, NY: McGraw-Hill, 2020).

[65] Dimson, Elroy, Paul Marsh, and Mike Staunton, *Triumph of the Optimists: IOI Years of Global Investment Returns* (Princeton, NJ: Princeton University Press, 2009).

[66] Biggs, Barton, *Wealth, War and Wisdom* (Oxford: John Wiley & Sons, 2009).

[67] U.S. Department of the Treasury, Daily Treasury Yield Curve Rates (February 12, 2021).

[68] Asness, Clifford S., "My Top 10 Peeves," *Financial Analysts Journal* 70:1 (2014), 22–30.

[69] Jay Girotto, interview with Ted Seides, Capital Allocators, podcast audio (October 13, 2019).

[70] Beshore, Brent (@brentbeshore). 12 Dec 2018, 3:52 PM. Tweet.

[71] Wiltbank, Robert, and Warren Boeker, "Returns To Angel Investors In Groups," SSRN.com (November 1, 2007); and "Review of Research on the Historical Returns of the US Angel Market," Right Side Capital Management, LLC (2010).

[72] "Who are American Angels? Wharton and Angel Capital Association Study Changes Perceptions About the Investors Behind U.S. Startup Economy," Angel Capital Association (November 27, 2017).

[73] Altman, Sam, "Upside Risk," SamAltman.com (March 25, 2013).

[74] Max, Tucker, "Why I Stopped Angel Investing (and You Should Never Start)," Observer.com (August 11, 2015).

[75] Wiltbank, Robert, and Warren Boeker, "Returns To Angel Investors in Groups," SSRN.com (November 1, 2007).

[76] Frankl-Duval, Mischa, and Lucy Harley-McKeown, "Investors in Search of Yield Turn to Music-Royalty Funds," *The Wall Street Journal* (September 22, 2019).

[77] SPIVA, spglobal.com (June 30, 2020).

[78] Bessembinder, Hendrik,"Do Stocks Outperform Treasury Bills?" *Journal of Financial Economics* 129:3 (2018), 440–457.

[79] West, Geoffrey B., *Scale: The Universal Laws of Life, Growth, and Death in Organisms, Cities, and Companies* (Harmondsworth: Penguin, 2017).

[80] Kosowski, Robert, Allan Timmermann, Russ Wermers, and Hal White, "Can Mutual Fund 'Stars' Really Pick Stocks? New Evidence from a Bootstrap Analysis," *The Journal of Finance* 61:6 (2006), 2551–2595.

[81] "The Truth About Top-Performing Money Managers," Baird Asset Management, White Paper (2014).

[82] Powell, R., "Bernstein: Free Trading is Like Giving Chainsaws to Toddlers," The Evidence-Based Investor (March 25, 2021).

[83] Stephens-Davidowitz, Seth, *Everybody Lies: Big Data, New Data, and What the Internet Can Tell Us About Who We Really Are* (New York, NY: HarperCollins, 2017).

[84] Rosling, Hans, *Factfulness* (Paris: Flammarion, 2019).

[85] Buffett, Warren E., "Buy American. I Am," *The New York Times* (October 16, 2008).

[86] "Asset Allocation Survey," aaii.com (March 13, 2021).

[87] This is the median outcome for investing every month for a decade into U.S. stocks from 1926–2020.

[88] For more detail see: ofdollarsanddata.com/in-defense-of-global-stocks.

[42] Kirkham, Elyssa, "Most Americans Can't Cover a $1,000 Emergency With Savings," LendingTree (December 19, 2018).

[43] Athreya, Kartik, José Mustre-del-Río, and Juan M. Sánchez, "The Persistence of Financial Distress," *The Review of Financial Studies* 32:10 (2019), 3851–3883.

[44] Shiller, Robert J., "Why Land and Homes Actually Tend to Be Disappointing Investments," *The New York Times* (July 15, 2016).

[45] Bhutta, Neil, Jesse Bricker, Andrew C. Chang, Lisa J. Dettling, Sarena Goodman, Joanne W. Hsu, Kevin B. Moore, Sarah Reber, Alice Henriques Volz, and Richard Windle, "Changes in US Family Finances from 2016 to 2019: Evidence From the Survey of Consumer Finances," *Federal Reserve Bulletin* 106:5 (2020).

[46] Eggleston, Jonathan, Donald Hayes, Robert Munk, and Brianna Sullivan, "The Wealth of Households: 2017," U.S. Census Bureau Report P70BR-170 (2020).

[47] Kushi, Odeta, "Homeownership Remains Strongly Linked to Wealth-Building," First American (November 5, 2020).

[48] "What is a Debt-to-Income Ratio? Why is the 43% Debt-to-Income Ratio Important?" Consumer Financial Protection Bureau (November 15, 2019).

[49] Bengen W.P., "Determining Withdrawal Rates Using Historical Data," *Journal of Financial Planning* 7:4 (1994), 171–182.

[50] Kitces, Michael, "Why Most Retirees Never Spend Their Retirement Assets," Nerd's Eye View, Kitces.com (July 6, 2016).

[51] Bengen, William, Interview with Michael Kitces, *Financial Advisor Success Podcast* (October 13, 2020).

[52] "Spending in Retirement," J.P. Morgan Asset Management (August 2015).

[53] Fisher, Jonathan D., David S. Johnson, Joseph Marchand, Timothy M. Smeeding, and Barbara Boyle Torrey, "The Retirement Consumption Conundrum: Evidence From a Consumption Survey," *Economics Letters* 99:3 (2008), 482–485.

[54] Robin, Vicki, Joe Dominguez, and Monique Tilford, *Your Money or Your Life: 9 Steps to Transforming Your Relationship with Money and Achieving Financial Independence* (Harmondsworth: Penguin, 2008).

[55] Zelinski, Ernie J., *How to Retire Happy, Wild, and Free:Retirement Wisdom That You Won't* (Visions International Publishing: 2004).

[56] O'Leary, Kevin, "Kevin O'Leary: Why Early Retirement Doesn't Work," YouTube video, 1:11 (March 20, 2019).

[57] Shapiro, Julian, "Personal Values," Julian.com.

[58] Maggiulli, Nick, "If You Play With FIRE, Don't Get Burned," Of Dollars And Data (March 30, 2021).

[59] "Social Security Administration," Social Security History, ssa.gov.

[60] Roser, M., Ortiz-Ospina, E., and Ritchie, H., "Life Expectancy," ourworldindata.org (2013).

[61] Hershfield, Hal E., Daniel G. Goldstein, William F. Sharpe, Jesse Fox, Leo Yeykelis, Laura L. Carstensen, and Jeremy N. Bailenson, "Increasing Saving Behavior Through Age-Progressed Renderings of the Future Self," *Journal of Marketing Research* 48 SPL (2011), S23–S37.

[62] Fisher, Patti J., and Sophia Anong, "Relationship of Saving Motives to Saving Habits," *Journal of Financial Counseling and Planning* 23:1 (2012).

Business Insider (March 5, 2015).

[22] Curtin, Melanie, "Attention, Millennials: The Average Entrepreneur is This Old When They Launch Their First Startup," Inc.com (May 17, 2018).

[23] Martin, Emmie, "Suze Orman: If You Waste Money on Coffee, It's like 'Peeing $1 Million down the Drain'," CNBC (March 28, 2019).

[24] Rigby, Rhymer, "We All Have Worries but Those of the Rich Are Somehow Different," *Financial Times* (February 26, 2019).

[25] Dunn, Elizabeth, and Michael I. Norton, *Happy Money: The Science of Happier Spending* (New York, NY: Simon & Schuster Paperbacks, 2014).

[26] Pink, Daniel H, Drive: *The Surprising Truth about What Motivates Us* (New York, NY: Riverhead Books, 2011).

[27] Matz, Sandra C., Joe J. Gladstone, and David Stillwell, "Money Buys Happiness When Spending Fits Our Personality," *Psychological Science* 27:5 (2016), 715–725.

[28] Dunn, Elizabeth W., Daniel T. Gilbert, and Timothy D. Wilson, "If Money Doesn't Make You Happy, Then You Probably Aren't Spending It Right," *Journal of Consumer Psychology* 21:2 (2011), 115–125.

[29] Vanderbilt, Arthur T, *Fortune's Children: The Fall of the House of Vanderbilt* (New York, NY: Morrow, 1989).

[30] Gorbachev, Olga, and María José Luengo-Prado, "The Credit Card Debt Puzzle: The Role of Preferences, Credit Access Risk, and Financial Literacy," *Review of Economics and Statistics* 101:2 (2019), 294–309.

[31] Collins, Daryl, Jonathan Morduch, Stuart Rutherford, and Orlanda Ruthven, *Portfolios of the Poor: How the World's Poor Live On $2 a Day* (Princeton, NJ: Princeton University Press, 2009).

[32] "The Economic Value of College Majors," CEW Georgetown (2015).

[33] Tamborini, Christopher R., ChangHwan Kim, and Arthur Sakamoto, "Education and Lifetime Earnings in the United States," *Demography* 52:4 (2015), 1383–1407.

[34] "The Economic Value of College Majors," CEW Georgetown (2015).

[35] "Student Loan Debt Statistics [2021]: Average + Total Debt," EducationData (April 12, 2020).

[36] Radwin, David, and C. Wei, "What is the Price of College? Total, Net, and Out-of-Pocket Prices by Type of Institution in 2011–12," Resource document, National Center for Education Statistics (2015).

[37] Brown, Sarah, Karl Taylor, and Stephen Wheatley Price, "Debt and Distress: Evaluating the Psychological Cost of Credit," *Journal of Economic Psychology* 26:5 (2005), 642–663.

[38] Dunn, Lucia F., and Ida A. Mirzaie, "Determinants of Consumer Debt Stress: Differences by Debt Type and Gender," Department of Economics: Columbus, Ohio State University (2012).

[39] Sweet, Elizabeth, Arijit Nandi, Emma K. Adam, and Thomas W. McDade, "The High Price of Debt: Household Financial Debt and its Impact on Mental and Physical Health," *Social Science & Medicine* 91 (2013), 94–100.

[40] Norvilitis, J.M., Szablicki, P.B., and Wilson, S.D., "Factors Influencing Levels of Credit-Card Debt in College Students," *Journal of Applied Social Psychology* 33 (2003), 935–947.

[41] Dixon, Amanda, "Survey: Nearly 4 in 10 Americans Would Borrow to Cover a $1K Emergency," Bankrate (January 22, 2020).

原注

[1] Miller, Matthew L., "Binge 'Til You Burst: Feast and Famine on Alaskan Salmon Rivers," Cool Green Science (April 8, 2015).

[2] Nichols, Austin and Seth Zimmerman, "Measuring Trends in Income Variability," Urban Institute Discussion Paper (2008).

[3] Dynan, Karen E., Jonathan Skinner, and Stephen P. Zeldes, "Do the Rich Save More?" *Journal of Political Economy* 112:2 (2004) 397–444.

[4] Saez, Emmanuel, and Gabriel Zucman, "The Distribution of US Wealth: Capital Income and Returns since 1913." Unpublished (2014).

[5] "Stress in America? Paying With Our Health," American Psychological Association (February 4, 2015).

[6] "Planning & Progress Study 2018," Northwestern Mutual (2018).

[7] Graham, Carol, "The Rich Even Have a Better Kind of Stress than the Poor," Brookings (October 26, 2016).

[8] Leonhardt, Megan, "Here's How Much Money Americans Say You Need to Be 'Rich'," CNBC (July 19, 2019).

[9] Frank, Robert, "Millionaires Need $7.5 Million to Feel Wealthy," *The Wall Street Journal* (March 14, 2011).

[10] Chris Browning et al., "Spending in Retirement: Determining the Consumption Gap," *Journal of Financial Planning* 29:2 (2016), 42-53.

[11] Taylor, T., Halen, N., and Huang, D., "The Decumulation Paradox: Why Are Retirees Not Spending More?" *Investments & Wealth Monitor* (July/August 2018), 40–52.

[12] Matt Fellowes, "Living Too Frugally? Economic Sentiment & Spending Among Older Americans," unitedincome. capitalone.com (May 16, 2017).

[13] Survey of Consumer Finances and Financial Accounts of the United States.

[14] 19th Annual Transamerica Retirement Survey (December 2019).

[15] The 2020 Annual Report of the Board of Trustees of the Federal Old-Age and Survivors Insurance and Federal Disability Insurance Trust Funds (April 2020).

[16] Pontzer, Herman, David A. Raichlen, Brian M. Wood, Audax Z.P. Mabulla, Susan B. Racette, and Frank W. Marlowe, "Hunter-gatherer Energetics and Human Obesity," *PLoS ONE* 7:7 (2012), e40503.

[17] Ross, Robert, and I.N. Janssen, "Physical Activity, Total and Regional Obesity: Dose-response Considerations," *Medicine and Science in Sports and Exercise* 33:6 SUPP (2001), S521–S527.

[18] Balboni, Clare, Oriana Bandiera, Robin Burgess, Maitreesh Ghatak, and Anton Heil, "Why Do People Stay Poor?" (2020). CEPR Discussion Paper No. DP14534.

[19] Egger, Dennis, Johannes Haushofer, Edward Miguel, Paul Niehaus, and Michael W. Walker, "General Equilibrium Effects of Cash Transfers: Experimental Evidence From Kenya," No. w26600. National Bureau of Economic Research (2019).

[20] Stanley, Thomas J., *The Millionaire Next Door: The Surprising Secrets of America's Wealthy* (Lanham, MD: Taylor Trade Publishing, 1996).

[21] Corley, Thomas C., "It Takes the Typical Self-Made Millionaire at Least 32 Years to Get Rich,"

［著者］
ニック・マジューリ（Nick Maggiulli）
Ritholtz Wealth Management社の最高執行責任者兼データサイエンティスト。同社の業務全体を監督し、ビジネスインテリジェンスの観点から有益な分析を行っている。ウォール・ストリート・ジャーナルやCNBC、ロサンゼルス・タイムズなどに記事を寄稿。緻密なデータに基づくパーソナルファイナンス関連の人気ブログ「OfDollarsAndData.com」を執筆している。スタンフォード大学卒（経済学学位）。ニューヨーク市在住。本書が初の著書。

［訳者］
児島 修（こじま・おさむ）
英日翻訳者。立命館大学文学部卒（心理学専攻）。訳書に『サイコロジー・オブ・マネー――一生お金に困らない「富」のマインドセット』『DIE WITH ZERO 人生が豊かになりすぎる究極のルール』『成功者がしている100の習慣』（以上、ダイヤモンド社）などがある。

JUST KEEP BUYING
自動的に富が増え続ける「お金」と「時間」の法則

2023年６月27日　第１刷発行
2024年10月16日　第10刷発行

著　者――――――ニック・マジューリ
訳　者――――――児島 修
発行所――――――ダイヤモンド社
〒150-8409　東京都渋谷区神宮前6-12-17
https://www.diamond.co.jp/
電話／03･5778･7233（編集）　03･5778･7240（販売）
装丁――――――吉田考宏
本文・図表デザイン――吉田考宏、古屋郁美
本文DTP／図版作成――ダイヤモンド・グラフィック社
校正――――――加藤義廣、宮川 咲
製作進行――――――ダイヤモンド・グラフィック社
印刷――――――勇進印刷
製本――――――ブックアート
編集担当――――――寺田庸二

ISBN 978-4-478-11698-2